社会工作实践与探索书系

主 编：夏晋城 赵学慧 郭 艳
副主编：潘春珠 李林子 项灯辉

◎晋江市妇女联合会资助项目
◎晋江市致和社工事务所资助项目
◎北京社会管理职业学院资助项目
◎北京市职业院校教师素质提高工程资助项目
◎福建省致和社会组织孵化与创新中心委托课题

新时代 新儿童 新未来

晋江"四点钟学校"社会工作专业化探索

赵学慧 郭 艳 李林子 潘春珠 编著

厦门大学出版社 国家一级出版社
XIAMEN UNIVERSITY PRESS 全国百佳图书出版单位

图书在版编目(CIP)数据

新时代 新儿童 新未来:晋江"四点钟学校"社会工作专业化探索/赵学慧等编著.—
厦门:厦门大学出版社,2019.10
(致和社工社会工作实践与探索书系)
ISBN 978-7-5615-7363-1

Ⅰ.①新… Ⅱ.①赵… Ⅲ.①儿童－社会工作－研究－晋江市 Ⅳ.①D432.55

中国版本图书馆 CIP 数据核字(2019)第 083083 号

出 版 人	郑文礼
责任编辑	文慧云
美术编辑	李嘉彬
技术编辑	朱 楷

出版发行 厦门大学出版社

社　　址	厦门市软件园二期望海路 39 号
邮政编码	361008
总　　机	0592-2181111　0592-2181406(传真)
营销中心	0592-2184458　0592-2181365
网　　址	http://www.xmupress.com
邮　　箱	xmup@xmupress.com
印　　刷	厦门集大印刷厂

开本	787 mm×1 092 mm　1/16
印张	15
插页	2
字数	312 千字
印数	1～3 500 册
版次	2019 年 10 月第 1 版
印次	2019 年 10 月第 1 次印刷
定价	68.00 元

厦门大学出版社
微信二维码

厦门大学出版社
微博二维码

目 录

第一章　晋江市"儿童之家四点钟学校"项目简介 ················· 1
　　第一节　项目背景 ·· 1
　　第二节　晋江市"四点钟学校"项目专业化探索及成果 ········· 7

第二章　项目策划与晋江市"四点钟学校"项目 ·················· 21
　　第一节　社会服务项目概述、策划与申请 ··················· 21
　　第二节　社会服务项目策划的步骤 ························· 28
　　第三节　晋江市"四点钟学校"项目策划 ···················· 35

第三章　项目实施与晋江市"四点钟学校"项目 ················· 51
　　第一节　社会服务项目运作模式与机制 ····················· 51
　　第二节　晋江市"四点钟学校"项目实施 ···················· 57

第四章　项目服务内容与晋江市"四点钟学校"项目 ············· 71
　　第一节　项目服务内容设计 ······························· 71
　　第二节　晋江市"四点钟学校"项目的服务内容 ·············· 77
　　第三节　晋江市"四点钟学校"项目实施 ··················· 101

第五章　项目管理与晋江市"四点钟学校"项目 ················ 169
　　第一节　项目的人力资源管理 ···························· 169
　　第二节　项目的质量管理 ································· 181
　　第三节　项目的财务管理 ································· 186
　　第四节　项目档案管理 ··································· 209

第六章　项目评估与晋江市"四点钟学校"项目 …………………………… 212
　　第一节　社会服务项目评估 …………………………………………… 212
　　第二节　晋江市"四点钟学校"项目评估 …………………………… 223

参考文献 ……………………………………………………………………… 234

第一章

晋江市"儿童之家四点钟学校"项目简介

第一节　项目背景

少年儿童是祖国的未来,是中华民族的希望。在我国,党和国家历来高度重视保障儿童的权益,积极促进儿童的全面发展。《中华人民共和国宪法》提出,国家培养青年、少年、儿童在品德、智力、体质等方面全面发展。《儿童权利公约》规定,确保儿童享有必要的保护和照料;确认每个儿童均有固有的生命权、身份权、受教育权、游乐权;确认每个儿童均享有以促进生理、心理、精神、道德和社会发展的生活水平;确认残疾儿童有接受特别照顾的权利等。2012 年 2 月,《晋江市儿童发展纲要(2011—2020 年)》的颁布,为晋江市儿童事业的发展做出了顶层设计。为提高儿童身心健康水平,建立和完善适度普惠的儿童福利体系,提升儿童福利水平,提高儿童工作社会化服务水平,2013 年,晋江市"儿童之家四点钟学校"(以下简称晋江市"四点钟学校")项目正式启动。

一、加强社会建设,深化政社合作

(一)党中央不断深化社会治理,推进社会建设

自党的十八大报告提出"在改善民生和创新管理中加强社会建设",保障和改善民生逐步成为社会建设的一个重点。为此,中央政府、各部委陆续出台政策,解决好人民最关心、最直接、最现实的利益问题。

2013 年,十八届三中全会在《中共中央关于全面深化改革若干重大问题的决定》中提出,"推广政府购买服务,凡属事务性管理服务,原则上都要引入竞争机制,通过合同、委托等方式向社会购买""加强地方政府公共服务、市场监管、社会管理、环境保护等职责"。2013 年 9 月,国务院办公厅出台《关于政府向社会力量购买服务的指导意见》;2014 年,财政部、民政部又颁布了《关于支持和规范社会组织承接政府购买服

务的通知》。由此可见,政府购买服务逐渐成为一种新的公共服务递送方式。

2017 年,党的十九大报告再次强调加强社会治理要"完善党委领导、政府负责、社会协同、公众参与、法治保障的社会治理体制"。在建立"共建共享"的社会治理格局基础上增加了"共治"内容,明确指出社会治理要提升社会化与专业化水平。社会治理要"坚持人人尽责、人人享有"[1],不再由政府独自承担,是"社会化"的集中表现。随着社会发展与变迁,利益主体日益多元化,在市场机制继续发挥重要作用的同时,社会机制的作用也日益凸显。社会治理不是政府独自承担的任务,而是我国亿万人民的事业。政府逐渐调整与社会的关系,从"全能型"向"有限型"转变,从管制型向服务型转变,政社合作逐步加强。从过去对社会治理事务大包大揽到逐步转移职能,通过购买服务等方式将可以由市场和社会承担的事务交给企业部门和社会组织承担。社会治理专业化,就是要求用专业的队伍、专业的理念、专业的技术方法来处理和开展社会服务[2]。社会工作专业人才是具有一定社会工作专业知识和技能,在社会救助、慈善事业、社区服务、就业援助、贫困帮扶、纠纷调解等领域直接提供社会服务的专业人员。培养造就一支数量充足、结构合理、素质优良的社会工作专业人才队伍成为当务之急。这就需要加快社会工作者的培养以及队伍建设,提高社会工作者的待遇,健全社会工作者的激励机制,充分发挥他们在社会治理中的专业作用,提高社会治理水平。

此外,维护社会稳定对于改善社会民生来说,具有重要的基础性意义。党中央日益重视加强社会心理服务体系和社区治理体系的建设。目前,我国处于社会快速转型时期,传统与现代、国内与国外不同的思想交汇碰撞,社会观点的多元化、个性化成为社会矛盾的一个来源。这样树立正确的人生观、世界观、价值观,提高心理健康水平对于社会成员来说非常重要;同时,加强社会心理服务体系建设,塑造社会成员的健康人格,培养其自尊自信、理性平和、积极向上的社会心态,提高社会文明水平,对于建设和谐社会也是不可或缺的。习近平同志指出,社会治理的核心在人,而重点在城乡社区,关键之处是体制机制的创新。党中央明确提出,要推动社会治理重心下移,把人力、财力、物力更多投到基层,以网格化管理、社会化服务为方向,健全基层综合服务管理平台,强化城乡社区自治和服务功能,健全新型社区管理和服务体制。特别是在城乡社区要发挥社会组织作用,实现政府治理和社会调节、居民自治良性互动。

(二)晋江市政府深入贯彻党中央精神,持续提升民生质量

晋江市政府高举中国特色社会主义伟大旗帜,以邓小平理论、"三个代表"重要思想、科学发展观、习近平新时代中国特色社会主义思想为指导,不断加强社会建设,提高民生质量。2009 年,晋江市被民政部列为全国第二批社会工作人才队伍建设综合试点地区,市政府不断加强社会工作组织和社会工作队伍建设,积极探索购买社会工作服务。经过几年的发展,2014 年,晋江市实现市镇村便民服务"三级联动"全覆盖,村级网格化覆盖 162 个村(社区)。全市共有 200 个村(社区)推行政府购买社会工作服务,成为全国社会组织建设创新示范区[3]。2012 年至 2016 年,晋江市共实施 21 项国家级改革试点,新型城镇化工作得到习近平总书记重要批示。居住证制度、农村宅基地、文化保护、社会综合治理、生态文明建设等重点领域改革,为全省全国提供"晋江经验",晋江市成为全国改革"试验田"。财政民生投入从 31 亿元增加到 69.25 亿元,构建起 7 个民生保障体系,荣膺"中国爱心城市""七星级慈善城市""全国平安建设先进市"等奖项,并获得"全国文明城市"的提名资格。2016 年是"十三五"的开局之年,全市财政统筹投入 69.25 亿元用于民生建设,办好 30 件为民实事、108 件民生"微实事"。

晋江市聚焦建设美好生活,创造民生幸福新高度。市政府按照全市统筹、城乡一体,待遇均等化、保障全覆盖的要求,持续完善民生体系,让群众获得更高的幸福感、获得感,兜牢民生底线。为此,晋江市坚持政府主导、公平可持续的原则,从解决群众衣食住行、生老病终、安居乐业入手,落实社会保障、慈善救助、扶贫济困等政策措施,全力补齐民生短板,促进共建共享,坚持人人参与、人人尽力、人人享有的理念,深化基层服务社会化改革,加快培育社会组织、中介机构,发展社会工作和志愿服务,引导全社会关注民生、服务民生,共同创造更加幸福的美好生活,加快转变职能,建设法治政府、创新政府、廉洁政府、诚信政府和服务型政府;坚持强化公共服务,全力提高民生幸福感,群众有更好的社区化服务;坚持优化城乡社区运行机制,大力推进基层自治,加大社会组织孵化培育力度,促进社会工作机构提升专业化服务[4]。

二、群团工作改革

(一)党中央加强和改进群团工作

群团组织是党和政府联系群众的桥梁纽带,在中华人民共和国成立后的不同时期,都发挥着重要且积极的作用。2015 年 1 月,中共中央出台《关于加强和改进党的群团工作的意见》,指出"群团事业是党的事业的重要组成部分,党的群团工作是党治国理政的一项经常性、基础性工作,是党组织动员广大人民群众为完成党中心任务而奋斗的重要法宝。工会、共青团、妇联等群团组织联系的广大人民群众是全面建成小康社会、坚持和发展中国特色社会主义的基本力量,是全面深化改革、全面推进依法治国、巩固党的执政地位、维护国家长治久安的基本依靠"。[5]2015 年 7 月,在中央党的群团工作会议上,习近平总书记强调工青妇等群团组织都要保持政治性、先进性、群众性,去除"行政化、机关化、贵族化、娱乐化"等脱离群众现象。[6]

现有群团工作在把人民群众团结在党的周围参与社会建设,朝着实现"两个一百年"和中国梦的奋斗目标而前进方面取得了成果的同时,在新形势、新任务、新要求面前,仍有许多需要加强建设之处。例如:有的地方和部门党组织对群团工作重视不够,对群团工作的特点和规律缺乏深入研究,对发挥群团组织作用缺乏有力指导和支持;有的群团组织工作和活动方式单一,进取意识和创新精神不强,存在机关化、脱离群众现象;群团干部能力和素质需要进一步提高,作风需要改进等。[7]

新形势下加强和改进党的群团工作,必须高举中国特色社会主义伟大旗帜,以邓小平理论、"三个代表"重要思想、科学发展观为指导,深入贯彻习近平新时代中国特色社会主义思想,牢牢把握为实现中华民族伟大复兴中国梦而奋斗的时代主题,坚定不移走中国特色社会主义群团发展道路,最广泛地把群众组织起来、动员起来、团结起来,奋力推进中国特色社会主义伟大事业。坚持党对群团工作的统一领导,坚持发挥桥梁和纽带作用,坚持围绕中心、服务大局,坚持服务群众的工作生命线,坚持与时俱进、改革创新,坚持依法依章程独立自主开展工作。

推动群团组织引导群众自觉培育和践行社会主义核心价值观。群团组织要从所联系群众的实际出发,设计务实管用的载体,把社会主义核心价值观转化为生动活泼、特色鲜明、富有成效的群众性实践。加强和改进未成年人思想道德建设,开展好少先队组织教育、自主教育和实践活动,帮助少年儿童养成好思想、好品格、好习惯。

支持群团组织加强服务群众和维护群众合法权益工作。群团组织服务群众要盯牢群众所急、党政所需、群团所能的领域,重点帮助群众解决日常工作生活中最关心、最直接、最现实的利益问题和最困难、最操心、最忧虑的实际问题。群团组织要有针对性地开展创业就业、心理疏导、大病救助、法律援助、婚恋交友、居家养老等服务,特别是要做好对困难职工、留守老人妇女儿童、归难侨、残疾人等群体的帮扶工作;制定服务型基层组织建设意见,创建符合群众需求的工作品牌,推动构建覆盖广泛、快捷有效的服务群众体系;通过项目招聘、购买服务等方式吸引社会工作人才、专家学者、社会组织等力量参与服务群众工作。

支持群团组织参与创新社会治理和维护社会稳定。群团组织是创新社会治理和维护社会和谐稳定的重要力量。各级党委和政府要合理配置职能和资源,支持群团组织依法参与社会事务管理,把适合群团组织承担的一些社会管理服务职能按照法定程序转由群团组织行使;支持群团组织立足自身优势,以合适方式参与政府购买服务。群团组织承接政府转移职能要试点先行,承接职能后应该建立符合公共服务特点的运行机制,确保能负责、能问责;参与政府购买服务,要严格管理、规范实施,做到政府放心、社会认可、自身有活力。

(二)妇联组织深化改革与发展

2013 年 10 月,第十一次全国代表大会修订了《中华全国妇女联合会章程》,对妇联组织的性质做出如下界定:"中华全国妇女联合会是全国各族各界妇女为争取进一步解放与发展而联合起来的群众组织,是中国共产党领导下的人民团体,是党和政府联系妇女群众的桥梁和纽带,是国家政权的重要社会支柱。"明确了妇联组织的任务包括:一是团结、动员妇女投身改革开放和社会主义经济建设、政治建设、文化建设、社会建设和生态文明建设,在中国特色社会主义伟大实践中发挥积极作用;二是妇女代表参与国家和社会事务的民主决策、民主管理、民主监督,参与有关法律、法规、规章和政策的制定,参与社会管理和公共服务,推动保障妇女权益法律政策和妇女、儿童发展纲要的实施;三是维护妇女、儿童合法权益,倾听妇女意见,反映妇女诉求,向各级国家机关提出有关建议,要求并协助有关部门或单位查处侵害妇女、儿童权益的行为,为受侵害的妇女、儿童提供帮助;四是教育和引导广大妇女践行社会主义核心价值观,发扬自尊、自信、自立、自强的精神,提高综合素质,实现全面发展;五是关心妇女工作生活,拓宽服务渠道,建设服务阵地,发展公益事业,壮大巾帼志愿者队伍,加强妇女之家建设,加强与女性社会组织和社会各界的联系,推动全社会为妇女儿童和家庭服务。

2015年,群团组织的改革既给妇联发展带来了新机遇,同时也带来了新挑战。2016年,为全面推进妇联创新与发展,中共中央办公厅印发了《全国妇联改革方案》,对全国妇联改革进行了部署并形成了整个妇联改革的框架。[8]该方案提出要深化特殊困难妇女儿童帮扶工作,创新开展对留守流动妇女儿童、贫困妇女、残疾妇女等的关爱帮扶工作,努力为她们办实事、解难事;要通过"落实党建带妇建制度",推动全国妇联党组履行好全面从严治党主体责任,以切实加强党的领导;要求妇联组织围绕思想教育以及妇女在经济建设和家庭建设中的作用等,创新动员妇女服务大局的载体和方式。在创新与发展中,妇联作为国家治理体系的重要组成部分,是党和政府联系妇女群众的桥梁纽带和国家政权的社会支柱,妇联改革的重要目标就是要通过克服"机关化、行政化、贵族化和娱乐化"等问题,来增强自身的"政治性、先进性和群众性"[9]。

在现实工作中,与妇女发展有密切联系的儿童问题和家庭建设问题成为妇联需要关注的内容,因此推动各方服务妇女、儿童发展与家庭建设以及团结妇女服务国家和社会就成为妇联组织社会性实现的主要内容,这也是推进妇联组织群众性建设的基础性工作,是妇联组织参与社会治理的主要内容。妇联组织在这方面积累了大量的经验,形成了许多很好的机制。不过,随着市场经济发展和网络社会的生成,不论是妇女的生存形态、儿童发展的具体内容以及家庭建设的新要求,还是妇女对国家和社会服务这些内容的具体力量、资源、方式和机制都发生了很大的变化。这就要求妇联组织不论是在对妇女、儿童、家庭建设等具体内容的理解上,还是在整合资源与服务方式等方面,都需要根据新的发展进行创新,从而构建服务妇女、儿童、家庭建设的新体制与开展妇女群众工作的新机制。因此购买社会工作服务成为妇联改革的一个重要抓手。

福建省妇联在全国妇联领导下以习近平新时代中国特色社会主义思想为根本遵循,以服务大局与服务妇女相统一为主线,深化妇联改革,推动改革扎实落地。2017年,通过实施"强基固本工程",打开大门建妇联,灵活多样建组织,实现了组织形态重构、工作力量扩容、组织覆盖、形象重塑,妇联组织的动员力、号召力和影响力大大增强,形成了以妇联组织为主导的"1＋N"立体化、网络化、多层次组织体系,以及特色家庭工作——"家庭文明建设工程"。此工程的具体内容包括:以立德树人为目标,做精家庭教育工作;实施家庭教育新一轮五年规划,推进家庭教育社会化专业化网络化;以妇女儿童最大利益为原则,做实家庭服务和关爱工作,整合妇联系统家庭服务资源;深化关爱农村留守儿童工作,协助开展农村留守儿童"合力监护、相伴成长"关爱保护专项行动,做精妇联慈善公益品牌[10]。

在福建省妇联的领导与支持下,晋江市妇联于2017年制定了《晋江市妇联改革方案》,在改革创新、学习宣传十九大、巾帼建功、巾帼成才、巾帼维权、巾帼关爱、家庭建设等七个方面锐意进取。[11]2018年,晋江市妇联在引领妇女发展、加强组织建设、服务中心工作等六个方面全面升级[12]。

三、助力民生,精准服务——"四点钟学校"项目扬帆起航

为配合晋江市日益突出的儿童课外照管需求,以双职工家庭特别是外地来晋务工人员子女为主要服务对象,晋江市妇联以增强自身"政治性、先进性和群众性"为目标,改变机关化、行政化的作风,从民生需求出发,采取"政府购买、民间运作"的社会服务模式,向晋江市致和社工事务所(以下简称"致和社工")购买儿童社会工作服务,为公众提供有效、精准的专业服务,提升社会治理现代化水平。2013年3月,福建省首个政府购买社会工作服务支持"四点钟学校"项目——晋江市"儿童之家四点钟学校"项目正式启动。

(一)精准服务儿童

项目宗旨为关注儿童,丰富儿童课余生活,减轻父母课外照管儿童的压力,促进流动儿童的社区融入,建构涵盖"个人—家庭—社区"的儿童支持系统,推动"家庭和谐、社区发展、社会进步"目标的实现。

晋江市"四点钟学校"在选择项目落地单位时,从因地制宜、自愿参加、特色发展、追求公益的原则出发,确定了社区、企业和学校三类项目落地单位。具体的要求包括:落地单位需求显著且有实施项目的强烈意愿,能够保障提供安全的场地,重视关心儿童教育问题,是外来人口较为集中的地区,拥有较为丰富的物资或人力资源等。例如,在项目初期,为确保服务成效,妇联与机构精心选择了一些文明先进社区作为试点,主要有罗山华泰社区、青阳永福里社区、梅岭竹园社区、灵源林格社区、西园后间社区、梅岭梅庭社区、池店桥南片区、金井围头村、内坑湖内村以及磁灶镇岭畔村等。这些社区配套设施较为完善,可整合使用的资源较为丰富;试点学校则主要选择了儿童大多数由外来务工人员子女组成,家庭经济水平普遍不高,安全照顾、课业辅导、成长教育需求较大的学校作为试点,如金井岱峰中心小学和青阳崇德小学;在试点企业选择上,主要选取有工会组织的企业开展实践探索,如西滨优兰发公司、龙湖百宏公司、新塘泓涌(福建)机械有限公司、龙湖鑫华股份有限公司、陈埭远通鞋业有限公司等。

(二)探索政社合作

晋江市"四点钟学校"项目采用购买社会工作"岗位+项目"的方式,由政府出资为每个"四点钟学校"项目实施单位购买一名专职社会工作者,购买费用覆盖社会工作者工资、交通补贴、奖金、福利等,"致和社工"则通过竞标方式获得政府采购合同,

向各个项目实施点派驻社会工作者,开展服务。政府依据合同规定的事项与内容对项目进行监管。晋江市妇联在其中扮演的角色主要包括服务资金的提供者,服务方向的主导者以及参与社会服务的引导者。例如,参与需求调研、确定项目落地单位、指定专职项目负责人,负责与承接单位沟通协调以及项目社会工作的培训等。项目承接方——晋江市致和社工事务所主要负责项目落地点的日常业务指导、组织开展"四点钟学校"具体服务,负责项目专职社会工作者的培训考核,以及为他们提供工资福利保障等。

【链接1.1】

晋江市"四点钟学校"项目专职社会工作者的绩效考核

晋江市"四点钟学校"项目专职社会工作者的绩效考核内容主要包括服务指标的落实、服务过程和服务质量的评估、服务满意度调查、实务创新及专业探索等。

1.服务指标考核。主要依据晋江市妇女联合会和致和社工下达的指标数,对社会工作者的工作完成情况和进度进行检查,并对发现的问题及时修正,以保证服务指标在合同期满时的最终落实。

2.服务过程的评估和服务质量评估。督导定期对每个社会工作者的工作过程,包括工作方法和工作记录,进行检查、指导、控制,用专业的手法和技巧指导做好个案工作、小组工作等,及时完成数据更新,安排评估组对相应的社会工作者进行专业评价,其评价结果将作为机构对社会工作者的考核依据。

3.服务满意度调查。内容包括服务对象、试点单位、各个镇、街道等相关人员以及通过编制《利益相关方回访表》,收集对社会工作者所提供服务的评价及满意度、认可度,以对社会工作者进行综合评价。

4.实务创新和专业探索评估。主要是对社会工作者在实务操作中积累的经验总结,以及专业方面的探索等进行评估,既了解社会工作者的创新能力,也鼓励社会工作者实践、发展和形成自身的专业优势,推进项目创新和机构发展专业优势等。

晋江市"四点钟学校"项目在社区、学校和企业广泛开展课业辅导、互动游戏、兴趣培养、成长教育、亲子关系调适等服务,对于提升晋江市儿童服务社会化、专业化水平,促进晋江市妇联改革的深化,推进晋江市社会治理创新起到了积极的作用。

第二节　晋江市"四点钟学校"项目专业化探索及成果

根据中央党的群团工作会议有关群团组织应"重点帮助群众解决日常工作生活中最关心、最直接、最现实的利益问题和最困难、最操心、最忧虑的实际问题""帮助少年儿童养成好思想、好品格、好习惯""把适合群团组织承担的一些社会管理服务职能按照法定程序转由群团组织行使；支持群团组织立足自身优势，以合适方式参与政府购买服务"等有关要求，晋江市妇联主动与社会工作服务机构——晋江市致和社工事务所合作，以提升民生福祉为目标，主动回应社会对放学后儿童照管日益增长的需求，在社区、企业和学校开展课后辅导、互动游戏、兴趣培养、成长教育、亲子关系调适等社会服务。晋江市"四点钟学校"项目自 2013 年实施以来，累计服务儿童已逾 60 万人次。该项目得到全国妇联、福建省妇联以及晋江市委市政府等部门的肯定，探索形成了"四点钟学校"项目的"晋江经验"。

一、晋江市"四点钟学校"项目服务内容

儿童发展具有层次性、动态性以及多样性的特点。在力图满足儿童发展需要，促进儿童发展、预防和解决儿童问题的基础上，社会工作积极介入晋江市"四点钟学校"项目，形成了涵盖儿童基础服务、发展服务以及特色服务在内的全方位、立体化服务体系，回应不同群体、多种类型的放学后儿童照管需求。

（一）基础服务

晋江市"四点钟学校"项目的基础服务内容主要包括课业辅导、兴趣培养、趣味游戏体验以及安全知识教育等。社会工作者通过链接志愿者资源为"四点钟学校"成员提供课业辅导，并在课业辅导过程中培养成员良好的学习习惯，提升成员的学习能力；通过开设音乐、舞蹈、手工制作等兴趣课程，培养成员良好的兴趣爱好，陶冶情操，提升素养；通过带领成员体验趣味性的游戏互动，让成员在游戏中感受童真童趣，在游戏中学习各种知识；通过讲座、培训、情景模拟等方式，帮助成员学习户外活动、家庭生活等方面的安全知识，预防和减少成员意外安全事故的发生等。

（二）发展服务

晋江市"四点钟学校"项目的发展服务内容主要依托"学习乐园"课后四点班、"童心大本营"周末工作坊服务以及寒暑期的冬令营、夏令营等服务平台，提供能力建设、素质培养、社会责任感、潜能激发、关系调试等服务，例如在"学习乐园"课后四点班开展室外素质拓展和动手能力训练、家庭走访等；在"童心大本营"周末工作坊开展趣味英语、趣味数学等学习课程，珍视生命、领袖素质培养、社会责任感提升等成长教育课程；夏令营和冬令营时主要回应儿童假期"管理真空"的社会问题，除了提供作业辅导、安全教育、志愿者服务、文体活动等，还根据服务对象的需求，有针对性地开展个案工作、小组工作以及社区工作，回应多层次、多类型的儿童成长发展需求，挖掘个性潜力，促进全面发展。

（三）特色服务

根据不同服务对象的需求，特色服务主要包括两种类型：一种类型是节庆类特色服务；另一种类型主要是根据"四点钟学校"项目的落地场域——社区、企业以及学校的个性化需求量身定制开展的特色服务。

节庆类特色服务一般包括母亲节、儿童节、父亲节、端午节、三月学雷锋志愿服务

月、十月敬老服务月、十一月感恩服务月、寒假暖冬服务月等主题活动。目前已经常规化运作的项目包括:华泰社区"四点钟学校"围绕学雷锋月开展的"防震减灾"地震馆体验活动、围头村"四点钟学校"围绕敬老服务月开展的"爱心午餐"派送服务、竹园社区"四点钟学校"针对感恩主题服务月开展的"童心系感恩,筹爱在身边"手工风筝活动等。这些丰富多样的节庆日主题活动,促进了晋江市外来人员与本地人口的社区融合,传承了优秀的中华传统文化,产生了良好的社会影响。

根据项目落地场域的实际情况,充分发掘、整合其周边社会资源,开展定制服务,例如:开展"四海一家 幸福晋江"外来工及其子女关怀与支持行动,针对企业内的外来工子女提供融入关爱服务,包括人际交往技巧培训、心理辅导、自信心培养活动等,协助外来工及其子女更好、更快地融入晋江市的工作、学习和生活。运行"心灵呵护"心理辅导计划,融合生理、心理、社会三大因素,针对成员制定不同的辅导计划与方案。推动"我爱我家"家庭教育服务,组织家长课堂、家庭联谊活动、家庭户外活动、"小小主人公"家庭角色互换等活动,帮助儿童在成长过程中理解父母、感恩父母。实施小志愿者志愿服务活动,组织企业员工子女参与志愿服务,包括孤寡老人关爱、贫困儿童结对帮扶、环保美化等志愿活动,培养少年儿童的爱心和志愿精神。

此外,晋江市"四点钟学校"项目在实施的基础上,还逐步形成了一套特色服务课程体系,主要包括:助力乡村振兴、助力世中运、安全教育、家风家训、国学经典传统文化以及闽南文化传承等课程。例如,开展南音教学活动、南音比赛活动,背诵《弟子规》《百家姓》《三字经》等,推进优秀传统文化教育。

【链接 1.2】

晋江市"儿童之家四点钟学校"暑期夏令营服务内容选登

1.作业辅导。指导儿童完成作业,拓宽知识面。

2.礼仪养成。开展感恩教育和文明礼仪知识竞赛活动,引导他们逐步养成良好的生活习惯,做文明有礼的人。

3.兴趣培养。充分发挥大学生志愿者的特长,加强对儿童音乐、美术、体育等方面的兴趣培养。

4.预防违法犯罪。组织儿童学习法律知识,提高儿童的法制观念;积极关注儿童的身心健康,开展心理健康教育、安全知识教育等主题活动,提高儿童的自护意识。

5.闽南方言与文化课堂。组织儿童尤其是外来务工人员子女学习闽南方言,了解闽南文化,以更好地融入闽南的语言和文化环境。

6.成长工作坊。开展同辈支持性小组、学习小组、家庭关系小组、康娱小组等,以游戏、讨论、分享等多种活动方式吸引广大儿童参加,给儿童制造一个轻松、开放的氛围来倾诉心事和学习知识,同时提高儿童的沟通能力、社交能力,及提升自我认识和感恩素养等。

7."微力量"社区志愿者服务。组织儿童参与社区志愿服务,包括关爱孤寡老人、社区环保美化等,从小培养儿童的社会责任感。

8."我爱我家"家庭教育活动。组织家长课堂、家庭联谊活动、家庭户外活动、"小小主人公"家庭角色互换活动等,运用家庭视角,帮助儿童在成长过程中理解父母、感恩父母。

9.主题实践。由大学生志愿者带领儿童开展户外写生、清洁家园、爱心奉献等系列主题课外活动,让他们走出课堂,接触大自然,体验生活,健康成长。

10."小记者"计划。邀请《晋江经济报》的记者为儿童上"小记者培训"课程,并在每个点选取一名"小记者",每天收集和撰写活动营情况及参加活动营的感受,《晋江经济报》会适时选取优秀的文章进行报道。

二、晋江市"四点钟学校"项目服务专业化

晋江市"四点钟学校"项目主要依托专业社会工作方法推进晋江儿童服务社会化进程,提升儿童服务品质,保障儿童权益,促进儿童发展。

(一)专业人员

1.社会工作者职业要求

晋江市"四点钟学校"项目一般由一名项目主管、一名项目副主管、一名定期督导的专业督导员及全职项目社会工作者成员组成。其中,普通社会工作者需要具备社会工作、心理学、教育学等学科知识,能够开展咨询、建档个案、家访、具备组织小组活动、主题性活动、协调和整合社区资源等。项目管理人员要求社会工作专业、并具有相关工作经验。工作态度、品格、诚信度、自律性、独立性以及专业操守等是社会工作机构招募项目社会工作者主要的参考依据。

【链接1.3】

晋江市"儿童之家四点钟学校"社会工作者招聘条件

热爱祖国,拥护党的领导,具有良好的政治和道德修养;热爱妇女、儿童事务工作,服从安排,有奉献精神,具有一定的组织协调能力;具有全日制普通高校大专及以上学历;社会工作、社会学、心理学、教育学、社区服务与管理等相关专业毕业;持有国家社会工作者师职业资格证书者优先考虑;有妇女、儿童事务工作相关服务经验者优先考虑;闽南地区人士或懂闽南语者优先考虑。社会工作者招聘任用流程包括:报名、资格审查、笔试、面试、办理聘用手续、上岗培训、试用、正式任用等环节。

2.社会工作者岗位培训

晋江市"四点钟学校"项目为保障服务品质,对于招募的项目社会工作者定期开展兼具针对性、实用性以及科学性的岗位培训,内容主要涵盖社会工作专业价值观与伦理,法律法规及政策,社会工作实务以及社会工作服务经验交流等。培训类型包括

岗前培训、在岗培训、岗外培训、转岗培训等。培训形式主要有讲座、小组学习、研讨会、短期学习班以及工作坊等。

以"四点钟学校"项目社会工作者岗前培训为例,岗前培训一般为期3天。主要内容包括项目设计初衷、儿童工作方法、服务内容、项目购买单位及利益相关方概况等;项目相关管理办法,包括服务流程制度、档案管理、考核制度、评优机制等;机构及项目新老社会工作者相互认识,老社会工作者分享服务经验,项目负责人介绍驻点工作的流程及注意事项;新老社会工作者团队建设;社会工作常用方法在"四点钟学校"如何运用;各"四点钟学校"项目组进岗熟悉环境。

【链接 1.4】

晋江市"儿童之家四点钟学校"项目岗前培训要点

(1)加深社会工作者对机构的认识,包括了解机构开办初衷、发展历程,理解机构的使命及理念,悉知机构的发展方向等;

(2)让社会工作者明白项目的来源及项目设计初衷;

(3)使社会工作者明白社会工作者机构是他们的雇主;

(4)使社会工作者明白社会工作者机构对他们的管理方式、要求、原则、规范、文档格式与存档机制、督导机制、考勤机制等;

(5)使社会工作者明白直属上司是社会工作者机构督导或项目管理人员而非试点单位领导,但仍要尊重其想法和观点,并保持良好沟通和合作伙伴关系。当二者意见存在分歧时,要及早请示直属上司,以便做适当磨合和调整。

(6)使社会工作者知道自己每月、每季、每年的工作指标以及撰写或口头工作汇报的重点、档案管理流程以及资料保密处理等;知道如何善用每个工作日以有效完成任务。

(7)尽可能安排资深社会工作者带领新社会工作者数天,以便做好自我管理示范的工作,并有效地进行实务分享。

(8)让督导人员定期督导其所管理的社会工作者并说明督导频率、方式、功能和具体要求,并使社会工作者明白所有文档都是社会工作者机构的财产,必须经过督导或上司审批。

(9)使社会工作者明白驻点工作后的注意事项,保障安全健康地开展服务工作。

3.社会工作者角色

"四点钟学校"项目社会工作者是面向服务对象提供儿童社会工作服务的专业人员,其角色主要包括评估者、服务者、支持者、协调者、资源整合者、保护者以及倡导者等。主要开展儿童需求评估,寻找适当的服务方法;为儿童提供包括课业辅导、兴趣发掘、团体活动等在内的直接服务;帮助儿童正确面对困难,勇于克服困难;发现自身的优点,挖掘自己的潜能。通过资源链接,为儿童解决问题提供间接支持,帮助其走出困境,发展自我。此外,在项目开展过程中,社会工作者参与协调利益相关方之间的沟通,主要包括项目所在地的社区、企业以及学校、街道、派出所、家长、公安局等,整合资源,保障项目的顺利实施。通过整合多方资源,如项目所在地社区资源、企业资源、政府资源以及高校资源等,共同助力"四点钟学校"项目活动的实施。社会工作者运用专业知识与信息优势,联络相关部门共同保护儿童权益。"四点钟学校"项目正是政府、家庭与社会共同应对学龄儿童放学后无人看管问题,保护儿童免受侵害的产物。如果说"四点钟学校"项目为学龄儿童下午放学后、周末、节假日提供了一个安全的港湾,那么社会工作者就是这个港湾的安全守护者。社会工作者还有责任向社会各界开展关爱儿童、保护儿童权益的倡导。

（二）专业方法

专业社会工作方法是晋江市"四点钟学校"项目采用的主要工作方法,包括项目基础社会工作方法如个案工作、小组工作以及社区工作等,以及项目特色社会工作方法如儿童课业辅导法以及儿童游戏带领法。

1.基础社会工作方法

①儿童个案工作

儿童个案工作是以儿童个人或家庭为服务对象的工作方法,通过一对一的专业服务方式,帮助儿童个人或家庭发掘自身潜能与社会资源,解决所面临的压力与困境,恢复与发展社会功能,促进儿童个人健康成长。

儿童个案工作的特点包括服务对象的特殊性;服务内容的多样化;服务策略的发展性以及服务理念的人性化。儿童个案工作是以儿童个体或家庭为服务对象的,因此在工作过程中,要充分考虑服务对象的年龄阶段性特点、个体差异性。因此,个案工作方法通过一对一的专业服务方式,能够针对儿童的具体情况、特殊需求,给予一对一的、有针对性的、个别化的专业服务,有的放矢地解决具体问题。针对儿童服务对象的特殊性,儿童个案社会工作所采用的具体服务内容与方法,应当具有新奇性、吸引力,不仅符合儿童的年龄阶段性特点、个体差异性,还需通过喜闻乐见的形式取得良好的工作效果。儿童在成长过程中所面临的压力与困境,主要是由自身状况、外部环境的双重作用造成的。因此在儿童个案工作中,不仅要解决服务对象所亟待解决的压力与困境问题,并且要充分发掘服务对象的自身潜能与社会资源,促进儿童顺利成长。儿童服务应体现出人性化特征。这需要社会工作者运用和秉持接纳、不批判、尊重、保密、个别化和当事人自觉等社会工作原则。

儿童个案工作的服务流程是按照社会工作实务通用模式,主要分为接案、预估、计划、介入、评估和结案六个阶段。在接案会谈中,社会工作者对儿童的问题与需求、基本资料、信息进行收集与确认。如果发现儿童的情况不适合由社会工作者提供服务,则要考虑转介给其他社会工作者或其他机构。预估时,社会工作者采取多种方法,如会谈、走访、查阅资料等,对儿童的问题与需求进行深入了解,并通过对资料与信息的梳理,评估服务对象的社会功能、所面临的问题等,以决定提供怎样的服务。

计划阶段,社会工作者根据前期工作,确定个案服务的工作计划与程序。个案计划过程要包括考虑服务目标、与服务对象商定计划、设定实施策略、撰写服务计划书、签订服务协议几个部分。介入阶段是社会工作者运用专业知识、方法、技巧,按照服务计划落实对服务对象的干预。社会工作者扮演的主要角色包括支持者、教育者、使能者、治疗者、倡导者、资源联结者等。评估是为了检验社会工作者提供的服务是否有效,并且巩固服务对象的改变成果,促进社会工作者的专业成长。评估一般分为过程评估和总结评估两种。在评估中,社会工作者除了运用参与观察、深度访谈等质性工具,还运用基线评估、任务完成评估和目标实现量表、当事人满意度量表等定量研究工具来检验工作成效。结案阶段,社会工作者要与服务对象一起回顾服务过程中双方的努力与取得的成果。此外,社会工作者还要注意处理服务对象的分离情绪。

②儿童小组工作

儿童小组工作是利用小组成员的互动,帮助小组组员解决问题,恢复与发展社会功能,促进儿童个人成长。小组为儿童提供了观察、学习他人的机会,同时小组规则也锻炼了儿童建立行为规范等方面的能力。

儿童小组工作的功能主要包括:提供归属感,创造成长与社会化的机会以及提供治疗与支持。小组产生的归属感、认同感以及凝聚力可以帮助组员在小组这个相对安全的环境内,学习情绪表达,增强沟通技巧等。小组氛围影响组员的价值观、态度、行为,丰富并增加组员的经验与见识,改善人际关系,增强社会适应能力,实现个人成长与社会化。针对需要修正行为、调适情绪或处理认知障碍的儿童,小组还具有治疗功能。通过小组这个"小社会",组员有机会了解并改善自己存在偏差的认知、情绪、行为,并有机会建立新的行为模式。小组工作还具有一个显著的优势,即它可以调动组员间形成的集体力量解决问题,帮助组员之间形成合作互助,从而建立组员间的支持网络。

如果从儿童的发展需求出发,那可以将儿童小组工作划分为以下四种基本类型:兴趣小组、成长小组、教育小组以及治疗小组等。兴趣小组目的在于通过小组活动,培养组员的各种兴趣和能力,使组员从中获得快乐和放松。这类小组有些是自发形成的,如儿童绘本阅读会、儿童戏剧角等;有些则是需要专门的工作人员进行指导、培训,如手工课程、书法小组等。成长小组目的在于帮助小组组员在认知、情绪、态度和行为等多方面的改变与发展,从而不断获得成长。这类小组的意义在于通过小组内支持性的氛围、观察学习的机会,使组员获得成长。成长小组的内容主要包括:自我认知、情绪控制、素质拓展等。教育小组目的在于帮助小组组员获取更多的知识及学习新的技能,通过组员之间互动和讨论,鼓励相互学习,端正组员的态度和增强他们的能力。这类小组的目标比较明确,以指导性为主,因此专业人员在小组中担任指导角色。教育小组的内容主要包括:技能训练、知识讲座等。治疗小组是通过小组互动过程,帮助组员增进自我认识,改变认知、行为、情绪上之障碍,改善个人问题,恢复社会功能。这类小组的组员往往是有行为问题、情绪困扰、心理障碍的儿童,该小组内容主要有如人际关系改善小组等。

儿童小组工作一般包括准备阶段、开始阶段、转折阶段、成熟阶段以及结束阶段。小组工作的准备阶段属于制定计划的阶段,社会工作者主要完成需求评估、确立目标、组员招募以及相关的物资准备工作。开始阶段是组员之间、社工与组员之间关系建构的阶段,是组员对小组产生安全、认同的阶段,也是小组规范化的阶段。主要的任务是建立关系、形成规范。在小组初期,由于组员对小组的认知、期待不一,并且对小组目标的概念模糊,因此社会工作者要帮助组员认清小组目标,确立大家共同认可、感知的目标,作为小组共同努力的方向,并且将目标的达成过程、具体目标以书面、口头形式固定下来,形成小组契约。小组转折期,组员们彼此已经熟悉。这一时期的工作重点在于运用专业的方法,协调组员之间的矛盾、冲突,促进小组内部的良性竞争与和谐,增加小组凝聚力。社会工作者要帮助组员了解小组是分享和表达感受的重要场所。同时,社会工作者要帮助组内营造一种开放的气氛,鼓励组员表达,推动问题的解决。小组发展到成熟阶段时,组员之间的关系结构稳定,小组活动运作状态良好,组员之间彼此熟悉和凝聚,更愿意接纳他人、相互沟通、相互支持、相互肯定,对小组的认同也进一步加深,同时也会有次小组的出现。这个阶段的工作重点在于,社会工作者逐渐从小组的中心退至边缘,运用专业的方法,链接小组所需资源,推动小组发掘自身潜力。小组发展到结束阶段时,小组工作目标已经实现,活动的开展进入尾声。这个阶段的工作重点是处理好组员的离别情绪,巩固并保持小组经验,同时对小组工作进行评估。

③儿童社区工作

儿童社区工作以营造社区内有利于儿童健康成长的发展环境、引导儿童在力所能及的范围内与社会良性互动,动员一切社会资源,服务于儿童,促进儿童健康发展。儿童社区工作常用的模式一般包括地区发展模式和社会策划模式。地区发展模式是指在鼓励包括儿童在内的社区居民,通过自助及互助去解决社区的问题。通过社会工作者发动和鼓励居民关心、了解社区的问题,对问题进行讨论并采取行动,提高居民的民主参与意识,挖掘与培养社区人才。在这一模式的工作过程中,社区工作者需要担任使者、协调者和辅导者的角色,发动并鼓励居民去思考儿童问题的根源,了解他们的需要,从而引发改变现状的意愿、动机、信心及希望,增强居民之间的合作精神和居民对社区的归属感。社会策划模式是在了解社区儿童问题的基础上,根据专家的意见和指导,通过理性、客观和系统化的分析,对解决社区儿童问题的过程和方法进行事先计划的工作模式。在社会策划模式中,工作者需要扮演专家、组织实施者、协调者的角色,运用知识、科学的决策能力及其权威,透过技术能力的运作,设计并推动复杂的计划以有效的方式运行。社会策划模式通常用于解决比较复杂的问题:强调科学和理性的规划,社区居民在这种模式中的参与比较被动,只限于对计划提出一些修改意见。

儿童社区工作的一般过程包括了解社区,建立专业关系,制定工作计划,采取社区行动以及评估工作成效。认识与了解社区是儿童社区工作开展的基础,社会工作者可以通过对社区事件的发现、社区资料的收集、社区需要的澄清、社区资源的发掘,形成对社区情况的基本认识。资料收集的主要方式是有观察、问卷调查、访谈、研究文献资料。社会工作者与社区建立专业关系,首先要认识社区成员,并让社区与社区成员认同工作者的角色。建立初步关系的对象主要包括社区成员、社区机构、社区组织的重要人士,通过活动等方式,吸引社区儿童与居民认同和接纳社区社会工作者。儿童社区工作计划符合要儿童的发展特点与需要,既解决儿童所面临的问题,又要从发展的角度来推动儿童的健康成长。评估主要包括过程评估与结果评估。过程评估要对社区行动所遇到困难与方案执行进行检查,有弹性地修正方案;结果评估是为了检验整个社区行动的成效,并且对社会展现工作成果。

晋江市"四点钟学校"项目除了采用社会工作常用的三大直接工作方法外,还会根据项目实施情况采用个案管理、社会工作行政以及社会工作研究等方法。其中,个案管理服务一般适用于服务对象存在多重需求,需要跨领域的资源整合,采用多种不同的社会工作方法来共同解决问题的情况。

2.特色社会工作方法

除了采用三大基础社会工作服务方法之外,晋江市"四点钟学校"项目逐步形成了融合个案工作、小组工作以及社区工作方法特色,又符合儿童服务特点的项目社会工作服务方法,如儿童课业辅导法以及儿童游戏带领法[13]。

①儿童课业辅导法

社会工作者在进行儿童课业辅导时主要关注其学习方法的适当性、培养其学习兴趣以及建构朋辈互助激励的学习机制。晋江市"四点钟学校"项目社会工作者通过实践,总结出了一套行之有效的儿童课业辅导技巧。主要内容如下:

a.创造安全的环境。要给儿童创造一个安全放松的环境,不能时时盯着儿童写作业,不要过多干预,以免给儿童造成过大的负担和压力。

b.鼓励儿童在规定的时间内完成作业,以培养儿童专心写作业的习惯。具体方法:先了解一下儿童的作业量,并与其商量,估计完成的可能时间。如果儿童在规定时间做完,就给予表扬并奖一颗小星星,并告知今后累计达到5颗小星星的时候,可以得到"四点钟学校"精心准备的一个小礼物。如果没按计划完成、注意力不集中,则要加以提醒、安抚、鼓励、催促,把儿童的注意力拉回到学习上。

c.善用鼓励技巧。在儿童很好完成作业时,及时给以肯定和表扬,让儿童及时感受到完成任务后得来的成就感和满足感。

d.协助儿童挖掘学习的乐趣。可以运用联想法、趣味学习法等,寓教于乐,让儿童从另一个角度接触和了解现在所学的学科,以增加其学习的乐趣。比如,用"情景对话"让儿童从应用的视角接触英语,感受英语的乐趣,从而激发儿童学习英语的兴趣;用成语沙龙或者造句比赛等形式,让儿童在玩的过程中感受语文的魅力,同时也评估自己的语文水平,明白自己学习的方向。

e.不同年级辅导重点不同。对一、二年级的儿童,主要关注其字迹是否写端正、清楚。对三年级及以上者,则重点检查儿童做题的思路,算式的列法是否正确,发现有不正确的地方,不要指出具体错误之处,而是在有问题的地方画上一个小圆圈,让儿童自己找出不正确的地方,自己纠正。如果儿童没有改对,可继续提示,不建议直接提供答案,或者将儿童的错误之处留至老师批改或考试时,被判错扣分,重点培养儿童对自己负责任、独立思考、认真仔细的学习品质。

f.点拨儿童做习题。对于儿童一时做不出来的习题,需要加以辅导和点拨。首先让儿童反复读题。通过反复读题,增强信心,并逼迫自己集中精力去思考和研究,或许从中找到思路。其次,对于思考后仍做不出来的习题,可以通过讲解习题中的关键点,引导儿童思考,启发思路。最后,还可通过举相似的例子,与儿童一起分析、讨论,弄懂例题,再由儿童去做原题。

g.协助儿童建构朋辈互助系统。通过工作坊、主题活动等形式,在"四点钟学校"创造平等、互助、友爱的氛围,为儿童建立"结对互助"小组,让儿童彼此之间互相帮助,碰到难题或者不懂的作业时,可以互相教学。比如,为高年级和低年级的建立结对小组;让学习成绩好的和学习成绩比较不好的建立结对小组。

②儿童游戏带领法

游戏带领是儿童社会工作者经常采用的一种服务方式。一名合格的儿童社会工作者必须要掌握带领儿童游戏的基本技巧。在游戏实施之前,社会工作者需要做好充分的准备工作。由于游戏种类繁多,应根据儿童活动的主题、服务目标以及儿童生理、心理和社会能力选择合适的游戏。儿童游戏经常需要使用一些道具。这就需要社会工作者在合理预算范围之内购置既符合安全标准,又能吸引儿童兴趣的道具。在游戏开始之前,社会工作者需要做好游戏的热身活动,帮助儿童相互认识,调动儿童积极参与的兴趣。游戏带领过程中,社会工作者首先要发挥组织者的引导和参与作用。社会工作者首先要通过简单清楚的语言介绍游戏的名称、解释游戏的目的、说明游戏规则,如果规则较长,可边解释边示范。其次,游戏开始时,社会工作者应以积极玩伴的身份把儿童带入游戏活动中。再次,在整个游戏活动过程中,社会工作者要跟进游戏进程,根据发展情势和儿童的能力状况,适时引导、修改、控制游戏活动进程,适时为儿童鼓劲加油。此外,社会工作者要注意儿童才是游戏的真正主人翁。当儿童表现出了较为积极的参与度后,社会工作者适时把游戏主动权转移给儿童,社会工作者转为控制、引导角色。在游戏结束后,社会工作者应进行游戏体验分享,引导儿童提高认识,巩固行为改变。

三、晋江市"四点钟学校"项目成效

(一)建立健全制度与机制

晋江市"儿童之家四点钟学校"项目的创建,不仅缓解了双职工特别是外来务工人员对孩子疏于照管的压力,更是通过社会工作个案工作、小组工作以及社区工作等服务,改善了儿童的成长环境,提升了儿童的自护能力,让儿童有一个安全、温馨的"家"。经过几年的运行,晋江市"四点钟学校"项目成效凸显。截至 2018 年底,项目试点扩展增至 25 个,延伸至村、社、非公企业、市直机关等领域,形成了一套晋江市"四点钟学校"项目创建的"晋江模式"。晋江市财政每年拨付项目专项经费,近 3 年每年各 100 多万元购买二十几位社工服务 25 个试点单位。项目创建至 2018 年底共服务 656011 人次,开展社区活动和主题活动 1922 场,小组活动 279 个,个案服务 141 个,志愿者活动 2413 场,营造适合儿童健康成长的社会氛围,实现"家庭和谐、村(社区、企业、学校)发展、社会进步"目标。全国妇联副主席孟晓驷、福建省妇联副主席包方赴晋江市调研时,对晋江市"四点钟学校"项目建设给予充分肯定[14]。此外,还形成了一套项目管理制度,一个项目协调机制。

1.项目管理制度

晋江市妇女联合会、社工机构、"四点钟学校"试点单位在合作过程中互相磨合、共同成长、共同进步,探索最有效最专业的儿童社会服务,建立了一套较完整的晋江市"四点钟学校"项目管理制度、规章及细则,如服务流程图、社工考评制度、考勤制度、培训办法、每月汇报制度、信息报送制度、学员管理办法、志愿者管理办法、媒体接待办法以及安全避险办法等。

【链接 1.5】

晋江市"儿童之家四点钟学校"项目管理制度汇总表

规章制度	上墙制度:简介、社会工作者职责、人员分工、服务流程图
	社会工作者工作守则
	服务协议书
	场地配置设施清单
	试点单位摸底调研清单
	安全避险办法
	媒体接待办法
	信息报送制度
	学员管理办法
	志愿者管理办法
	学员证模板、接送证模板
	"四点钟学校"项目统一资料条目

续表

表格模板	服务表格	专业表格(个案工作、小组工作、主题活动)
		家长联系簿
		学员花名册
		学员基本信息采集表
	行政管理表格	月工作计划
		月工作总结
		服务人员登记表
		会议记录表
		课后四点班学员签到表
		课后四点班值班人员签到表
		值班人员考勤表
		社会工作者个人成长记录表
		"四点钟学校"大事记录表
志愿者表格		志愿者报名表
		志愿者服务签到表
		志愿服务情况登记表
		巾帼、老年、青年、小小志愿者花名册
		志愿者培训计划
档案整理		项目建档要求清单
		档案标签

2.项目协调机制

晋江市妇女联合会、晋江市致和社工事务所与试点单位建立有效协调机制,实现对接工作。一是晋江市致和社工事务所组建了"四点钟学校"社会工作服务项目团队,包括一名主管、一名副主管、多名全职社会工作者、一名专业督导,其中项目主管负全责。二是各试点单位"四点钟学校"都成立领导机构,并指定一名领导分管"四点钟学校"。三是晋江市妇联指定专人负责"四点钟学校"项目。三个管理主体之间,由晋江市致和社工事务所项目负责人起转承作用。如图1.1。

(二)增进群团组织服务儿童成效

儿童社区照管服务在性质上属于市场失灵、政府与社会供给力量不足、社会需求量大的公益性服务,现有服务无法满足民生需求。借着群团组织改革的东风,晋江市妇联积极探索,主动与社会组织展开合作,为探索晋江市儿童服务的社会化积累了宝

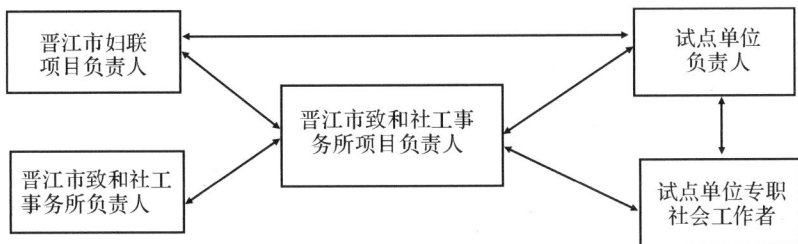

图 1.1 晋江市"四点钟学校"项目协调机制示意图

贵的经验,做出了重要的贡献。晋江市政府采取购买服务的方式来保障"四点钟学校"项目的运行,助力晋江市社会治理创新加快步伐,顺应了新时期关于构建现代化国家治理体系的发展趋势。

（三）加快儿童服务供给侧改革

晋江市妇女联合会选择社会工作服务机构作为服务供给方,运用专业的社会工作价值观、方法技巧,为儿童提供种类丰富、形式多样的服务。传统儿童社区照护是一种"以老带大",邻里之间的相互照顾,邻里儿童之间的游戏关照模式,对于传承传统文化,为儿童提供心灵家园起到了一定的积极作用。针对传统儿童社区照护单一性、封闭性的特点,晋江市"四点钟学校"项目不仅为儿童提供安全活动保障,为同龄儿童互动提供活动平台,还在社会工作者的带领下,充分整合社会资源,丰富了儿童活动内容,促进儿童德智体美全面健康发展,推进了传统儿童社区简单照管向现代儿童社区全面照管转变,提升儿童社区照管的品质。

（四）培育弘扬志愿服务精神

晋江市"四点钟学校"项目,以"寒暑期冬夏令营"活动为载体,探索"社会工作者＋志愿者"的方式,通过社会工作者带动、引导志愿者发挥所学所长,提高志愿者的素质,发挥志愿者的作用。该项目非常注重志愿者队伍的建设和志愿者资源的整合,在社区试点单位,注重当地居民的参与,积极发展当地居民为志愿者;在学校,注重培养青少年志愿者;在企业,注重培养企业员工家属为志愿者;此外,还积极整合社会志愿者和高校志愿者资源,壮大志愿者队伍。目前,晋江市致和社工事务所已与泉州师范学院、泉州理工学院签订志愿服务协议,泉州师院志愿者队伍定期为"四点钟学校"提供常规服务,泉州理工学院暑期社会实践队伍则主要为暑期夏令营提供服务。既有效地解决了"四点钟学校"假期活动社会工作者人手不足的问题,又提高了项目的服务质量和社会影响力,弘扬了志愿精神。

令人更为欣喜的是,晋江市"四点钟学校"项目已经实现了项目反哺。据致和社工的统计,岭畔村"四点钟学校"的第一届学员中有近13%的学员在升入中学后回来当志愿者,提供课业辅导、活动协助等服务;百宏公司"四点钟学校"的学员回到家里主动帮忙做家务,还带动家长一起参加"四点钟学校"的志愿服务活动;湖内村"四点钟学校"学员将帮助他人的行为作为美德之一,纳入"四点钟学校"的"美德银行积分"。项目充分正视儿童反哺的力量,引导有能力的学员成为小小志愿者,把学习经验贡献给其他学员,支持和陪伴更多的"四点钟学校"的学员成长,用回馈"四点钟学校"的方式,实现"反哺价值"。通过服务实践,协助学员在精神层面上偏重情感与态度,而在行为规范的制度层面呈现镜面效果[15]。

晋江市"四点钟学校"项目针对本地的民生需求与社会问题进行及时回应,开发了具有适应当地社情、民情的服务项目,创新了本地儿童服务社会化模式,不断丰富着晋江社会治理创新实践。

第二章

项目策划与晋江市"四点钟学校"项目

第一节　社会服务项目概述、策划与申请

一、社会服务项目概述

(一)社会服务项目的含义

要理解什么是社会服务项目,首先要理清项目的内涵。项目是指在一定时间和预算内,为创造独特的产品、服务或成果而进行的一连串工作[16]。项目具有目标明确、时间确定、资源有限、预算限制等特点。项目一般分为经济项目、公共项目和社会项目。经济项目主要以经济效益为目标,具有营利性;公共项目常常以公共服务为目标,如日常生活中的公共交通设施、军事演习、环境保护等,具有公共性、非竞争性、非排他性;社会项目的根本目标是促进社会福祉、维护社会公正,反映了社会公众的利益。本书中所谈及的社会服务项目属于社会项目[17]。

社会服务有广义和狭义之分。广义的社会服务是指通过将创造国民收入的一部分人的收入分配给值得同情或救济的另一部分人,而进行的对普遍的福利有贡献的一系列集体行动;狭义的社会服务是指面向弱势群体的需求和问题所进行的干预,包括康复服务、家庭帮助服务、收养服务、照料服务,以及由社会工作者或相关职业提供的其他支持服务[18]。在社会工作领域,社会工作服务项目是指在一定时间内,运用一定的资源,按照预定的服务目标、服务内容和服务要求所设计并且实施的社会工作服务任务,使服务群体产生改变[19]。

本书中,社会服务项目是指由基金会、社会团体和社会服务机构等社会组织实施的公益性服务项目,项目资金主要来源于政府、企业或基金会。

(二)社会服务项目的特点

社会服务项目具备公共性、公益性、独特性和基于特定服务群体的需要的基本特

点。除此之外,社会服务项目还有以下具体特点。

1.利益群体多元化

社会服务项目涉及的相关利益群体是多方的,涉及面比较广,如晋江市"四点钟学校"项目涉及的利益相关方有晋江市妇女联合会、致和社会工作事务所、学校、社区和企业等试点单位,儿童和家长等。

2.影响因素多样化

社会服务项目在目标的设定和项目实施上易受多种因素的影响,这些因素包括项目出资者、赞助者、服务提供者、服务对象及其相关人群、政府机构、媒介等利益相关方。因为想要完全满足不同利益相关方的期望是非常困难的。

3.效果评价标准不一

由于社会服务项目覆盖多方相关利益群体、涉及面比较广、易受多种因素影响等,这就势必造成项目效果的评价标准不一,例如,服务提供者比较看重服务对象的满意度,而服务购买方或许比较看重项目资金的效益最大化;例如,晋江市"四点钟学校"项目中,服务提供方看重的可能是儿童的全方面发展如社交、素质教育、独立能力、亲子关系等,而家长可能比较看重的是经济和学业;此外,政府在关注项目目标的同时,也会考虑项目的宣传力度和影响力,并期待有足够的媒体曝光率,而服务对象却期待尽可能减少媒体曝光。综上分析可知,项目的效果难以完全进行客观地评价。

(三)社会服务项目的类型

社会服务项目的类型可以分为三种:专项项目和综合性项目;实体项目和非实体项目;政府采购项目、基金会资助项目和企业资助项目[20]。下文将会对三种项目类型进行一一举例阐述。

1.专项项目和综合性项目

社会服务项目依据服务对象、服务目标和服务内容可以划分为专项项目和综合性项目。专项项目指有明确的服务对象和服务目标的项目,例如北京和风社会工作者事务所的项目主要服务对象是街头流浪乞讨人员,并将之称为"街友",服务宗旨是让每位街友获得被尊重的力量。而综合性项目是指涵盖了各类服务对象的服务,如广州市家庭综合服务中心的项目。

2.实体项目和非实体项目

社会服务项目依据有无固定的场所划分实体项目和非实体项目。实体项目指服务项目有固定的场所,如北京慧灵的三原色工作室即是在北京市中心的一个四合院内开展服务,而非实体项目指无固定的场所,如中国慧灵的蜗牛网心智障碍者自主生活平台项目,该项目通过线上交流和线下活动,不定期组织全国各地的心智障碍者参加夏令营、远足旅游、自主大会等活动。

3.政府采购项目、基金会资助项目、企业资助项目

社会服务项目依据项目资助来源划分为:政府购买项目、基金会资助项目和企业资助项目。

（1）政府购买项目：指政府发起项目、制定规则、提供资金并进行监督管理，社会组织通过申请获得项目资金并提供服务[21]。内容主要包括公开招投标、竞争性谈判和单一来源采购三种方式。例如，北京市思诚社区公益基金会承接的"社区工作者能力建设和能力提升"项目是由朝阳门街道购买的服务项目。

（2）基金会资助项目：基金会也是一个社会主体，以公益服务为目标，目前资助型基金会越来越多。例如，我国的南都基金会所资助的"新公民计划"公益项目是为了改善农民工子女的成长环境，以项目招标的方式，资助非营利组织开展农民工子女教育、心灵关怀的志愿服务和公益创新项目，捐建民办非营利农民工子女学校等。

（3）企业资助项目：企业在追求盈利的同时，也越来越注重履行社会责任的使命，通过实施公益活动，提升企业影响力，塑造企业公益形象。例如，2018 年 7 月，广东省南海区西樵镇 39 个社会服务项目竞逐 200 万"至善基金"，该基金由上海至善股权投资基金有限公司资助；腾讯每年 9 月 7 日至 9 月 9 日举办的线上公益配捐活动，以及普华永道 CSR 部门资助的打工子弟郊游项目等。

二、社会服务项目策划的原则及影响因素

（一）社会服务项目策划的原则

为了确保社会服务项目的成效得以充分发挥，在策划社会服务项目时要遵循一定的原则。这些原则包括：社会性原则、可行性原则、注重项目运作效益原则、灵活更新原则、信息性原则、服务对象需求为本原则、服务对象利益至上原则、保障隐私原则、多方参与、明确分工、良好合作原则、可持续原则、替代方案原则、创新性原则等。

1. 社会性原则

社会服务项目的目的是为了解决社会问题，服务领域涉及困境儿童，边缘青少年，残障人士，鳏寡孤独老人，低保贫困家庭等各方面的服务，旨在帮助社会中弱势及边缘群体解决生活困境，改善生活品质，因此社会服务项目要实现的是社会效益最大化。社会服务项目的资金一般来源于政府、基金会和企业，资金使用需要公开透明。

2. 可行性原则

社会服务项目策划要遵循可行性原则，可行性原则要求实施社会服务项目的社会组织在人力资源、知识经验储备、专业能力、组织理念、公信力等层面都具备承载该项目的资质，确保项目申请后能够顺利实现项目目标。

3. 注重项目运作效益原则

社会服务项目虽然不以营利为目的，但是也需要控制成本、优化资源、提高效率、经费计划必须用较少的投入获得较多的社会效益，实现项目效率和项目质量的双重保障。

4. 灵活更新原则

项目具体实施过程中需要灵活变通，要根据项目的进展、项目信息的扩充、服务对象需求的变化、政策的更新等及时灵活调整项目进度与目标，及时更新项目内容，

保障项目"与时俱进"。

5.信息性原则

项目受政策信息、社会热点信息、具体实施的地域、政治、经济、文化等信息的制约。一个好的项目策划,是以信息的收集、加工、整理、利用开始的,而好的开始就意味着成功的一半,因此信息性原则是项目策划的基础性原则,也是关键性的原则。

6.服务对象需求为本原则

社会组织在进行项目策划时不能只追求"好申请,资金多"而忽略了服务对象的需求,这样就会偏离项目的初衷,也会偏离社会组织自身的定位和使命。因此,项目策划必须以服务对象的需求为本,并将满足服务对象需求作为第一项考量要素。

7.服务对象的利益至上原则

当项目主体间出现利益冲突时,要确保以服务对象的利益至上为原则,而不能为了追加经费或完成某项任务目标而改变项目方案。要坚持维护服务对象的利益,以"与服务对象同行"为使命,以"帮助服务对象解决问题"为首要任务。

8.保障隐私原则

项目策划涉及服务对象的个人及家庭资料,要注意匿名化处理,对所有文档资料需要妥善保管,确保服务对象的隐私信息被保护。

9.多方参与、明确分工、良好合作原则

一个好的项目需要在项目策划阶段便有项目各个利益相关方的参与,包含项目执行方、项目资助方、项目服务对象等。采取参与式的项目策划,有利于在项目最初阶段就调动项目各方的积极性,集思广益,使项目设计更为全面。同时,一个好的项目策划需要厘定各方的权、责、利,并制定一套简单而高效的项目管理规则,有利于保证项目管理的规范性。同时需确保项目相关方有一致明确的项目宗旨和目标,有相同的期望,相互依存、尊重和信任,遇到问题共同协商。

10.可持续原则

社会服务项目的策划要遵循可持续原则,保障项目的资金可持续、团队可持续、模式可持续、项目成果可持续等。积极发挥项目影响力,打造项目品牌,形成品牌效应,增强项目的可复制与可推广性,保障项目的可持续发展。

11.替代方案原则

项目策划不能只有一种方案,而应有若干种不同的选择方案,这就需要在项目策划时,把各种思路都罗列出来,为项目的可行性论证提供各种可供挑选的素材。当选择的方案遇到问题无法执行时,备选方案可以灵活置换。当选择的方案出现紧急突发状况时,紧急预案可以积极响应。

12.创新性原则

一个好的社会服务项目策划要突出创新性和特色,要提前了解想要服务的群体是否已经从其他途径获得相关服务,是否已有其他服务提供者在提供类似的服务,以避免重复浪费资源,同时避免项目千篇一律毫无新意。因此,项目策划需要项目团队的脑力激荡,需要专家的意见指导,多方考察、精选服务方案。

上述内容是社会服务项目策划的基本原则,项目策划人员应该在项目策划前熟悉和灵活掌握以上原则。

(二)社会服务项目策划影响因素

社会服务项目的策划是否能通过评估并顺利实施,受很多至关重要的因素制约和影响,诸如组织自身因素、需求因素、社会环境因素、社会资源因素和其他不确定因素等。

1.组织自身因素

社会组织自身的定位、历史发展阶段、规模大小、资金多少、影响力、能力、专业度、团队构成、公信力等均会制约项目的申请和实施。

2.需求因素

服务项目所在地的服务对象和社区的需求会对项目策划造成直接的影响,同时这也是一个项目设计的出发点和落脚点。因此,策划之前,社会组织首先要对项目实施地的服务对象和社区进行需求评估分析,找准项目定位,为项目策划提供现实依据。

3.社会环境因素

社会服务项目选择必须考虑社会环境因素,包括具体的政策环境、法制环境、经济环境、科技环境和项目所处的地理环境、人文环境等。在项目设计时社会组织必须找准定位,积极响应国家现有政策,需要考虑如何处理与当地政府部门和社区的关系,还要考虑到项目实施地的文化氛围。除此之外,社区的社会融合度、社区居民与社区服务中心的关系等社会环境也要考虑。这些都实际影响着社会组织项目的选取[22]。

4.社会资源因素

社会组织可利用的资源会影响社会服务项目的实施进度和效果。这些社会资源包括组织资源、人力资源、物力资源、信息资源等。其中,组织资源指政府、企业、社区、商家等;人力资源指专家、督导、志愿者及其专业能力、质素、经验等;物力资源指机构现有资金状况、场地资源、设备设施资源等;信息资源指社会政策信息、资源信息、行业信息等。

那么,该向谁挖掘资源,谁的资源又适用于我们的项目呢?"项目臭皮匠"认为挖掘资源最基本的原则是受到项目回应的问题直接或间接影响的人士。那么又该如何发现资源呢?在进行需求调研或访谈时,除了收集与需求或问题相关的信息之外,同时也要收集与资源相关的信息,如果项目扎根在社区里,则就需要"用脚看"社区有哪些资源如场地、设施、组织、团体及具体位置等,以备后备之需[23]。

5.不确定因素

社会服务的项目策划也会受到若干不确定因素的影响,诸如服务对象的需求变化、政策变化、时间变动、地点限制、机构内人事变更或人员能力跟不上、同行机构的资源竞争、其他突发事件等。

三、社会服务项目申请

对于社会组织而言,社会服务项目申请是一个项目的重要开端。准备申请前,社会组织必须要先了解服务购买方的要求并掌握申请的一般流程。

(一)社会服务项目招投标要求

社会服务项目招投标要求社会服务组织具备申请购买服务的资质,招投标前服务购买方都会对社会组织进行资质审查,资质审查的目的在于确认社会组织能否承接社会服务项目。一般来讲,资质性要求主要包括以下内容[24]。

1.在各级民政部门注册登记且前两年年检合格(提供能够反映年检信息的登记证书副本复印件,原件备查)。

2.有相应的配套经费来源(提供配套资金承诺书)。

3.有独立的银行账户(提供银行开户许可证复印件)。

4.有专业社会工作者参与项目执行(提供专业社会工作者的中华人民共和国社会工作者职业水平证书复印件原件备查)。

5.针对专业社会工作服务项目投标,机构专职工作人员应有 1/3 以上取得社会工作者职业水平证书或社会工作专业本科及以上学历。

6.有开展社会公益服务项目的经历,且反映良好。

7.有专职财会人员(能提供会计从业人员资格证书和社会保险的记录证明)。

此外,如果社会组织具备评估等级证明、荣誉证书、新闻媒体宣传报道、配套资金等相关证明材料,则也可以进行提交,以便提升自身资质,增加成功概率。

(二)社会服务项目申请的一般流程

社会服务项目申请以购买方为主导,委托第三方机构承接并组织相关的招投标工作,社会组织需要随时关注项目招投标信息,及时参加项目招投标公告。一般来说,社会服务项目申请的流程为:项目购买方委托第三方开展公益项目招投标、发布公益创投或招标公告、社会组织策划项目申请书并编制投标文件、社会组织递交投标文件、第三方开标、专家评审、发布中标名单、签订合同、项目立项。[25]

(三)政府购买社会工作服务

随着政府管理模式从"大政府、小社会"向"小政府、大社会"转变,政府向社会组织购买社会服务成为一种常态。近年来,我国社会工作专业服务取得了长足的进展,全国范围内初步建立了以政府购买社会工作服务为主的投入保障机制。

民政部、财政部关于《政府购买社会工作服务的指导意见》(民发〔2012〕196 号)指出:政府购买社会工作服务,是政府利用财政资金,采取市场化、契约化方式,面向具有专业资质的社会组织和企事业单位购买社会工作服务的一项重要制度安排。政府购买社会工作服务中,购买岗位和购买项目是两种典型的方式。购买岗位是政府出资请社会服务机构派出社会工作专业人员,进入政府系统的某些具体岗位开展工作;购买项目则是政府出资,委托民办服务机构开展某些社会服务[26]。以下为(民发〔2012〕196号)文件中指出的政府购买社会工作服务的主体、对象、范围、程序与监督管理[27]。

1.购买主体

各级政府是购买社会工作服务的主体。各级民政部门具体负责本级政府购买社会工作服务的统筹规划、组织实施和绩效评估;各级财政部门具体负责本级政府购买社会工作服务规划计划审核、经费安排与监督管理;各有关部门和群团组织负责本系统、本行业社会工作服务需求评估,向同级民政部门申报社会工作服务计划并负责具体实施。

2.购买对象

政府购买社会工作服务的对象主要为具有独立法人资格,拥有一支能够熟练掌握和灵活运用社会工作知识、方法和技能的专业团队,具备完善的内部治理结构、健全的规章制度、良好的社会公信力以及较强的公益项目运营管理和社会工作专业服务能力的社会团体、民办非企业单位和基金会。除此之外,还应具备相应能力和条件的企事业单位也可承接政府购买社会工作服务。

3.购买范围

按照"受益广泛、群众急需、服务专业"原则,重点围绕城市流动人口、农村留守人员、困难群体、特殊人群和受灾群众的个性化、多样化社会服务需求,组织开展政府购买社会工作服务。实施城市流动人口社会融入计划,为流动人口提供生活扶助、就业援助、生计发展、权益维护等服务,帮助其尽快融入城市生活,实现城市户籍居民与外来经商务工人员的和谐共处。实施农村留守人员社会保护计划,帮助农村留守儿童、妇女和老人缓解生活困难,构建完善的社会保护与支持网络。实施老年人、残疾人社会照顾计划,为老年人和残疾人提供生活照料、精神慰藉、社会参与、代际沟通等服务,构建系统化、人性化、专业化的养老助残服务机制。实施特殊群体社会关爱计划,帮助药物滥用人员、有不良行为青少年、艾滋病患者、精神病患者、流浪乞讨人员、社区矫正人员、服刑人员、刑释解教人员等特殊人群纠正行为偏差、缓解生活困难、疏导心理情绪、改善家庭和社区关系、恢复和发展社会功能。实施受灾群众生活重建计划,围绕各类受灾群众的经济、社会、心理需要,开展生活救助、心理疏导、社区重建、资源链接、生计项目开发等社会工作专业服务,帮助受灾群众重树生活信心、修复社会关系、恢复生产与生活。

4.购买程序

购买程序主要包括编制预算、组织购买、签订合同和指导实施。

编制预算:民政部门根据本地经济社会发展水平和财力状况,协调有关部门和群团组织切实做好人民群众尤其是困难群体、特殊人群社会服务需求的摸底调查与分析评估,核算服务成本,提出政府购买社会工作服务的数量、规模、质量与效果目标要求,科学编制年度社会工作服务项目预算并报同级财政部门审批。

组织购买:购买社会工作服务,原则上应通过公开招标方式进行。对只能从有限范围服务机构购买,或因技术复杂、性质特殊而不能确定具体服务要求、不能事先计算出价格总额的社会工作服务项目,经同级财政部门批准,可以采用邀请招标、竞争性谈判方式进行购买。对只能从唯一服务提供机构购买的,向社会公示并经同级财政部门批准后,可以采取单一来源采购方式组织采购。政府购买社会工作服务的组织实施,必须符合《中华人民共和国政府采购法》以及相关法律法规和部门规章要求。

签订合同:民政部门要按照合同管理要求,与服务提供机构订立购买服务合同,明确购买服务的范围、数量、质量要求以及服务期限、资金支付方式、违约责任等内容。

指导实施:财政和民政部门要及时下拨购买经费,指导、督促服务承接机构严格履行合同义务,按时完成服务项目任务,保证服务数量、质量和效果。

5.监督管理

建立健全政府购买社会工作服务监督管理制度,形成完善的社会工作服务项目购买文件档案,制定具体、翔实、严格的专业服务、资金管理及效果评价等方面指导标准。切实加强过程监管,按照政府购买社会工作服务合同要求,对专业服务过程、任务完成和资金使用情况等进行督促检查。建立由购买方、服务对象及第三方组成的综合性审评机制,及时组织对已完成社会工作服务项目的结项验收。积极推进第三方评估,发挥专业评估机构、行业管理组织、专家等方面作用,对服务机构承担的项目管理、服务成效、经费使用等内容进行综合考评。坚持过程评估与结果评估、短期效果评估与长远效果评估、社会效益评估与经济效益评估相结合,确保评估工作的全面性、客观性和科学性。最后还将考评结果与后续政府购买服务挂钩,对考评合格者,继续支持开展购买服务合作;对考评不合格者,提出整改意见,并取消一定时期内承接政府购买社会工作服务资格;情节严重者,依法依约追究有关责任,建立社会工作服务提供机构征信管理制度。

第二节　社会服务项目策划的步骤

项目策划是在问题界定、资料收集和分析的基础上,根据服务人群的需求,设定目标,并制定一系列回应目标的可行性方案。赵海林将项目策划的流程划分为5步,即开展项目需求调研、确定项目实施地点、组建项目团队、设计项目内容和撰写项目策划书[28]。项目臭皮匠将项目策划的基本步骤以成效导向为依据划分为12步,即界定问题、分析问题、挖掘资源、分析及管理相关方、界定方案范围、设定方案的目的和目标、设计方案内容、确定方案、投入资源、制定监测与评估、风险评估和书写方案[29]。

本书中将社会服务项目的策划分为五步:界定问题、评估需求、制定目的和目标、筛选和确定方案、形成项目策划书。

一、界定问题

问题认识和分析是社会服务方案的首要基础,进行问题认识和分析时,方案策划者应认真考虑5W+1H,即 What:人们所关注的问题是什么? Where:问题在哪里发生? When:问题何时发生? Why:问题的成因和本质是什么? Who:谁受这个问题影响? 有多少人受该问题的影响? 面临这些问题的人的特质是什么? How:人们对这个问题的感受程度如何?

弄清楚问题的本质是进一步明确本质问题而非表面问题,如晋江市"四点钟学校"项目中儿童的无人陪伴、社交偏差、课业不精、安全隐患等是表面问题,而本质问题是父母因工作等原因无暇照顾,无精力培养儿童良好习惯,大部分父母学历低而无足够能力辅导儿童功课等。而针对这些实际状况,父母、学校、社区和儿童自身都感受到这些问题背后的焦虑、无奈、无助和隐患,因此,迫切需要专业团队和专业力量的介入。

二、评估需求

需求评估是指信息和分析的过程,其结果是对个体、机构、共同体或社会需求的确定。需求评估的目的是为了了解服务对象和相关利益群体的需求,挖掘服务对象和社区的优势及资源,以便在项目设计时,可以"对症下药"回应服务对象的需求,发挥服务对象的优势和资源,使项目设计可以有理有据,同时可以保障项目的发展方向和可持续性。

(一)需求的类型

需求是人类活动的出发点和归宿,人类的需求受社会环境、经济发展、政治变化、政策更新、文化变迁等的制约和影响。英国学者布赖德肖(Bradshaw)于1972年提出四种需求的类型[30]:

1.感觉性需求:人们切身地感觉到实际生活中未能达到应该达到的水平而产生的需求。例如自认为健康状况不佳的人群。

2.表达性需求:通过某种方式向社会表达出来,并要求改变这种状况的需求。例如某社区有30名高龄长者的送餐需求未被满足而表达出来要求提供服务。

3.规范性需求:政府部门或专家评估而定的服务对象的需求。例如,政府规定每个社区需要有一个200平方米的社区活动中心。

4.比较性需求:通过横向比较产生的需求。例如,A社区和B社区相似,A社区提供了四点钟课堂服务,而B社区因缺乏该服务导致很多儿童放学后无处可去出现很多风险。

方案策划者在确认问题,掌握了问题在社区的分布情况,确定了未来行动的"目标对象"后,就必须进行需求评估工作,包括界定处于危机的人口、目标对象人口以及求助者或受影响的人口。整个社会是由全体人口组成的,其中有部分人群会面临危机。在危机人群中,一部分可以通过调动个人力量、家庭支持,寻求朋友、同事、单位帮助而化解危机;而另一部分则成为社会服务机构或方案的目标对象。但是,由于社会服务机构受人力、物力、财力等资源的限制,服务方案一般只能真正帮助其中部分"求助者或被问题影响最大的人群"。

（二）需求评估的方法

常用的需求评估方法主要包含定量方法和定性方法。

1.定量方法

定量研究是在严格设计的基础上,采用定量测量手段收集资料,并对此进行统计分析[31]。定量数据分析可对结果进行精确描述,如平均值、比率、范围等。定量技巧对以下情况非常有用,如全面了解整个人群;找出人群特征的主要差异和关系,了解哪些群体受到影响;检验问题和原因之间是否存在统计关系;获得证据来证明问题存在,或向资助机构、政府部门和其他决策者证明特定策略的正确性;获得明确的基线信息供将来影响评估使用。

2.定性方法

定性研究就是收集和分析非数字化的资料,描述和理解回答者所经历现实的含义、特征、隐喻、象征等[32]。定性研究旨在通过相对小规模的样本全面了解人群如何表现、存在哪些主要关系以及生活的各个方面如何相互关联等。定性研究有利于了解人们如何看待自己的处境和问题,以及他们有哪些关注点,定性研究可以使用各种技巧,包括个别访谈、焦点小组访谈、社区会议等。

（1）个别访谈:指调查员单独与被调查对象进行的访谈活动,具有保密性强,访谈形式灵活,调查结果准确,访问表回收率高等优点。

（2）焦点小组访谈:由一个经过训练的主持人组织下,把一些事先选定的人召集起来讨论一个特定的问题或主题,能够为特定的问题和主题提供大量的深入了解。

（3）社区会议:以公开会议的方式进行,邀请目标社区或地域的居民参与,并由与会者提出与需求相关的意见。例如,某街道下辖社区通过运用"开放空间"参与式会议技巧召集社区工作者和社区居民针对社区养犬问题、停车问题、环保问题、社区微创投等进行议事,搜集居民骨干的意见和建议,推动社区的治理。

定性研究适用于:规划项目,了解社会变化的影响;全面了解特定背景下的某一主题;需要了解人们如何看到自己的处境或问题,以及他们有哪些关注点;选择适合定性改变的指标如显示某一情况是好转还是恶化;缺少时间和资金时,因为定性通常比定量更便宜、更高效。

（三）需求评估的步骤

一般来说,需求评估包含以下6个步骤:制定评估方案;准备评估工具或材料:问卷、访谈提纲等;确定评估人员;根据评估方案实地评估;将评估结果向项目相关方如资助方、受众群体、政府等反馈,达成一致;整理评估材料,编写评估报告。

三、制定目的和目标

一个好的目的和具体目标的设定,要能够提炼出项目的关键信息,为项目提供一个清晰的行动架构,为项目内容的设计以及评估等提供依据和标准。项目的目标是为了回应项目背景中提出的问题。

(一)界定目的和具体目标

目的是项目方案期望达到的长远成果和终极状态的一个表述,其陈述较为概括性,但书写时仍需精简有力地表述项目对某类社会问题的关注并为此提出解决方案[33]。

具体目标能够为项目方案提供一个清晰的行动方向,可以说是项目的灵魂。一个好的目标可以指标化、量化,可以显示出项目跟谁有关,要做什么以及在什么时候能达到成效。

(二)具体目标的制定要符合 SMART 原则

具体目标的制定符合 SMART 原则,即:

S=Specific 具体明确的:目标需要是具体的,说明具体范围的,而且是回应问题的。

M=Measurable 可衡量的:目标可以量化表述,如数量、人数、百分比等。

A=Attainable 可达到的:目标需要力所能及,不能好高骛远,目标太高会难以达成,削弱士气。

R=Relevant 相关的:目标必须和项目要解决的问题以及预期的效果相关联,要切题。

T=Time-bound 有时间限制的:目标需要在一定期限内完成,有截止日期,否则会出现轻视拖延。

(三)建立具体目标的优先次序

方案策划者根据已经确定的"明确性问题",建立目标的优先次序。目标优先次序的界定主要需要考虑的是可拥有和可动员的资源,包括环境因素和情境状态,还有人力、财力、物力配置等。另外要思考以下因素:服务对象的发展阶段与特点、机构的目标、问题的急迫程度、社会正义等。

四、筛选和确定方案

(一)制订各种可以实现目标的可行性方案

方案制订者在这个过程中主要是讨论多种可行的方法,清晰地描述出各种限制,甄别哪些服务是可行的、有效率的和有效满足服务对象需求的。这个阶段要尽可能地列出种种可能提供的服务方案。各方案的详细内容包括目标、对象、活动形式、日期、时间、场地、服务程序表、人力分配、财政预算、所需设备、预期困难和应对方法等。

（二）筛选和确定理想的可行性方案

策划者可选用"可行性方案模型"来筛选理想方案,这个模型中有 6 个"筛选标准":一是效率,指方案资源投入和服务产出比率;二是效果,指方案实现目标的程度;三是可行性,指实施这个方案能达到成功的程度,包括方案是否实际可行,机构是否可以完成这个方案,机构过去完成这类方案的记录,方案计划是否适当;四是重要性,指这个方案是否唯一达到目标而必须推行的程度;五是公平,指这个服务方案能否公平地提供给有需要的个人或团体的程度;六是附加结果,关注的是方案中所产生的目标之外的效果,包括对社会所产生的正面和负面效果[34]。

王思斌认为选择最佳方案的最优原则必须考虑如下几个问题[35]:该方案是否符合机构制定的目标及优先顺序? 机构是否有足够的资源来完成该方案? 该方案所提供的服务项目是否是机构必须推行的? 该方案所提供的服务是否被服务对象和社会成员所接纳? 是否能测量出该方案的服务效能? 该方案所产生的效益是否比成本更重要? 该方案是否具备可操作性? 在推行该方案时,是否会有严重的危机产生?

综上,策划者依据以上筛选标准和最优原则进行缜密分析之后,一份理想可行的方案便可以初步确定了,接下来策划者就可以开始进行资源匹配的工作,首先考虑机构现有资源是否足够? 如果不够,则应该去链接和整合哪些资源? 如何获得资源等。待这些问题也被一一"解锁"之后,一套最终方案便可最终敲定。

五、形成项目策划书

一般来说,项目策划书的基本框架包含项目名称、项目背景、项目理论基础、项目服务对象、项目实施地点、项目目的和目标、项目服务内容、项目行动计划、项目执行团队、项目预算、项目风险及应对、项目评估等。

（一）项目名称

项目名称是对项目内容的高度凝练,需要文字简洁、有内涵、有新意、便于记忆和抓眼球,字数不宜过多。有的项目名称采取"服务品牌＋项目内容"的格式,如"青春家园——困境青少年社会工作者服务项目""彩虹伞——青少年自护教育计划""蒲公英阳光行动——流动儿童成长关爱计划"等。

（二）项目背景

需要描述项目区域背景、政治背景、文化背景、项目需求等,简单来说就是要说明为什么要做这个项目,这个项目的必要性和意义是什么? 可以带来什么变化等。

（三）项目实施地点

项目计划在哪儿实施? 项目是实体项目还是非实体项目? 是单一地点还是多重地点? 实施地的人口、地域、物质、结构和文化要素如何? 有哪些特点? 这些都是需要仔细考量和分析的。

（四）项目理论基础

理论对于项目的作用主要包括解释项目立项的依据,说明项目服务对象选择的标准,分析服务对象问题的成因,界定服务对象的需求,为服务内容的策划与实施以及服务成效的评估提供参考和工具等。社会服务项目的常用理论包括生态系统理论、马斯洛需求层次理论、增能/充权理论、优势视角、埃里克森人格发展八阶段理论、生命回顾理论等,具体依据什么理论要根据具体的项目服务对象的年龄、发展阶段、需求等而确定。

（五）项目服务对象

项目服务对象包括直接服务对象和间接服务对象。直接服务对象是指从项目中直接受益的服务对象,间接服务对象是指项目的间接受益者;间接受益者是指与直接受益者相关联的利益群体。例如,项目的直接服务对象是儿童,家长和整个家庭也会从中受益,家长便成为间接服务对象;项目的直接服务对象是社区居民的医疗健康,那么整个社区都会成为项目的间接服务对象。

（六）项目目的和目标

目的要高度概括、精简有力,需要包含三个要素:项目的服务对象;服务对象改变的范围;项目方案最终希望达到的理想状态。

具体目标可分为成果目标和过程目标,个人层面目标和社区层面目标等,具体目标的制定要符合 SMART 原则。

（七）项目内容

项目内容主要是指为了达到项目目的和目标而计划要实施的一系列活动。内容设计要遵循项目策划原则,匹配服务对象需求,符合预算,产生社会效益等。

（八）项目行动计划

项目行动计划的制订是为了规划项目进程,并使得项目可以按照计划推进,保障项目可以按时完成,不拖沓,保障项目进度和效率。

项目行动计划一般以年度为单位,制订项目行动计划需考虑下列问题:如何将项目目标拆分为若干具有可操作性的项目主题? 每项主题需要包含哪些具体的服务内容,而每项服务内容需要有哪些具体的指标? 为了实现指标需要配备完成服务方案的重要活动有哪些? 要完成每一项活动所需要的基本资源是什么? 完成每项活动或任务的具体负责人是谁? 那些重要的活动应在何时开始,何时完成? 基于此,我们可以按照表 2.1 的格式制订一份行动计划表。

表 2.1　行动计划表

主题	内容	指标	活动	所需资源	负责人	起止时间	备注

（九）项目执行团队

为了保障项目顺利实施,一支专业、稳定、可靠、有经验、可以相互支持的项目执行团队是必不可少的,项目团队要有明确的分工与积极的合作,且要有清晰的角色划分,确保项目责任到人。项目执行团队需要定期召开项目会议,做好良好沟通,确保项目的顺利进行。

（十）项目预算

项目预算要求尽可能详细具体,有申请资金和配套资金部分。一般来说,项目预算包含交通费、通信费、食宿费、资料费、设备费或会议费、劳务费、管理费、其他费用等。

（十一）项目风险与应对

风险是指可能会影响项目指标完成的潜在风险和问题等。风险管理贯穿项目的策划、启动和实施等阶段。分析项目运作中存在的困难及可能会遇到的潜在风险,在书写项目策划书时需要阐述如何应对这些潜在风险。这部分内容对申请资助非常重要,它不仅可以为资助方提供决策依据,也可以体现项目申请方对项目所采取的客观、务实、科学和未雨绸缪的态度。

风险管理要评估风险的可能性和影响力,最重要的是要提前列出具体的应对措施,并且需要为每项风险的处理措施安排负责人,专人跟进,确保无疏忽,项目团队需要及时通过日常交流、定期会议等形式沟通风险状况,及时应对,确保项目顺利推进。

（十二）项目评估

项目评估是项目设计的重要一环,方案策划者在设计服务方案的同时也应设计有效的评估方法,用来检验各项行动计划中所要推行的"方案活动"是否根据原定计划和日期推行和完成,更重要的是看确定的方案活动是否能实现目标以及达到的程度如何。

项目评估从评估主体来分,可分为社会服务机构自我评估、资助方评估和第三方评估;从项目阶段上来分,可分为项目中期评估和终期评估。从项目内容上来分,可分为过程评估和结果评估。

过程评估是在服务提供或者项目执行过程中开展的一种评估活动。它通过对服务活动过程或项目实施过程及形式的评估,了解服务提供或项目实施是如何进行的,关注方案进行过程中服务对象和人数的变化,目标人群波及范围占目标人群的比例,服务方案中必须完成的主要工作是否按照进度完成,活动质量如何,以及资源使用情况和经费支出情况等。

效果评估是一种测量和判断社会服务项目干预结果的评估模式,主要测量的是方案实施后所产生的效果,可包含服务对象满意度评估、资助方评估、社会服务机构自我评估、第三方评估等方式。

同时,项目评估也要评估项目是否可以持续与优化,是否能够保持专业性及获得公众认可。

第三节　晋江市"四点钟学校"项目策划

一、晋江市"四点钟学校"项目问题的认识、分析和界定

晋江市地处东南沿海,民营经济较为发达,吸引了大量省内外流动人口,目前晋江拥有外来人口 110 万人左右,基本与当地户籍人口数持平。外来人口子女就学照管成为流动人口管理的重要问题。截至 2014 年 9 月 2 日,晋江市外来人口子女小学生共 112886 人,占晋江在校小学生总量的 66.3%。

学龄儿童社区照管面临新问题。一是大量流动儿童失去传统社区照管。改革开放以来,特别是 20 世纪 90 年代后,随着市场化、城市化进程加快,人口流动加快。全国第 6 次人口普查数据显示:截至 2010 年 11 月 1 日,全国流动儿童(0~17 岁)已达 3581 万人,其中小学学龄儿童 929 万,占全国同龄儿童百分比为 10.99%[36]。流动儿童随同家人流动到沿海发达城市,在陌生的城市里,学龄儿童失去了传统社区照管条件,新的社区环境尚未建立,家人又因工作需要无暇或无力照管,导致流动人员儿童存在人身安全隐患、家庭关爱不足、朋辈交往缺乏、社会认知偏差等问题。二是传统学龄儿童社区照管模式逐渐衰退。我国传统社会以熟人关系为主要特征,儿童放学后的管理,以大家庭的"以老带小",或邻里之间的相互照应为特征。随着市场化、城市化,家庭小型化进程加快,单位体制改革不断推进,社区体制开始建立,传统熟人社会正向陌生人社会转变,社区居民交往减少,邻里关系情感淡化,传统儿童社区照管模式走向衰退成为必然趋势。三是新型学龄儿童社区照管模式有待改进。伴随传统学龄儿童社区照管模式的退出,全国各地各种托管形式的"四点钟学校"不断涌现,典型的有:浙江宁波、江苏镇江、湖南长沙、福建厦门、深圳罗湖、山东青岛等地探索的新型学龄儿童社区照管模式。新型学龄儿童社区照管模式类型多样,有以赢利为目的的,由私人开办或依托学校资源承办的收费的"四点钟学校";有政府机关、企业、事业单位等经几轮改革残存下来的,没有编制的免费的单位"四点钟学校";有政府支持引导的,依靠社会力量设置的具有儿童社区照管性质的儿童托管机构;有志愿者自发开展,非营利组织支持的儿童社区照管;有由居委会或物委会牵头,组织热心公益的社区老人组建的儿童社区照管。各种新型的学龄儿童社区照管模式,在一定程度上解决了儿童放学后管理的困难,但由于缺乏制度安排,政府缺位、社会志愿的不足,导致这些儿童社区照管覆盖面小,缺乏资金、人员,影响儿童照管的持续性、规范性和专业性。如困难家庭的孩子得不到应有的照顾,出现了变相收费、变相为课后补习班等许多不良现象[37]。

晋江市儿童社区照管同样面临传统熟人社区照管的衰退和新型学龄儿童社区照管困境,更面临了外来流动儿童社区照管问题。基于此,晋江市"四点钟学校"项目可

以妥善解决外来务工人员学龄子女儿童社区照管问题,既是为外来务工人员提供良好工作环境的需要,也是保障儿童合法权益的需要。

二、晋江市"四点钟学校"项目需求评估

项目初期,晋江市致和社工事务所从儿童需求、家长需求和试点单位需求三个层面进行了需求评估,评估方式主要采取定量研究中的问卷调研,除此之外,还有文献资料、家访、座谈会、试点单位走访等方式。

(一)项目购买方需求

晋江市"四点钟学校"项目购买方晋江市妇女联合会对项目的需求首先体现在对承接方资质的要求,要求投标人(社会工作提供单位)为社会工作服务机构(企业营业执照经营范围需体现"社会工作服务"同类内容)。

其次,项目购买方市妇联在项目质量、项目内容、项目团队等方面也提出了严格要求,例如在项目质量方面要求项目设计要与时俱进、脉络清晰、求新求变;在项目内容方面要按时完成项目指标内所列出的全部活动;在项目团队方面要求项目要设有专项项目负责人及时跟进项目活动及信息,且项目团队中从业社会工作人员要不少于20人,且需持有社会工作职业水平证书,大专及以上学历毕业,且需定期参加专业能力提升培训。

再者,项目购买方非常强调项目的安全保障,购买方期待项目在进行过程中可以保障服务对象及驻点社工的安全,强调项目中安全教育和安全措施的配备,以保障无安全隐患或安全事故的发生。

此外,项目购买方在媒体宣传方面也提出一定要求,期待可以在一些大事件和大型活动时有媒体的跟踪报道,扩大项目的宣传力度和影响力度。

(二)儿童需求

2015年,晋江市致和社工事务所对5~14岁的儿童进行了抽样调查,一共回收了220份问卷,其中210份为有效问卷,10份为无效问卷,问卷有效率为95%。根据调研结果显示,76%儿童的年龄分布在7~12岁,四口之家所占比例达到44.0%,接近被调查儿童数的一半,五口之家占20.5%。

被调查儿童中,82%的家长都有工作:在工厂、工地上班、个体户、经商或者外出打工等。44.5%的儿童家长都只是晚上有时间陪伴他们,23.5%的儿童家长在周末可以陪伴,4.5%的儿童家长只有在节假日放假时可以陪伴孩子。

34.6%的儿童放假时都是在家附近自己玩耍,33.3%的儿童在家里看电视,陪爸妈一起上班的儿童占11.5%,20.6%的儿童选择了其他选项,在儿童填写的问卷中其他内容表现为放学后在家里做家务、跟奶奶在一起、照顾弟弟(妹妹)、在家里写作业、跟同学一起出去玩、自己在家里玩电脑、看书、跟爸妈去做临时工等。

此外,调研结果还显示,部分儿童对上课持厌烦态度,表示由于部分课程有些难学习跟不上,以及在班上和其他同学相处不愉快的事实。

以上结果显示,儿童存在的需求有被陪伴的需求,安全的需求,课余时间充分利用的需求,人际交往的需求,学业辅导的需求等。

（三）家长需求

晋江市致和社工事务所也对家长进行了问卷调研,家长调研一共回收到了155份问卷,其中150份为有效问卷,5份为无效问卷,问卷有效率为97%。

在被调查的150位家长中,74.3%的家长有稳定工作,5.3%的家长没有稳定的工作,还有5.3%的家长没有填写自己的职业。综合来看,大部分的家长是在工厂里上班,工作比较辛苦,有严格的上班制度且工作条件较艰苦。

在被调查的150位家长中,60.7%的家长工作时长在7～10小时,18.7%的家长工作时长在11～14小时。综合整体情况来看,家长的工作时长平均在8～10小时左右,部分家长工时较长,缺少时间陪伴儿童。

在被调查的150位家长中,70%的家长是小学和初中文化程度,只有5.3%的家长是大专和本科文化程度,这反映家长的受教育程度整体上比较低,提供给儿童文化知识方面的教育和课业辅导的教育会比较薄弱和有所欠缺。

综合来看,被调研的150名家长中,大部分家长都处于就业状态,但工时较长、文化程度低,使得家长无法陪伴和照顾孩子,也无法很好地辅导儿童的功课,而家长对儿童最关心的是学习问题,其次是社交、生活自理能力、兴趣培养等方面。因此,晋江市"四点钟学校"项目的实施可以在很大程度上回应家长的需求和期待。

（四）试点单位需求

晋江致和社工事务所对晋江市4个村庄,10家企业,9个社区,1个市直机关单位,1所学校进行了摸底调查,表2.2以华泰社区为例展示了具体的调查内容:四点钟学校相关负责人、学校的位置（距离）、学校学生人数、试点单位需求,试点特色、可招募参与四点钟学校的学生数量、志愿者资源、附近高校资源、资金资源、媒体接待等。

表2.2 晋江市"儿童之家四点钟学校"试点单位摸底调研情况记录表（华泰社区）

初到场地所需了解的资源	了解的资源情况	备注
"四点钟学校"相关负责人	陈××	
人口组成情况/比例	晋江市罗山街道华泰社区现居住人口3000多户,8300余人,其中,妇女在总人口中所占的比例是40%左右,儿童青少年在总人口中所占的比例是11%左右,妇女儿童占50%以上。	
学校的位置（距离）	800m	
儿童人数及其结构	2018年建档64人,主要是一到五年级学生。	

续表

初到场地所需了解的资源	了解的资源情况	备注
需求评估(包括试点单位、家长及服务对象对"四点钟学校"的需求和期望)	试点单位:为社区家长儿童提供一个安全、温馨的平台,解决家长的后顾之忧。 家长需求:在周一至周五16时至18时期间,家长上班、儿童放学的这段"监管真空"期间,儿童的安全、课后辅导需求。 服务对象需求:学习、娱乐、教育等成长需求。	
试点单位可以招募的人数	50人	
试点的特色	"多元智能"成长俱乐部	
试点有无志愿者资源,志愿者的构成情况如何等	有; 小小志愿者和"妈妈义工团"	
有无家长学校或老人大学可以为我们所用	有家长学校	
附近有无高校资源	无	
试点单位的基金及其管理由谁负责,有无其他可用资金	郑××负责,没有其他资金	
必要时媒体接待由谁负责	王××	

　　对25家试点单位摸底调查结果进行汇总分析,发现试点单位的需求和期望、特色以及所拥有的志愿者资源具体如表2.3所示,这为项目的实施以及具体内容的设定提供了非常直接可靠的参考依据。

表 2.3　试点单位摸底调查结果汇总分析

主题	需求 & 期望	特色	志愿者资源
具体内容	安全教育	剪纸	橄榄慈善协会志愿者
	课业辅导	陶艺	周日班村共建志愿者
	陪伴	小导游	社区退休老师
	提升学习兴趣	国学	前四点钟学员
	提升学习成绩	音乐	村务工作者
	培养良好学习习惯	运动	巾帼志愿者
	参与艺术工坊	居家养老送餐	厂区员工
	户外活动	趣味运动会	学员家长
	挖掘学员优势	毛笔书法	家长学校
	品格成长	手工	磁灶志愿者协会
	培养多元兴趣	阅读	党员义工总队
	正向教育	小主持人兴趣班	小小志愿者
	健康成长	南音班	"妈妈义工团"
	提升社交	社区邻童欢乐颂	社区内大学生
	弥补父母"监护真空"时段	闽南文化传承	社区党员志愿者
	可提供长期服务	科学探索	儿童志愿者队伍
		智力开发	妇女志愿者队伍
			12345 志愿服务队
			晋江华侨中学
			福州大学晋江校区大学生志愿者
			泉州理工学院大学生志愿者

三、晋江市"四点钟学校"项目目的和具体目标制定

（一）需求分析

经过需求调研,分析目前儿童存在的问题和需求包括：

1.安全需求:下午课后到晚上以及周末儿童不在学校,而绝大多数家长还没有下班或周末也要上班,许多儿童无人照管。在家学习的儿童枯燥无聊,在外玩耍的儿童存在安全隐患,因此需要有专人有质量地照管儿童。

2.兴趣培养需求:儿童在校期间多受应试教育影响,很少发展兴趣爱好,需要书本以外的眼界开阔和兴趣培养。

3.行为调适需求:部分儿童有一些不良的行为习惯如乱扔垃圾、说脏话、打架等,而部分家长的教育效果不够理想,需要在行为调适方面给予儿童更多的帮助和教育,促使他们养成良好的行为习惯。

4.社交需求:儿童中存在拉帮结派、相互揪斗的现象,儿童打架乃至打群架的现象,需要提升他们自尊自爱、珍视生命、尊重他人、团结协作的意识,促进他们养成良好的行为习惯,帮助他们化解矛盾;减少冲突,形成良好的同辈群体关系。

5.亲子沟通需求:儿童的很多问题源于家庭教育的缺失和亲子沟通的匮乏,要解决儿童的问题,需要提升家长素质、增进亲子沟通。

6.社区文化营造需求:社区环境及文化对儿童的教育、行为等也会产生直接的影响,因此营造良好的社区环境、丰富社区文化对儿童的发展也至关重要。

（二）应对策略

为了回应以上问题,具体的应对策略为:

1.开展"学习乐园"课后四点班和"童心大本营"周末工作坊,将社区适龄儿童召集到服务站参加各类课程和活动,让他们在"非在校"时间里多了一个去处、一种选择,不仅让儿童有人照管和陪伴,而且可以巩固儿童们的学业,生活更加丰富多彩。

2.在晋江市"四点钟学校"项目中,通过社会工作者的言传身教和严格管教及一些课程的学习,可以促使儿童行为习惯的改善,进而确立良好的行为规范。

3.活动中,社会工作者将根据儿童的实际需求情况有针对地开展专业小组,促进他们提升珍视生命、尊重他人、互相沟通的意识,提高他们与人相处、沟通交流的能力,促使他们养成与人友善的良好行为习惯,改善其人际交往状况。

4.根据实际情况对儿童进行家访,针对几个有需要的家庭开展个案服务。以活动期间经验及社区工作的理论为基础,梳理社区发展中的问题,为社区发展提供依据,丰富社区文化,营造儿童友好型社区环境。

（三）目的

基于上述问题和策略的分析,确定项目的目的如下:

通过晋江市"四点钟学校"项目,为试点单位的5～14岁儿童提供安全保障,课业辅导,减轻父母对儿童"非在校时间"的照顾负担,提高儿童的学习兴趣和学习成绩,改善不良行为,锻炼社交技巧,增进亲子关系,丰富社区文化,最终达到促进儿童的全面健康发展,和营造良好朋辈、家庭和社区环境的目的。

（四）具体目标

根据目标 SMART 原则和优先次序原则,基于儿童和家长的需求调研,排序第一位的应该是安全保障,安全托管和安全教育,其次是课业辅导,学习兴趣培养等。综合,具体目标如下（以 2015 年晋江市"四点钟学校"具体目标为例）:

2015 年 3 月－2016 年 2 月,为 15 家试点单位共计 700 名小学生提供:

1.提供"四点钟"儿童放学后和家长下班前的无缝衔接服务,保障儿童的安全,提供安全教育不少于 1800 次;

2.免费的课业辅导服务约达 45000 人次;

3.个案工作,为个别儿童和家长提供个别辅导、情感支持、行为管理、情绪疏导、家庭治疗等,每月每个试点开展个案服务不少于 5 人,一年服务不少于 75 人,每年服务 900 人次;

4.小组工作,每月开展儿童兴趣小组、朋辈成长小组、社交小组、教育小组、亲子互动小组等,每次惠及儿童及家庭不少于 30 人次,一年服务覆盖 360 人次;

5.社区活动,根据每月节日设计不同主题社区活动,每月一次,共计 12 次,每次直接和间接受益人为 200 人次,全年为 2400 人次;

6.社会工作者培训:每月 1 次,每次约 16 人参加,共计 12 次;

7.志愿者培训,每月 1 次,每次约 10 人参加,共计 12 次;

8.宣传工作,每月 1 次,每次宣传面覆盖 200 人次;

9.开展其他类型活动(兴趣课堂、趣味运动、小游戏等)约 6750 次。

四、晋江市"四点钟学校"项目方案筛选和确定

2012 年,晋江市致和社工事务所初步拟定了一个以"晋江市妇联'幸福 1＋1'儿童社会工作"为主题的项目方案,"幸福 1＋1"寓意为"1 个家庭＋1 个孩子,幸福大于 2"。初步方案的主要服务内容包含儿童成长计划、儿童个案服务、"亲子对对碰"亲子活动、"学习乐园"课后四点班和"童心大本营"周末工作坊,"我成长我快乐"寒暑期冬夏令营等。

初步方案拟定后,晋江市致和社工事务所致和与晋江市妇联进行了走访调研,发现对于儿童和家长来讲,当前较为迫切的需求是:双职工的家庭儿童放学后和家长下班之前有一个"监督真空"的阶段,家长对这个时间段内儿童可以得到安全托管以及还可获得课业辅导的期待是最高的。

晋江市致和社工事务所致和与晋江市妇联协商后,选取"幸福 1＋1"方案中的部分内容,如"学习乐园"课后四点班及"童心大本营"周末工作坊,"我成长,我快乐"寒暑假冬夏令营等,在此基础上制定了以"学习乐园"课后四点班及"童心大本营"周末工作坊为主题的新的项目方案。该项目通过辅导功课、教授兴趣课程、举办成长活动等,为儿童提供一个相互交流的平台,并通过社会工作者和志愿者的共同努力提高儿童的学习兴趣、开阔视野、树立理想和信心,最终帮助儿童健康成长。服务以趣味学习、开阔眼界、手"武"足蹈、艺术天地四大课程为主线进行,通过温故知新、分组活动等环节为儿童提供展现自我、沟通交流的机会和平台。课程中皆融入社会工作者互动游戏,寓教于乐。在日常课程以外融入小领袖训练营;根据儿童的特点,开设"小志愿者队"小组、"珍视生命、尊重他人"小组等。

2013 年至 2018 年,为了更好地回应民生和服务对象的需求,项目的服务内容随

着项目的开展也逐渐丰富起来。起初,项目的服务内容主要是基础服务为主如课业辅导、安全监管、手工兴趣课堂等。随着项目开展,项目购买方对服务内容也寄予了越来越多的期待,对服务创新也有更高的要求,因此,2017年开始增加每个试点的特色服务;2018年开始结合当下时政、主流文化及对儿童青少年教育重要的层面增加六大课程服务体系:助力乡村振兴体系、助力世界中学生运动会体系、安全教育体系、家风家训体系、闽南文化传承体系和国学经典传统文化体系。

五、形成项目策划书

(一)项目名称

项目名称确定为晋江市"儿童之家四点钟学校"项目。之所以使用"四点钟学校"而非"四点半课堂",是因为四点钟是晋江市大部分儿童的放学时间。取用"学校"而非"课堂"的概念,是因为"学校"的涵盖面更广,可以涵盖安全教育、课业辅导、行为管理,关系协调,兴趣培养等。

(二)项目背景

党的十九大召开之后,晋江市委、市政府高度重视,要求各部门要认真学习贯彻党的十九大精神和习近平总书记关于群团改革的重要指示精神,以习近平新时代中国特色社会主义思想为指引,切实增强"四个意识",把牢改革方向,掌握创新工作方法,全力以赴抓好群团改革各项工作,进一步提高群团组织吸引力影响力,努力开创群团工作新局面。

晋江市是我国品牌之都、现代产业中心、滨海生态城市。改革开放以来,晋江市连续24年居福建省县域经济总量首位、连续17年跻身全国百强县(市)前十行列,2002年其发展经验被习近平同志总结为"晋江经验"。特别是2017年以来,晋江在习近平新时代中国特色社会主义思想和党的十九大精神的指引下,以"晋江经验"15周年为契机,以优异的成绩通过全国文明城市考评,以绝对的优势成功获得2020年第18届世界中学生运动会和连续4届国际大体联世界杯的举办权,开创了全国县级城市承办大型国际综合赛事的先河。

晋江市坚决贯彻党中央决策部署,把传承发展"晋江经验"作为开启引领妇女、儿童事业发展"金钥匙",在省妇联和市委、市政府、市妇联的正确领导和支持下,推动晋江市妇联改革工作落实在基层、活跃在基层、见效在基层。

晋江市"四点钟学校"项目自2013年启动,起初设立10个试点单位。2017年开始,晋江市"四点钟学校"项目纳入晋江市委、市政府为民办实事项目。晋江致和社工事务所通过公开竞标开始承接了晋江市为民办实事项目"儿童之家四点钟学校"社工服务岗位项目。

(三)项目实施地点

以"试点先行,逐步推进,全面覆盖"为项目整体工作思路,2013年晋江市妇联在全市范围选取10个条件较好及意愿强烈的试点单位(社区、企业和学校)作为项目实

施地点,开展具体服务。试点单位选取的方法如下:

1.市妇联下发通知,让各街镇推荐妇女、儿童工作基础较好,尤其是相关领导或负责人重视妇女、儿童工作,愿意为妇女、儿童社会工作的介入提供支持的试点单位,将名单报送市妇联;

2.市妇联相关人员与致和社工事务所人员一同到拟定试点单位进行实地了解和评估;

3.根据了解评估情况,由市妇联组织召开有关部门及拟定试点单位的相关负责人参加的座谈会,征求各方意见;

4.市妇联下发红头文件,确定 10 个目前条件较合适的社区(村)作为试点,并注明街镇及各试点单位职责;

5.市妇联协助致和社工事务所实现试点社区的对接工作,建立良好关系。

6.建议市妇联尽可能为试点单位争取适当配套经费,以便更好地得到试点单位的支持,更好地为试点工作奠定基础;

7.根据服务进展情况由市妇联定期或不定期地及时召开项目工作汇报会或座谈会,总结经验、集思广益,更好地推进试点工作的开展。

2015 年试点单位扩展至 15 个。至 2017 年,晋江市"儿童之家四点钟学校"纳入晋江市为民办实事项目,合作试点达到 20 个,2018 年项目试点扩展至 25 个。

(四)项目目的和具体目标

项目目的和具体目标在本章第三节中已有详细讲述,此处略。

(五)项目理论基础

本项目引入社会工作专业理论,在充分掌握儿童需求的基础上,不仅提供儿童课后辅导、儿童就学指导、儿童健康心理建设等服务,而且更是运用家庭视角,立足社区,结合社会支持系统理论、增能理论、优势视角和家庭治疗法,在提高个人自信、增进个人能力的同时,关注儿童融入家庭和社区生活。具体来说,本项目设计主要包含以下理论依据。

(1)马斯洛需求层次理论

根据马斯洛的需求层次理论,人类需求像阶梯一样从低到高按层次分为五种,分别是:生理需求、安全需求、爱与归属感的需求、尊重的需求和自我实现的需求。对于儿童来说,父母上班期间,没有时间照管儿童,致使儿童缺少保护。特别是外来流动儿童,还要承担家务,出现意外伤害也在所难免,无论是在何种情况下,儿童都应该得到家庭、学校、社会的重视和保护。根据华生的社会学习理论,儿童的行为大多数是在后天环境中习得的,因此在爱和关注下长大的儿童得到足够的安全感和归属感,才能勇敢地走出去接受挑战,面对生活的种种压力。儿童虽然行为意识能力不强,但具有特有的价值判断。因此,不论是家长、学校,还是社会,都应该尊重儿童的需求。

(2)社会学习理论

班杜拉的社会学习理论强调个人的行为是由个人与环境的交互作用决定的。人的大部分活动是通过观察他人、模仿他人而学会的。在观察学习中起决定影响因素的是环境，如果环境发生变化，那么人的行为也会发生变化。在我们的活动中，每时每刻都贯穿了这种社会学习。

（3）阿德勒理论

阿德勒认为人天生就有一种自卑感，这种自卑感促使个人不断地追求优越。他认为自卑情结的发现是个体心理学的重大贡献。对抗自卑感的主要方法就是"补偿"，即力图补偿自己的不足，克服缺陷以求达到优越。由于补偿方法的不同，儿童就会形成一套属于自己的"生活方式"，即在生活中不断加以总结、归纳和概括，逐渐固定下来，形成一套特殊的行为方式，以此作为对付环境的基础。在阿德勒看来，各种心理疾病或障碍都是"生活的失败"，是由于错误的生活风格导致的。如果一个人缺乏对社会的兴趣和与他人合作的精神，而自己的生活目标又因遇到困难不能达到，那么人的心理就有可能不平衡。这为我们理解一些儿童遇到的问题提供了一个新的视角，让社会工作者在工作方式上多了一种选择。

（4）人际交互作用理论

伯恩的人际交互作用理论注重人与人之间的互动和沟通。它强调在团体中，成员可以观察他人的变化和示范，从自己与他人之间的互动和沟通中逐渐了解自己的人格结构，并学会如何与他人沟通。而团体成员间的互动，又可以使成员增加对自我与他人的觉察力，从而更好地与人交往。在我们的服务中，通过社会工作者和儿童的互动以及儿童之间的互动促进他们的改变乃至与社会工作者共同成长，是一个重要途径。

（5）生态系统理论

生态系统理论强调发展个体嵌套于相互影响的一系列环境系统之中，在这些系统中，系统与个体相互作用并影响着个体发展。布朗芬布伦纳认为自然环境是人类发展的主要影响源。发展的个体处在从直接环境（像家庭）到间接环境（像宽泛的文化）的几个环境系统的中间或嵌套于其中。每一系统都与其他系统以及个体交互作用，影响着发展的许多重要方面。只有理解了参加活动的儿童所处的环境以及环境对他们的影响，才能有意识地从环境着手而非仅仅从其个人着手去改善其社会化过程，而这环境当中重要的几个方面就是同辈群体、家长、老师以及社会工作者。

（6）社会支持系统理论

个人面对环境能否适应，最重要的是看个人拥有资源的多少，而资源又分为个人资源与社会资源，个人资源包括自我功能和适应能力等；社会资源指个人的关系网络的广度与网络中的人能够发挥支持功能的程度。儿童要实现自我发展，需要挖掘和调动各种资源为之服务，一方面儿童本身要不断地完善功能，另一方面要充分发挥家庭、社区、公益部门、相关政府部门等多种力量维护和促进儿童的合法权利。

（六）项目服务对象

1.直接服务对象

项目的直接服务对象主要为一到六年级儿童,处于儿童中期阶段。特别是有提升学习需要、改变自卑需要、自我开放需要、加强自我认识需要、成长引导需要、增强社会交往能力需要的儿童。

2.间接服务对象

项目的间接服务对象包括:

家庭:利用社会工作专业的助人方式帮助儿童增强社会生活功能,促进家庭沟通,构建良性的家庭互助结构,从而实现家庭和睦;

社区:儿童得到良好的生活,就会减少社区的压力,促进社区和平稳定发展;

社会:儿童工作关系到千万家庭的切身利益,关系到社会的和谐稳定,儿童拥有良好的生活环境、人际关系、社会地位、自身能力等将推动社会的进步、促进社会的发展。

（七）项目服务内容

1.项目服务板块及服务时间

晋江市"四点钟学校"项目分为三大板块:

(1)"学习乐园"课后四点班:为成员提供课业辅导,传授学习技巧,提升团队意识,定期家庭走访等。"学习乐园"课后四点班活动时间原则上为每周周一至周五的16:00—18:00。

(2)"童心大本营"周末工作坊:主要包括绘画唱歌、手工制作等艺术课程,趣味英语、趣味数学等学习课程,珍视生命、领袖素质培养、社会责任感提升等成长教育课程,课程中皆融入社会工作互动游戏,寓教于乐。"童心大本营"周末工作坊活动时间原则上为每周周六8:30—11:30,以及14:30—17:30。

(3)寒暑假冬夏令营:寒暑期安全营期间,除了日常的作业辅导,还开展包括安全教育、兴趣特长培养、志愿者服务、家庭教育等服务。寒暑期冬夏令营活动时间视具体情况而定。

2.项目服务类别及服务内容

晋江市"四点钟学校"项目的具体服务类别包含基本服务、发展服务和特色服务（如表2.4所示）。

(1)基本服务

①开展安全教育活动

社会工作者通过讲座、培训、情景模拟等方式,帮助成员学习户外活动、家庭生活等方面的安全知识,以预防和减少成员发生意外安全事故。

②开展课业辅导服务

社会工作者为晋江市"四点钟学校"成员提供课业辅导,并在课业辅导过程中培养成员良好的学习习惯,以提升成员的学习能力。

（2）发展服务

①开展道德实践活动

依托晋江市"四点钟学校"组织儿童开展文明礼貌、敬老爱亲、便民利民等活动，倡导社会新风，开展志愿服务，让未成年人在实践中陶冶情操、提升素养。

表 2.4　晋江市"四点钟学校"项目的服务类别及服务内容

②开展能力提升活动

发挥镇（街道）、村（社区、企业）等各相关单位优势，开展法律知识、安全知识、灾害自救、紧急救护、家庭教育等教育和实践，引导未成年人树立法律意识、安全意识、团队意识和环保意识，提高生活自理、自我保护、紧急避险和社会生活等方面的能力。

③开展文化娱乐活动

根据未成年人的特点爱好，组织开展传统游戏、手工制作、体育运动、美术书法、经典诵读等活动，丰富儿童课余文化生活，培育心理健康和人格健全、性格开朗的未成年人。

④开展家庭教育活动

开展家庭教育服务是提升儿童社会工作有效性的重要途径。晋江市"四点钟学校"通过家庭走访、家长课堂、亲子活动等多种形式，结合社会工作的生态系统理论、优势视角等专业理论，运用个案、小组、社区三大工作方法与家长共同探讨新形势下的家庭教育，有利于促进儿童与家长的互动，给予家庭教育更多的启发和可能。

⑤开展行为矫正及心理辅导服务

运用个案、小组等社会工作专业手法，针对儿童出现的不良行为和心理问题进行矫正和辅导，帮助服务对象摆脱心理困扰，提高服务对象的身心健康指数。

⑥志愿服务及资源整合

组织试点单位少年儿童作为小小志愿者参与志愿服务，同时连接外来志愿资源和其他资源，共同为晋江市"四点钟学校"项目提供服务。

（3）特色服务

在提供基础服务的同时，各试点结合自身单位实际情况，充分挖掘、整合试点单位及周边社会资源，逐步建立试点特色，实现"一校一特色"的晋江品牌。

（八）项目年度行动计划

根据项目的目的、具体目标和主要服务内容，制定具体年度行动计划如表 2.5 所示。

表 2.5　项目年度行动计划表

主题内容	指标	服务人数/年	备　　注
需求调查	2 次	2000 人次	调查样本量为 2000 人
建档服务	700 份	700 人	为晋江市"儿童之家四点钟学校"服务对象建立档案
成长计划	700 份	700 人	成长计划包括个人及家庭的成长计划
个案服务	75 人/月	900 人次	15 个试点每个试点每月至少 5 人的个案服务
小组服务	30 人次/月	360 人次	兴趣小组、成长小组、教育小组、亲子互动小组等，每月至少 30 人参与不同小组
社区活动	12 场	2400 人次	根据节假日设定不同主题社区活动如 5 月份母亲节亲子主题活动，6 月份儿童节"童心飞扬，我和祖国共成长"主题活动，10 月份"喜迎国庆，祝福祖国"主题活动等。
中型活动	6 场	150 人次	包括"学习乐园"课后四点班、"我成长我快乐"寒暑假冬夏令营及各类主题活动。
工作坊	4 场	100 人次	即"童心大本营"周末工作坊
社会工作者培训及团建	12 场	200 人次	每月一次，每次至少 16 人参与
志愿者培训	12 场	120 人次	每月一次，每次至少 10 人参与
宣传工作	12 场	2400 人次	根据项目初期的入户、项目中期服务开展活动及后期的整合做宣传，结合媒体报道、服务宣传单页、指引等宣传手段。
项目中期报告	1 份	/	汇报项目投入产出及评估半年运作情况
项目终期报告	1 份	/	项目总结及成果汇报

续表

主题内容	指标	服务人数/年	备　注
项目汇报专题片制作	1 份	／	通过视频的形式对项目进行总结和汇报

（九）项目执行团队

1.行政督导：由机构主任夏晋城、常务副主任郭艳担任行政督导，负责项目行政工作协调、项目社会工作者管理等。

2.专业督导：邀请福建医科大学谭卫华老师及机构副主任潘春珠担任业务督导，为项目提供专业支持。

3.项目团队成员：晋江致和社工事务所具有丰富的青少年社会工作者服务经验，可以为晋江市"四点钟学校"项目的服务开展提供有力的技术指导；配备 20 名专职社会工作者，负责项目具体工作的开展，其中包括 1 名项目主管、2 名项目副主管及 17 名一线社会工作者。

4.在项目开始之前，对每个试点社会工作者进行专业培训，保证提供的服务具有较高的专业性。

（十）项目预算

项目预算主要包括：一线社会工作者工资、管理人员工资、保险费用、福利费用（交通、通讯、食宿、团队建设等）、督导培训费用、宣传费用、日常办公费用、活动费用、税收费用、其他未预见费用等。其中，社会工作者的工资、福利待遇及项目管理费用主要来源于晋江市妇联财政购买，且项目规定社会工作者的待遇和福利不得低于项目总资金的 70%。项目的活动费用、场地费用、驻点社会工作者补贴及食宿等费用主要由试点单位配套支持。（具体预算表略）

（十一）项目风险及应对

常见的项目风险包括安全隐患、场地设备故障、人才流失、资源不足等，在项目策划时均需对潜在风险做出紧急预案。针对晋江市"四点钟学校"项目的风险及应对方案，具体如表 2.6 所示。

表 2.6　晋江市"四点钟学校"项目风险及应对

序号	潜在风险	应对举措
1	儿童在往返学校途中发生意外	1.与监护人签订协议； 2.招募志愿者接送；
2	儿童在"四点钟学校"活动中突发疾病或受伤等意外	1.体检筛选； 2.购买意外保险；

续表

序号	潜在风险	应对举措
3	突发安全事故如用火、用电、地震等	1.设定安全紧急预案； 2.设立安全知识教育课堂； 3.定期安全演习；
4	报名人数较多,教学质量无法保障	1.每班学生人数设定上限,控制在25人以内； 2.组建志愿者队伍,定期开展志愿者培训活动,实践"社会工作者＋志愿者"联动机制；
5	社会工作者人才流失	1.建立激励机制、绩效考核机制和评优机制等； 2.建立督导团队,给予专业支持和情绪支持； 3.储备项目社会工作者人才,及时补缺；
6	志愿者对项目和服务对象不了解或者持续性低	1.对志愿者团队进行岗前培训； 2.建立激励机制和评优机制；
7	资源不足	整合社会资源：如社会工作者可以链接试点单位附近的青少年宫资源,为"四点钟学校"的学员提供兴趣培养；与居家养老服务项目试点建立合作关系,组织"四点钟学校"学员定期探访老人,关心老人的小小志愿者服务项目,培养成员尊老爱老的传统美德；
8	服务指标无法按时达成	建立监测机制,设定每月进度计划,及时跟进当月指标完成情况；
9	信息沟通不畅	建立沟通机制,确定项目方、出资方、试点单位各方直接负责人,定期以电话、邮件、微信和座谈会等形式进行项目最新进展沟通,确保信息对称。

（十二）项目评估

建立考核评估机制,以评促进,督促晋江市"四点钟学校"项目切实履行项目责任,实现项目"进一步关爱儿童健康成长,缓解父母对孩子在时间上的管理空缺,同时给予儿童一个快乐、健康的成长空间"的目标。

1.评估主体

市妇联、各街镇妇联和晋江市"四点钟学校"所在单位负责人,以及市民政局、市财政局、市教育局、市委文明办、市科协、市关工委等单位代表,或者聘请第三方专业评估机构。

2.具体评估内容

(1)过程评估

①项目管理情况:包括项目管理制度、项目存档情况、项目资金的收支、试点走访情况等;

②社会工作者服务情况:包括试点氛围布置、社会工作者服务内容丰富、社会工作者服务手法创新、关注服务对象需求并及时应对、积极配合试点单位相关工作等;

(2)效果评估

①项目总结情况:包括项目终期总结、汇报表现等;

②项目成效情况:包括个人、社区、试点单位各层面的效果、项目评价、社会反响、资源链接情况等。

3.评估方式

(1)通过问卷调查、满意度评估(儿童、家长、试点单位满意度评估)、访谈等了解覆盖面,满意度,个人改变(包含知识、技巧、行为、态度、关系等的改变)等。

(2)实行平时考核、中期考核与终期考评相结合,实地考察与现场汇报相结合。

第三章

项目实施与晋江市"四点钟学校"项目

第一节　社会服务项目运作模式与机制

一、社会服务项目与项目化运作

（一）项目化运作

项目化运作是通过相对科学合理的计划、组织、管理和控制，最优化地配置资源，将相对抽象、复杂、多样的工作转化为具体可执行的子任务，实现组织的项目化管理运作，以期待高效完成工作的一种模式。从管理学视角来看，项目化运作的意义体现于项目质量与效益的提升；从社会学视角来看，项目化运作的意义体现在政府、市场、志愿失灵时所发挥的以政府购买服务项目为核心的政府与非营利组织之间的伙伴关系；从社会工作视角来看，项目化运作的意义体现于社会工作专业知识融入项目的具体执行过程，并在项目实施过程中实现社会工作的专业化积累。

当前我国政府、基金会等项目购买方主要是通过服务项目招投标的方式来购买社会服务项目，社会服务机构往往通过各类项目的实施来获得发展的机会。作为社会组织的一种组织管理方式，项目化运作，包括了从项目获取、项目需求调查、项目策划、项目实施、评估，以及项目运作过程中适时地对项目调整等各项工作。社会服务机构把社会服务以项目的形式进行设计，通过建立项目的策划、组织、实施、控制、评估等制度体系，使社会服务机构在项目中进行组织管理和制度建设，并实现组织内外各项资源的最大优化配置，按时保质保量的达成目标，进而促使组织自身的可持续发展。

（二）社会服务机构和项目化

社会服务机构作为社会工作的实施主体之一，也就理所当然地成为了社会工作项目化的天然载体。社会服务机构作为项目的载体而存在，同时项目也在反作用于社会服务机构,并且通过项目化,在中国走出了一条可行的机构成长之路。

社会服务机构的专业服务有利于拓宽项目范围、提升项目服务内涵,项目的多样性同样拓宽了社会服务机构的服务地域和领域。同时,由于机构的项目化运作,也为机构拓宽了自身的资金来源。此外,项目的有效运作,提升了机构的公信力和号召力,实现了机构与机构、机构与政府、机构与基金会以及之间的相互联系,并为今后探索更多的合作机会提供了便利。

(三)政社合作和政府购买服务

1.政社合作

所谓政社合作,是指政府与社会组织基于实现共同认可的公共目标而建立和维护的相互依赖关系。克莱默和纪德伦等学者以组织提供的实际服务为出发点,基于组织筹集服务资金以及相关授权层面,认为政府组织和非营利性组织之间存在政府支配模式、非营利性组织支配模式、共同支配的双重模式和合作模式等4种具体的模式[38]。政府为了实现自己的特定目标而将自己提供公共服务的职能转移给非营利组织,因此转让了一部分项目管理和运作权力。

政社合作主要包括两种基本形态,即政府购买服务与合作治理。当前,随着政府治理及职能转变的提出,各级政府开始逐步探索职能转变的新路径,其中,政府向社会组织购买公共服务作为政府提供公共服务的一种新模式获得了快速发展。

2.政府购买服务

2012年,民政部和财政部联合发布《关于政府购买社会工作服务的指导意见》(民发〔2012〕196号),指出政府购买社会工作服务是政府利用财政资金,采取市场化、契约化方式,面向具有专业资质的社会组和企事业单位购买社会工作服务的一项重要制度安排[39]。在主体关系上强调购买过程中要坚持政府主导,充分尊重市场主体地位,择优选择服务提供机构。

2013年9月,国务院办公厅发布《关于政府向社会力量购买服务的指导意见》(国办发〔2013〕96号,以下简称《意见》),提出到2020年要建立比较完善的政府向社会力量购买服务体系。政府向社会力量购买服务,就是通过发挥市场机制作用,把政府直接向社会公众提供的一部分公共服务事项,按照一定的方式和程序,交由具备条件的社会力量承担,并由政府根据服务数量和质量向其支付费用[40]。简言之,即政府提供资金、社会力量承包服务、双方基于合同关系实现特定公共服务目标的机制,其本质上是公共服务的契约化提供模式。政府购买公共服务的核心是建立契约式服务提供模式,而不是建立雇佣关系,它要求作为购买方的政府和作为被购买方的社会力量之间保持独立性,社会力量独立决策、独立运作、承担责任,政府依据合同进行管理,对绩效进行独立的评估。2014年底,财政部出台《政府购买服务管理办法(暂行)》(财综〔2014〕96号,以下简称《办法》)。《办法》在《意见》的基础上,进一步细化了政府购买服务购买主体和承接主体的资质和条件,明晰了政府购买服务的具体范围,并规范了购买方式及程序、预算、财务、绩效和监督,在很大程度上完善了我国政府购买服务的政策体系。

在政府购买社会工作服务的过程中,目前主要有两种购买方式:一是项目购买,即购买方以项目打包的方式,委托承接方为服务对象提供服务,这是一种社会化的运作模式,双方是一种契约化的合同关系;二是岗位购买,即购买方委托人才服务公司或相应机构招聘社会工作者,社会工作者按照岗位职责开展工作,其工资、奖金、福利等均参照相关标准执行。

政府购买公共服务的内涵是一种契约关系和委托—代理关系,它的核心价值在于"授权""委托"与"合作",政府承担着委托人的角色,社会服务机构承担着代理人的角色,公众承担着受益人的角色,政府、社会组织和公民三方主体建立起合作关系。

二、晋江市"四点钟学校"项目运作模式与机制

(一)项目运作模式

晋江大部分小学,儿童放学时间一般为下午四点左右,这个时间点却正是家长们还在上班的时间,儿童课后由谁照管、如何照管,成为大部分家庭面临的难题。晋江"四点钟学校"项目针对现有儿童放学回家后无人照管现状,以现有的社区教育为基础,充分利用社区、机构、学校、企业的资源,在儿童放学的四点之后,将社区内的因家长工作而无暇看护的儿童组织起来,为他们提供学业上的辅导、课外知识的拓展、兴趣技能的培养等支持性服务的一种模式。

2013年4月,晋江市委、市政府主动作为,以为儿童创福利为服务理念,在梅岭街道竹园社区启动"儿童之家四点钟学校"项目,创造了福建省首个政府购买专业社会工作服务介入四点钟学校服务项目,由晋江市妇联作为项目指导方和购买方,依托社区、企业、学校开展课业辅导、互动游戏、兴趣培养、成长教育、亲子关系调适等免费服务。

5年多来,晋江市"四点钟学校"项目坚持以儿童为本、政府主导、妇联引领、社工同行的多方联动运作模式。在项目实施过程中,"四点钟学校"项目将"以儿童为本"作为服务理念,针对儿童的身心发展特点,从儿童的实际生存和发展需求出发,结合儿童的兴趣爱好和特长,开展常规化、常态化和持续性的课后托管服务,项目试点延伸至村、社、企业、市直机关等领域。晋江市妇联、晋江市致和社工事务所、"四点钟学校"试点单位在合作过程中互相磨合、借力互助,探索最有效、最专业的儿童社会服务方式,建立了一套较完整的"四点钟学校"项目运作模式。

1.以儿童福利视角下的儿童需求为项目开展的立足点

儿童福利视角下的儿童需求上涵盖了儿童健康发展和成长的不同领域,具体包括以下几个方面:获得基本生活照顾的需要和免于被伤害的需求,即生存需求;获得健康照顾的需求,也就是儿童的健康、保健需要;获得良好家庭生活照顾的需求;满足学习的需求,同时还包括儿童全面发展的需求;满足精神生活的需求、拥有融入主流社会的生活能力的需求;获得健全人格发展的需求等。

基于以上对儿童需求的分析,晋江市"四点钟学校"项目在运作的各个环节,围绕儿童多个层次的需求,从前期项目需求的调研、项目运作的内容、儿童社会工作专业方法的运用、项目中儿童的参与等各个方面,以儿童为本,本着儿童利益最大的原则,借助于观察法、问卷调查法、访谈法、文献法等社会调查方法,深入了解儿童需求和问题,开发并优化项目设计和项目实施流程,以期实现项目运作的儿童利益最大化。

2.政府主导、妇联引领、社会工作者同行、社会参与的运作模式

在晋江市委、市政府的支持下,晋江市"四点钟学校"项目以政府购买公共服务的方式运作,"四点钟学校"项目纳入 2017 年度晋江市为民办实事项目,2017 年起连续4 年市财政拨付 500 万元每年新建 5 个"四点钟学校",由晋江市妇女联合会引领、指导和监督晋江市致和社工事务所具体运作,形成政府主导、妇联引领、社工同行、社会参与的多方联动的模式来开展项目服务工作。

晋江市"四点钟学校"项目作为政府购买服务项目,其参与主体及各自职责如下:政府作为主导者,由晋江市妇女联合会牵头负责组织领导、工作部署、项目督查等相关工作,晋江市妇女联合会拥有政府背景及资源优势,为项目提供资金支持,对项目实施主体的资质、能力进行遴选,在项目实施过程中对服务内容及资金使用状况进行监督、在项目结项后对总体实施情况进行评估。晋江市妇女联合会对"四点钟学校"项目的监督和规范有利于项目各参与主体明确责任,从而提高"四点钟学校"项目的成效。

社会力量——晋江市致和社工事务所,是"四点钟学校"项目服务的直接提供者,主要负责日常业务指导、组织开展"四点钟学校"项目试点服务,负责项目专职社会工作者的培训考核、工资福利保障等。"四点钟学校"项目由晋江市致和社工事务所专职社会工作者提供具体服务,由晋江市妇女联合会和致和社工事务所共同对项目专职社会工作者考核和管理;晋江市妇女联合会、晋江市致和社工事务所、"四点钟学校"项目试点单位相关负责人、社会工作专家学者等组成督导团队,为专职社会工作者提供业务指导和专业支持;参加的试点单位包括学校、社区、企业,他们即是服务的提供者,也是服务的受惠者。

试点单位作为"四点钟学校"项目的重要合作者之一,与社会工作机构有着紧密联系,二者相互合作,以保证"四点钟学校"项目的顺利完成。在"四点钟学校"项目中,试点单位为"四点钟学校"项目提供各种物质资源支持,包括教室的提供、活动场所提供、授课所需的各种物资设施的准备等;除此之外,试点单位利用其地理位置与资源优势,开展丰富多彩的社区活动,与致和社工事务所提供的各种社工特色课程、兴趣课堂相结合,丰富"四点钟学校"项目的内容与形式,提高服务质量。

(二)项目运作机制

项目运作机制是影响和约束项目各相关主体结构、作用及其相互关系的基本准则和制度。晋江市"四点钟学校"项目运作机制具体如下:

1.建立多方联动的项目运作协调机制

晋江妇女联合会、晋江市致和社工事务所与试点单位建立多方联动的有效协调机制,实现对接工作,保质保量完成"四点钟学校"项目的各项服务。

晋江市"四点钟学校"项目依托晋江市妇联、各镇街妇联和村妇联,开展三级联动,共同促进项目的推进落实。在项目运作过程中,晋江市妇联指定专职项目负责人,负责与购买单位沟通协调,设计合作事项包括需求调查、试点单位的确定以及项目社会工作者的培训等。晋江市妇联对于"四点钟学校"项目负有重要责任,除了承担购买社工岗位职责外,在试点开班之初,为每个试点单位下拨5000元运作经费,市科协为每个试点单位捐赠价值3000元的科普器材。各镇街妇联作为晋江市妇联和村妇联的纽带,起到承上启下的作用,同时根据试点单位社会工作者的工作情况,每月给予相应的补贴。村妇联作为最直接的监督单位,由其直接对接试点单位,并汇报服务情况至镇街妇联,再由镇街妇联上报至市妇联。

2.形成服务对象反馈机制

晋江市妇联坚持每月对3~4个试点单位进行走访,对走访中发现的问题及时进行处理,促进项目顺利发展;同时指定专人跟踪项目进程,根据实际需要进行沟通协调。此外,还聘请了项目督导,定期为项目的开展提供专业支持和督导,提升服务水平。致和社工事务所社会工作者从行政、实务方面担任督导,并与福建医科大学建立合作关系,聘用高校教师作为实务督导。"四点钟学校"项目形成每月一团体督导、每季度一个别督导的督导频度,个别约谈和实地督导并用的督导形式,保障协助社会工作者及时解决困惑,以更好对接服务对象需求。

3.建立项目的利益相关方持续性的沟通机制

晋江市"四点钟学校"项目形成了"妇联——事务所——社工——街镇——试点单位"的沟通网络,市妇联相关负责人和致和社工事务所社会工作者一起对试点单位进行走访了解,每月走访试点3~4个,一个季度完成一轮走访;每月定期与街镇妇联进行面谈、电话联系,了解社会工作者服务情况及建议;社会工作者与试点单位建立直接沟通关系,每半年面向服务对象(学员、家长、试点单位负责人、街镇负责人)发放满意度调查问卷,并根据满意度调查问卷撰写满意度调查报告。项目根据各利益相关方的权利及需求,从沟通时间频次、沟通方式、沟通内容进行厘清,同时要求拜访、走访服务对象后进行记录并进行跟进,并通过服务外展宣传、活动预告、活动开展、活动海报、公众号推送、电话短信、微信群、QQ群等形式,与项目各利益相关方及时进行沟通互动。

(三)项目的功能定位

晋江市"四点钟学校"项目作为专业社会工作参与社区儿童教育的重要平台,主要发挥以下功能:

1.提供以"儿童为本"的多维教育服务

儿童成长过程中,由于其生理、心理发育尚未成熟,自我行为能力、辨识能力受限,在实际生活中会遇到一些生理、心理、情绪等方面的问题,通过"四点钟学校"项目在社区中的实施,社会工作者使用个案、小组、社区工作三大方法,为儿童提供高质量的教育、陪伴、支持服务,帮助他们解决学习困惑、矫正不良行为、提高学习技能本领、扩大社会支持网络等。社会工作者除了开展好常规服务活动,还以儿童的需求为导向,在对现有社区资源及学员需求进行分析后,为社区儿童提供融合社区特色的各类服务。

2.协同社区、家庭、学校等多方力量开展服务

开展"四点钟学校"项目的直接目的在于解决儿童从放学到家长下班这段时间的无人看管问题,因而家长也成为了"四点钟学校"项目的受益者。儿童的健康成长,需要父母的共同参与,良好的亲子关系是发展儿童社会支持网络的重要途径。为了能够更好地发展亲子间的亲密关系,提高"四点钟学校"项目的社会效益,项目活动的开展积极促使儿童家长参与其中。再者,"四点钟学校"项目依托社区开展社区教育,社区为"四点钟学校"项目提供了场地和设备等支持,对"四点钟学校"活动的正常运作从资源支持、协调管理等方面发挥了积极作用。同时,学校是儿童接受教育的场所,社区教育作为学校教育的补充,学校也是重要的参与者。家长、学校、社区三方之间及时沟通,共同参与,这是"四点钟学校"项目取得服务效果的重要条件。

3.积极引导社区居民参与儿童社区教育

晋江市"四点钟学校"项目主要以社区为依托进行的社区儿童教育活动,需要社区居民的共同参与。社会工作者应促使儿童家长和其他社区居民携起手来,共同参与社区儿童教育。社区居民在参与的过程中,不仅仅通过他们知识、理念、技能的传播促使社区儿童的成长,还能增进与社区其他居民的沟通交流,这在一定程度上增加了社区居民的凝聚力以及社区参与感。"四点钟学校"项目的开展将社区中的家庭链接到社区服务中来,进而发掘社区内外资源,共同解决社区问题,推动社区和谐发展。

4.链接社区外部资源

链接资源是社会工作参与社区儿童社会工作的一项重要功能,同时也是社会工作区别于其他工作的一项重要特点。晋江市"四点钟学校"项目在进行社区儿童教育的过程中,会遇到资源不足的情况,社会工作者运用多种方式积极链接整合社区内外部资源,并通过项目运作的方式进行资源的合理化、集成化运用,在有效弥补资源不足的情况下,提升了资源使用的有效性。多样化资源的引入,促进"四点钟学校"项目在服务儿童方面发挥更加积极的作用。

5.保护儿童免受侵害

晋江市"四点钟学校"项目也是社会、政府、家庭共同承担的为解决儿童下午放学后无人看管问题,保护儿童免受侵害的一项重大举措。近些年,儿童遭遇侵害的事情时有发生,引起了社会各界的关注。"四点钟学校"项目一方面通过组织儿童教育的形式解决了课后儿童无人看管问题,降低了儿童受侵害风险的发生。另一方面,在"四点钟学校"项目实施过程中,对儿童进行自我保护意识、保护行为的教育,提升了

儿童自我保护意识和能力。

第二节 晋江市"四点钟学校"项目实施

一、项目的服务对象

晋江市"四点钟学校"项目开展的社会工作服务不仅关注儿童个体、群体的社会、心理等各方面的发展,而且关注儿童周围涉及的人群,比如儿童的监护人、老师和同学等能够构成对儿童社会支持网络在内的所有人的发展。项目服务对象涉及的数量多范围广,即包括直接服务对象,也包括间接服务对象。服务领域不仅仅针对微观层面的儿童个体、家庭,也涉及与儿童相关的社区环境、文化传统、价值观念等中观及宏观层面。

"四点钟学校"项目的直接服务对象为项目所在试点辖区服务的儿童,特别是有学习需要、改变自我需要、自我成长需要、加强自我认识需要、成长引导需要、增强社会交往能力需要的儿童。"四点钟学校"项目结合晋江市实际,以双职工家庭特别是外来务工人员子女为主要服务对象,晋江市妇联作为项目指导方,依托社区、企业、学校开展课业辅导、互动游戏、兴趣培养、成长教育、亲子关系调适等免费公共服务,逐步促进教育均衡发展、流动人口社会融合,同时也为外来务工人员在晋江务工的稳定性起到积极作用。

"四点钟学校"项目的间接服务对象包括:家庭,利用社会工作专业的助人方式帮助儿童增强社会生活功能,促进家庭沟通,构建良性的家庭互助结构,从而实现家庭和睦;社区,儿童得到良好的生活,就会减少社区的压力,促进社区和平稳定发展;社会,儿童工作关系到千万家庭的切身利益,关系到社会的和谐稳定,儿童拥有良好的生活环境、人际关系、社会地位、自身能力等将推动社会的进步、促进社会的发展。

二、项目实施的理论支撑

社会服务的项目化运作是政府、社会组织、社区及企业等多方合作协商的结果。在不同时期,社会服务项目运作的不同阶段,政府扮演着不同的角色,总体来说是从控制者向合作者和伙伴角色转变。在政府购买服务大背景下,基于合作治理视角,晋江市"四点钟学校"项目依托项目管理理论、社会工作专业理论等,以儿童为本,围绕儿童各项权利,在充分掌握儿童需求的基础上,不仅提供儿童课后辅导、儿童就学指导、儿童健康心理建设、儿童安全教育等服务,更是立足社区,结合系统理论、增能理论、社会支持理论、优势视角、家庭治疗手法等,在提高儿童能力、促进儿童身心健康发展的同时,使儿童更好地融入社区、参与社会。

(一)生态系统理论

生态系统理论提供一个多层面、多系统的概念架构来理解个人的社会生活功能,根据此观点,个人的行为发展受到其与环境间互惠性交流历程的影响,其生活的健康与否并非个人特质或病态因素归因,而是个人适应环境的顺利与否,也就是取决于个人与其环境之间能否维系适应良好的调和度[41]。Bronfenbrenner(1979)认为个人所在系统层次是一个层层相扣的巢状结构,大致分为微观系统、中介系统、外在系统和宏观系统四个层次。

1.儿童的微观系统

Bronfenbrenner 指出,微观系统是指成长中的人在特定的、面对面的生活场域(具有特别的物理、社会与符号性环境)中,所经验(觉察)到的活动、角色及人际关系组合。这个组合能激发或干扰成长中的人参与当下生活场域中持续且渐进复杂的人际互动[42]。对于儿童而言,其自身能力、家庭、学校和同辈群体等是其微观系统,同时也是影响其改变的关键因素。

2.儿童的中介系统

中介系统是指微观系统之间的相互联系与相互影响,是一种多重场域相互影响而形成的相互关系。Bronfenbrenner 认为这些场域间的互动关系可通过三种渠道建立:当个体进入新的生活场域时;当个体参与到个体生活的两个场域时;场域间正式或非正式沟通渠道建立时。例如,流动儿童来到城市,必然使得家庭与学校存在关联,学校生活与社会生活之间的关系等是其中介系统,同时也是影响其改变的重要因素。

3.儿童的外在系统

外在系统是指两个以上的关联情境在同一个间接的外在情境中发生的关联。对于儿童而言,其家长工作场所的文化氛围、社区环境、社会组织的影响、学校教育品质等都是其外部系统,同时也是影响其改变的关键因素。

4.儿童的宏观系统

宏观系统是指各个系统层次在一个更大的文化环境、民族团体中发生关联。对于儿童而言,宏观系统包含社会的主流文化与次文化,例如与儿童相关的法律法规、与儿童相关的福利政策、儿童所生活地域的主流文化、社会阶层等。

"四点钟学校"项目的实施,紧密关注社区儿童微观、中观和宏观环境中的各类因素,积极进行儿童为本的软硬件环境的创设、提升和优化,并着力促使儿童与宏微观环境双向调适。

(二)优势视角理论

优势视角理论强调以人为本,尤其是以人的优势为中心,协助服务对象发掘优势和潜能,并协助服务对象得到自身的发展。此外,优势视角强调社会工作者与服务对象之间是一种平等、信任的合作关系,强调服务对象的参与和互动以及回应。优势视角下的社会工作服务,强调社会工作者与服务对象专业关系的建构,以及服务对象需求和功能的协调。依托于优势视角，"四点钟学校"项目社会工作者在服务过程中主要扮演了同行者、陪伴者的角色，通过对儿童及其家庭外在的优势和内在的潜能的激发，协助他们提升学习技能、改善同伴关系，促进亲子互动，实现儿童自我成长和发展。

（三）儿童权利

作为一个独立的人，儿童拥有和成人一样的平等地位、人格、尊严和权利。联合国《儿童权利公约》规定儿童应该享有四个方面的基本权利：生存权，即儿童有生命和获得基本生活保障的权利；发展权，即儿童有获得使其潜能得以最大限度发展的权利；受保护权，即儿童应该受到保护，免受任何形式的忽视、虐待、暴力和剥削；参与权，即儿童有权参与与自身有关的一切事务。

儿童权利是普遍人权在儿童身上的具体表现，儿童权利不是被赋予的，也不因为在现实生活中是否实现而改变。儿童是未成熟的人类个体，其身心的发展与社会化都依赖于成人和外部环境，儿童权利的实现在很大程度上依赖于成人对儿童权利的保障。"四点钟学校"项目以"政府主导、妇联引领、社工同行、社会参与"的运作模式，体现了儿童权利实现过程中，政府、社会、家庭等多方主体责任和义务的履行。"四点钟学校"项目的实施以儿童为本，从儿童的需要出发，在充分尊重儿童权利的基础上，提升儿童福祉，使儿童更好成长。

（四）项目管理理论

项目管理理论作为一个整体，分为静态的九大知识领域和动态的五个项目管理过程，静态的知识领域包括：范围管理、时间管理、质量管理、成本管理、人力资源管理、沟通管理、风险管理、采购管理和集成管理。动态的项目管理包括：项目的初始过程、项目的计划过程、项目的实施过程、项目的控制过程和项目的结束五个过程。社会服务项目的项目化运作，通过对项目进行项目管理，可使各方面资源实现最优化配置，立足既定条件，按时完成各类任务。在将项目管理理论运用到社会服务项目实施过程中，需要注意把握以下几个原则：

平衡原则。在一般的项目管理原则中，都会存在一个项目的三角形关系。三角形关系，也就是项目范围、项目时间和项目成本的相互制约的关系，而项目的质量是受这三个因素的平衡关系所决定的[43]。从形状上看，项目范围、时间和成本就是三角形的三条边，项目质量就是这个三角形的面积。要得到符合目标质量的项目产品或服务，就要确定项目的范围、时间和成本，如果这三项中任一项发生变化，则势必会影响另两项中的至少一项发生随动。项目管理者必须对这三个因素进行调节，使之达到一种平衡状态，从而保证项目质量。

关系人参与原则。项目关系人，项目关系人是参与该项目工作的个体和组织，或由于项目的实施与项目的成功，其利益会直接或间接地受到正面或负面影响的个人和组织。项目关系人参与，意味着从项目策划、实施、结束阶段的管理活动需要把所有的项目关系人都包含进来，将项目关系人的意愿、需求和满意度作为项目管理的一个重要参考变量,尽量实现项目关系人对项目能量的正向输入,并且通过项目的实施将项目关系人的意愿得以实现。

计划原则。只有详细并且系统的由项目关系人参与制定的计划才是项目成功的唯一基础。项目计划对项目范围、进度、成本和质量等方面都做了详细要求,根据项目计划编排出详细的项目工作安排表,这样才可以有条不紊地推进项目实施。

目标渐进原则[44],社会工作项目的总体目标是较为笼统的,因此必须采用渐进的方式逐步实现目标。目标渐进原则需要先对项目的目标进行分解,将总体性目标分解为具体的可操作性目标,逐层实现目标。每实现一个目标就进行一次评估,才能确保整个项目随时能得到控制。

"四点钟学校"项目遵循项目管理基本原则,优化整合、积极链接人财物等多种资源,将项目服务质量管理的理念渗透于项目执行前的需求调查、项目目标设定、项目具体服务方案执行、项目风险应对、项目评估等多个环节,实现项目运作机制高效、项目成效显著、项目影响深远。

三、项目实施主体

（一）政府

晋江市"四点钟学校"项目的购买主体由晋江市妇女联合会牵头负责的,中共晋江市委文明办、晋江市关心下一代工作委员会、晋江市科学技术协会参与。晋江市财政负责提供资金支持,晋江市妇女联合会牵头负责项目招投标,制定项目管理制度,项目工作指导,对项目执行过程监督及结果评估。

（二）社会服务机构

晋江市"四点钟学校"项目由晋江市致和社工事务所负责具体实施。致和社工事务所成立于2011年4月20日,是晋江市首家专业社工服务机构。自成立以来,致和社工始终坚持秉承"为政府分忧,为行业服务,为民众解困"的服务宗旨,积极践行"助人自助,知和而和"的专业理念,以"专业践行者、行业引领者、产业先行者"为发展目标,以"用专业的爱温暖晋江"为机构愿景和使命,针对不同服务群体展开了卓有成效的专业社会工作服务。

（三）各试点单位

从2013年到2018年,先后共25个试点单位承接开展"四点钟学校"项目。25个试点单位可分为社区、学校、企业和机关等四种类型的"四点钟学校",四种类型试点单位的"四点钟学校"各有特点。试点单位要为"四点钟学校"提供室内活动场所,配备相应的桌椅、文具等项目开展所需的活动器材及其他个性化服务,保障活动的安全以及项目的正常运行。

四、项目的生态系统构成

（一）微观系统

晋江市"四点钟学校"项目的微观系统主要由服务对象系统、服务供给系统、服务计划系统和服务行动系统四部分组成。

服务对象系统即项目服务的目标群体，即包括"四点钟学校"项目直接服务对象社区儿童，也包括间接服务对象儿童家长。他们既是项目服务的受益者，也是项目的重要合作者，对"四点钟学校"项目的正常开展起着重要作用。

服务供给系统指"四点钟学校"项目各参与主体所组合成的团队，服务供给内容既包括资金、设施、场地等实物资源，又包括以能力提升、心理支持、技能培养等为主要目标的服务提供。

服务计划系统是"四点钟学校"项目的关键要素。服务计划系统是服务行动系统的蓝图，包括服务目标、工作方法、工作流程、进度安排、服务风险与解决方案等内容。其中，服务目标是服务计划系统中的核心要素，是服务计划的重要组成部分，通常指通过服务所要达到的效果，服务目标由总目标和分目标组成。

服务行动系统指"四点钟学校"项目的服务提供者在服务目标的引领下按照服务计划所开展的一系列服务活动的总和。晋江市致和社工事务所在充分了解儿童需求的基础上对可得资源进行评估，制定详细、具体的服务计划，以社会工作专业服务的践行推动项目活动开展，以最大限度的满足儿童的需求。服务行动系统是"四点钟学校"项目成功的关键。

（二）中观系统

中观系统是由参与"四点钟学校"项目的各利益相关主体构成，即项目的发起人、项目合作方和服务对象所组成的互动圈。"四点钟学校"项目的发起人，即晋江市妇女联合会，是最主要的资源提供方，牵头负责项目的组织领导、工作部署、为项目提供资金支持，同时对项目进行整体把控与监督。晋江市妇女联合会在项目各参与主体之间的工作对接、协调参与主体利益关系方面具有重要作用。

项目合作方，即"四点钟学校"项目所涉及的相关利益主体，包括各试点单位，晋江市致和社工事务所、社区、学校等。晋江市致和社工事务所对晋江市妇女联合会、各试点单位和社区所提供的各种资源进行整合，根据服务对象多样化需求设计服务方案，最大限度的满足服务对象的需求。项目开展过程中，各参与主体进行优势互补，互利互惠，社会工作机构能力与公信度得到提升，社区活力进一步激活。

家长作为子女的监护人，即是"四点钟学校"项目的间接服务对象，也是项目的重要合作者。家长对"四点钟学校"项目服务所持有的认识和态度，对项目的顺利开展起着重要作用。

（三）宏观系统

宏观系统主要指与"四点钟学校"项目相关的制度环境和社会文化环境。宏观层面对微观层面和中观层面都有直接的影响。制度环境指与"四点钟学校"项目运行相关的各项法律制度、社会风俗习惯等。制度环境不仅对参与"四点钟学校"项目的多元服务主体的资金来源有重大影响,还会对各主体之间的互动关系产生影响,从而影响"四点钟学校"项目的顺利开展。

社会文化环境是影响"四点钟学校"项目运作相对复杂、深刻的一个因素,主要由特定的价值观念、生活方式、文化传统等内容构成。与"四点钟学校"项目相关的社会文化环境则涉及家长对"社会服务机构"、对"子女教育与成长"的看法,涉及对"儿童福利"的追求,此外还涉及多元主体之间的社会人际关系信任度。

五、项目的主要服务内容

根据晋江市"四点钟学校"项目需求调研结果,项目从儿童的实际需要出发,以德智体美劳全面发展为准则,结合儿童身心特点,开展"学习乐园"课后四点班、"童心大本营"周末工作坊、暑期夏令营、寒假冬令营等活动项目。同时,根据儿童不同的实际需求情况,有针对性地开展儿童个案工作、小组工作和社区工作,让儿童在课外时间既得到一定的安全防护,又享受丰富的课余生活;既促进儿童全面发展,又挖掘个性潜力;既解决儿童照护的社会问题,也解决儿童自身成长的问题。

晋江市"四点钟学校"项目在具体实施内容方面,既包括针对儿童的直接服务,例如学习乐园、亲情连线、安全演习、针对个体的个案社会工作、针对有共同问题儿童的小组社会工作,也包括针对儿童生活学校环境的间接服务,例如家访、校访、媒体倡导、政策倡导等,以及针对儿童与环境互动的社区活动服务等。服务形式既包括物质资源的提供,也有学习方面服务的提供,还有保障儿童全面发展所需要的精神培育、社会支持等各方面的服务。在服务板块上,主要有"学习乐园"课后四点班、"童心大本营"周末工作坊、寒暑假夏令营三大板块,不同板块囊括了从课业辅导、安全教育、道德实践、文化娱乐、能力提升、特色服务等针对儿童身心发展、健康娱乐、品性修养、特长培养等多方面内容。

同时,晋江市"四点钟学校"项目结合节日主题,开展了母亲节、儿童节、父亲节、端午节、"三月学雷锋·见行动"志愿服务月、"金秋十月·情暖夕阳"敬老服务月、"感恩于心·感谢于行"感恩主题服务月、"暖冬志愿行·共筑爱心梦"志愿主题服务月等主题活动。节日主题活动,丰富了儿童课余生活,培养了晋江市儿童的感恩情怀,增强了亲子关系互动,也提升了外来人员对晋江市的归属感和认同感。

六、项目的主要服务方法

(一)个案工作

Richmond 认为,个案社会工作是社会工作者有意识地对一个一个的服务对象施以影响,从而引导和协助服务对象实现发展人格目标的过程[45]。这是关于个案社会工作最早的定义。这一定义把过程强调为个案工作的特质。汉密尔顿则从强调激发案主的主动性角度,认为个案社会工作中,社会工作者鼓励案主参与服务过程,激发和帮助案主保持主动性,引导和帮助案主化解其面临的困境和问题[46]。王思斌等人则认为,个案社会工作是专业社会工作者把某个个人或某个家庭作为自己的服务对象,通过提供专业服务,在物质上、情感上帮助服务对象,从而引导服务对象化解困难和问题,达到良好的福利状态[47]。可见,个案社会工作主要是一对一、面对面地针对的个人,也可以是个别家庭,激发服务对象自身的潜能,帮助服务对象提升自助能力,协助案主化解困难和问题。晋江市"四点钟学校"项目实施过程中,以儿童需求和问题为根本立足点,结合不同儿童及家庭的特点、家庭互动关系、外在的环境系统,运用认知行为、家庭治疗、任务中心等理论模式,与服务对象建立长期的、稳定的专业关系,并借助于四点钟课堂课业辅导、兴趣培养、习惯形塑、亲子互动等活动,将服务对象的问题渗透于项目运作的具体活动中得以解决。项目在个案服务的过程中,始终从优势视角对服务对象的个体特点、资源环境进行增能性的提升、优化和整合。个案的服务过程不仅仅是满足服务对象需求、解决服务对象问题的过程,更是一个促使服务对象各方面能力的提升、技能的发展、良好品性养成的过程。

（二）小组工作

小组工作,是社会工作者引导小组成员互相影响、互相作用、互相帮助,从而使小组里的每一个成员的行为得到相应的改变,社会功能也能得到相应复原和一定程度的发展[48]。小组工作的重要特点是通过开展各种主题的小组活动,训练、引导小组成员互动、分享,并借助于小组动力和小组成员的协力配合,协助小组成员提升自助能力,化解问题。晋江市"四点钟学校"项目小组工作在制定小组主题、活动计划之前,都对社区内的儿童进行需求调查,了解儿童情况和家庭状况,根据调查结果来制定小组主题以及开展方式。实施过程中,通过组织文化传承、品德教育、助力世中运、同辈相伴等小组活动,让社区的儿童更加自信;通过开展人际交往小组活动来拉近成员之间的关系,并培养出相互支持,相互帮助的人际交往态度;以自我展示、情景模拟等形式,提高家庭及子女的自尊心和自信心,增强他们应对生活困难的决策能力;开展以亲子教育、家庭教育坊为主题的亲子互动活动,以小组、讲座、宣传等形式,向家长讲授儿童教育学、心理学、生理学、卫生学、营养学等有关家庭教育知识,使家长掌握正确的教育方法、观念,提升家长的教育理念,加强家长与儿童之间的沟通和交流。

根据儿童的特点和需求评估,"四点钟学校"项目建立了"温暖你我他""交流任我行""我的情绪我做主"等不同的主题小组。主题小组主要采用的形式是通过社会工作者对活动的讲解和引导、小组成员游戏互动、组员间的互相评价、小组角色扮演、小组成员感受分享和家庭作业等多种多样的方式,从而让组员充分了解和认识自身的基本状况、自身面对的基本问题,促进组员在学习、生活、人际交往、情绪控制、自身发展等各方面的成长。不同主题的小组呈现出活动形式多样,在小组活动的活动背景、小组的目的和目标、小组流程的设计、小组活动的具体实施小组活动的反思评估等方面呈现出丰富的样态。

（三）社区工作

社区工作的服务对象是整个社区及社区中的居民,它重视社区中人与环境的互动,强调不应单靠专业社会工作者的能力,而应重视社区居民的参与,善于运用并且组织社区的资源,相信社区居民本身所具有的潜能和能力。在介入手法上,社区工作强调的是一种较宏观的介入,着重通过促进人与社区、人与社会的关系,来达到预防社会问题出现的目的。社会工作者要整合社区资源,在个人、家庭、社区之间建立联系。为了让晋江市"四点钟学校"项目更好地与社区的需求、特点融合,项目在工作途径上秉承增能赋权价值理念,结合各个社区的人、文、地、产、景分析,发挥各社区特色优势资源,对社区居民的才能、技术、能力进行盘点和开发,将他们积极吸纳进"四点钟学校"项目活动中,使社区居民的才能获得重视,以此加深"四点钟学校"项目在社区中的融入。同时,项目入户了解社区儿童生活以及家庭状况,通过举办参观活动、公益活动或节日娱乐等活动,促进他们与社区、学校及社会的互动,树立对社区、学校和社会的责任心,增强其对社区、学校和社会的归属感,提升儿童及家长的社会参与度和社会责任感。

以晋江市梅岭街道竹园社区"儿童之家四点钟学校"为例,竹园社区"儿童之家四点钟学校"的工作途径主要是应用能力、资产观点为理论指导来解决社区问题。项目发掘社区资产和能力,使社区居民的才能获得重视,使得"四点钟学校"在竹园社区中既是"付出者",也是"获得者",发动本社区居民服务本社区"四点钟学校"项目已经成为竹园社区最大的服务特色。由社区领导出面,联系社区有才艺特长的居民,动员他们成为志愿者,例如书法课、剪纸课、小主持人课。社区领导本身也主动投身"四点钟学校"的工作,如社区原书记担任了记忆力课程的指导老师,社区现任书记担任小导游课程的指导老师,社区党员志愿者不定期开展家风家训、传统文化的教育讲座,都充分发挥了本社区的人力资源。

七、项目提升服务的开展

在之前项目工作的基础上,晋江市"四点钟学校"项目从 5 个方面对该项目的工作进行了提升运营,主要包括:

（一）场地建设的提升

场地建设方面,在原有场地、原有功能室的基础上,增加多样化个性化的服务功能区,进一步丰富场地建设,以满足学员的多样化需要。也就是每个"四点钟学校"除了有课业辅导室、活动室、统一制度上墙、统一铜牌上墙等基本设施之外,还整合增加学员休闲休息区、图书阅览区、能量加油站、宣传区、手工品制作及展示区等,见图 3.1 和图 3.2。

（二）队伍建设的提升

为了做好"四点钟学校"项目的工作,服务队伍能力的提升及与试点对接人的配合十分关键。在队伍建设方面,除了更加规范化的做好社会工作者团队的建设,更是

图 3.1 "四点钟学校"氛围布置

图 3.2 "四点钟学校"软包布置

把试点单位的对接人和负责人的重视度和参与度纳入队伍提升的内容之一。具体做法包含"四会二训一走访"。

其中"四会"是指每星期一次管理会、每半月一次汇报会、每个月一次项目会、每半年一次联席会。每星期一次管理会是项目管理团队每周至少开展一次项目管理会议,增强项目管理能力,及时解决项目管理中出现的问题;每半月一次汇报会是项目负责人或机构负责人至少每半个月跟晋江市妇女联合会汇报沟通一次项目开展情况,及时获得晋江市妇女联合会对项目工作的指导;每个月一次项目会是每个月至少开展一次项目社工会议,及时了解每个"四点钟学校"的运作情况,协助解决困难和问题,并且布置下阶段的工作方向及项目安排;每半年开展一次联席会是每半年组织召开试点单位对接人或负责人的联席会议,共同分享"四点钟学校"支持情况,扬长补短,明确方向,共同做好"四点钟学校"建设工作。

"二训"是每个月对项目社会工作者开展一次培训、每两个月至少完成一轮的社会工作督导工作。每个月对项目社会工作者开展一次培训的内容包含社工专业服务技巧、社工压力缓解及社工团队建设等,持续给社会工作者充电和力量;每两个月至少完成一轮的社工督导工作,及时做好社工的情感支持,给以方向指引,保障"四点钟学校"的服务方向和服务质量,见图3.3。

图3.3 对社会工作者进行专业督导

"一走访"是指每两个月至少走访一次所有的项目试点单位及所在的街镇妇联,充分沟通和了解"四点钟学校"的运作思路,获得建议及争取支持。

(二)形象建设的提升

为了提升四点钟学校的统一形象,扩大"四点钟学校"的影响,在形象建设方面,"四点钟学校"项目从以下几点入手:统一佩戴胸章,学员在"四点钟学校"期间,统一佩戴印有"×××四点钟学校"字样的胸章,增强成员对"四点钟学校"归属感的同时统一确认成员的身份,规范成员的形象;统一系列装饰,尽可能根据每个月的服务主题,完成各"四点钟学校"统一系列的装饰工作,让成员一走进"四点钟学校"就能感受相应主题服务的氛围;统一名称形象,除了统一的铜牌之外,在"四点钟学校"门口或者墙外,用统一颜色和字体的字样,重新制作名称形象墙,方便宣传"四点钟学校",都是规范化的重要内容之一,见图3.4。

图3.4 "四点钟学校"项目形象墙

(四)服务开展的提升

除了完成基本的"课后四点班""周末工作坊""(寒)暑假(冬)夏令营"等规定动作之外,进一步明确一个"四点钟学校"一项特色服务内容,例如岭畔村"四点钟学校"以建设传统陶艺学校为特色服务内容、延泽社区"四点钟学校"以建设传统国学教育学校为特色服务内容、竹园社区"四点钟学校"以建设最强大脑为特色服务内容等,将特色服务与社区文化、企业文化相融合、与学员成长需要相结合,进一步巩固了特色服务的重要性和时代性,见图3.5。

图3.5 社会工作者为学员讲解国学

（五）管理工作的提升

管理工作的提升方面，一方面，重视"痕迹"管理和家长管理。"痕迹"管理是指每项服务都有相应的材料作为痕迹依据，完善各项档案管理；家长管理是指要借助家长会、家访、家长微信群等渠道，建立家长与"四点钟学校"的互动关系。除了管理成员，管理家长更是"四点钟学校"管理的重要一环。

另一方面，进一步制定完善与项目运作的相关管理制度和工作流程，并将制度管理贯穿于项目运作的整个流程和各个层面，主要包括：安全避险办法、场地设施配置、服务协议书、媒体接待办法、上墙制度、信息报送制度、学员管理办法、志愿者管理办法和试点单位摸底调研调查表等。

八、项目的实施特点

（一）项目化运作对资源的高度整合性

晋江市"四点钟学校"项目是一种典型的项目化运作模式，项目化运作能够最有效率的利用各类资源，确保在目标、时间、人力、资源等均受约束的情况下，仍然可按时、高效地完成任务。一方面，项目化所涉及的服务对象的分散性，问题的隐蔽性和内容的多样化要求项目运作过程中，对其中所蕴含的资源加以整合，再集中将其输送出去，这样的运作方式极大地节省了相关物力、财力成本，大大提高了服务儿童的专业化水平；另一方面，"四点钟学校"项目有明确的服务对象和精准的内容定位，可针对特定对象开展特定服务。服务过程中，社会工作者秉承助人自助、增能赋权等价值理念，运用个案、小组、社区等各种社会工作方法，为儿童和家庭提供多样化、精细化、持续化的服务，扩大了社会工作服务的覆盖面，使服务方式由活动化的"大水漫灌"变为项目化的"精细滴灌"，儿童社会工作变得更加实在、细致、具体，在提供更加优质、便捷、多样化服务的同时，也为儿童服务事业注入持久动力。

同时，"四点钟学校"项目立足实际，充分挖掘各试点单位的资源优势，打造每个试点的不可复制的特色样板，实现需求最大化。在实施过程中，发挥高校社工人才作用，积极与省内外社会工作专业院校建立了督导合作关系和社会工作实践教学共建关系；发挥社会各界志愿者作用，通过"社工引领义工"模式，定期提供志愿服务，充实项目服务内容；发挥本土社会资源作用，积极整合试点单位及周边现有的儿童福利资源、学校资源、社区内退休教师资源等为"四点钟学校"项目的成员提供多样化的课程培训。

（二）项目目标视角的多元化

儿童的健康成长与全面发展是社会工作关注的重要领域。儿童社会工作是促进儿童健康、全面发展的实务工作，儿童社会工作的根本目的是激发儿童自我发展、自我成长的潜能。在"四点钟学校"项目实施过程中，社会工作将个人、家庭、社区和社会等多种因素综合考虑，致力于为儿童搭建全方位的社会支持网络，注重儿童潜能的开发，增进家庭和儿童的有效沟通，改善家庭关系，培养儿童良好品性，帮助儿童走出成长困境,促进儿童能力提升和技能发展。"四点钟学校"项目在服务目标上更加具有多元化特点,不是仅仅关注社区儿童课后无人看管问题,而是把提升儿童的发展作为出发点,并且把儿童自我提升自我成长作为更深层面的目标。在项目运作过程中,社会工作者不仅仅直接给予儿童所需资源或支持,社会工作者更加坚信儿童身上有着无尽的潜力,授人以鱼不如授人以渔,帮助儿童发掘其自身可能注意不到的优势或潜能,教会他们如何克服困难,促成环境与儿童两者之间的良性互动与共同发展,既满足儿童的精神和社会需求,又促使社会群体对儿童投以更多的关注和支持。

(三)项目的品牌化建构

品牌最初作为一种标记,仅具有识别功能,时至今日,却已发展成为代表产品和服务质量、价格、信誉等多重意义的符号象征。"四点钟学校"项目从物质性和非物质性两方面出发,以提升社会公信力、实现可持续发展为目标,开展各种特色活动以达到品牌效应。而"物质性的角度"指人们可以直接感触到的东西,例如项目标志、社会工作者、志愿者的服装、场地布置等。而"非物质性的角度"指需要进行加工、转换才能感知的,仅凭肉眼或感官无法直接触及的概念。例如,机构形象、机构所奉行的价值观、机构成员与社会大众对机构的认同度等。这其中具有代表性的是社会工作的文化形象,它是社会服务机构在服务过程中所呈现的各种特征和品质在公众心目中形成的总体而概括的认知和评价,是机构内外部成员对社会服务机构的整体感觉、印象和看法,主要由机构品牌形象、服务形象、人员形象以及社会责任形象构成。为了将项目品牌构建纳入组织建设中,"四点钟学校"项目从开发到执行始终将公益服务和社会工作专业的宗旨与使命摆在首要位置,秉承社会工作价值理念并融入项目管理和专业服务过程中,通过具体社会工作服务的开展塑造项目品牌形象、展示社会工作服务理念,并以项目实施的效果和影响深化公众对儿童公益服务的认同,实现项目运作的社会效益最大化。

(四)注重服务的针对性和可行性

"四点钟学校"项目在服务内容的设计上,非常注重在需求评估的基础上考虑可行性和针对性,在个案服务形式上,针对个体之间的性格差异,采用多种不同的服务方式。例如,针对性格好动的儿童,可通过室外游戏的方式;而性格安静的服务对象,可安排在安静的室内,从其兴趣爱好着手,通过聊天的方式与服务对象建立专业关系。活动周期方面,对于活动周期的间隔时间,尽量保持完整性和连续性。此外,服务内容结束后,及时从项目的服务内容、活动方案设计、项目评估,机构社工服务质量各方面进行反思,归纳总结服务经验,为以后服务的顺利开展提供借鉴。

(五)形成项目利益相关方合作互赢的发展态势

社会服务项目化运作过程中所涉及的服务对象的分散性、问题的隐蔽性和内容的多样化要求项目运作的承办方,必须综合项目购买方、项目实施过程中的合作单位,进行资源整合并集中输送给项目目标群体,这样的运作方式极大地节省了相关物力、财力成本,为项目更高效地投入——产出指明了建设性的路径,也为多方合作模式提供了其存在的形式必要性。晋江市"四点钟学校"项目在运作过程中,项目购买方和项目承办方整体利益的一致性,以及项目各合作方参与项目运作的积极主动性,为项目承办方统筹项目化运作过程中各方的行为预测和整合提供了可行性。同时,"四点钟学校"项目本着项目目标群体利益最大化的原则,项目购买方、项目承办方、项目合作方达成服务的共识,项目各参与方的行为协调一致,也使得各方的合作共赢态势可行可实践。

第四章

项目服务内容与晋江市"四点钟学校"项目

第一节 项目服务内容设计

项目服务内容设计是为实现项目目的和目标而进行的特定活动,最终目的在于确保服务对象获得有品质的服务。项目服务内容设计主要包括服务主题策划和服务方案设计等内容。

一、服务的运作

服务的具体实施一般包括服务主题、服务任务和服务方法及服务规章制度等要素。

(一)确定服务主题

服务主题是指对服务所包含的一系列任务的扼要描述,简单理解就是服务主题内容是什么,例如,课业辅导、安全教育、个案辅导、文化传承等。只有确定服务主题,才能围绕这个主题结合服务对象的需求制定具体的服务方案。

(二)明确服务任务

服务任务是指为实现目标,在提供服务的过程中所需完成的各项任务。一般来说每一项服务都需遵循一定的流程,这个服务流程是有多个任务组成。服务各流程中的具体任务之间往往具有一定的逻辑关联。通过层层递进、不断累加,从而最终实现服务目标。

(三)选择服务方法

服务方法是指为实现各项具体任务所采用的适当方法。选择方法时需要考虑的因素通常包括服务对象人数,服务开展地点、时间,服务的具体形式,例如根据服务参与人数,确定采用个案辅导还是小组工作更合适;选择地点时要考虑室内还是室外更合适;选择服务形式时要考虑采用讲座培训、游戏活动还是工作坊更合适等。

(四)明确服务规章制度

为了确保服务的顺利开展,服务过程一般需要有明确的规章制度加以约束和保障,例如志愿者管理制度、服务记录表等。通常,规章制度的适用对象主要包括服务对象和服务提供者。

如果设计者能够基于服务运作的过程视角策划项目服务方案,服务方案能够细致深入地体现出服务内容、服务提供者、服务地点、服务形式、服务时间、任务顺序等相关内容,服务提供者易于理解各项服务实施的要求,则有助于确保设计本身的品质,并对后续的具体服务开展起到积极的推动作用。

二、服务内容策划

项目服务内容策划主要包括识别问题、明确目标、分解任务、规划时间等重要内容。

(一)识别问题确定目标

项目服务内容策划始于对所要解决问题的透彻分析,以及确定问题先后处理的顺序。

1.问题情境分析

问题情境分析是指对问题的理解和需要的分析,是后续活动设计和服务开展的重要基础。为此,回答下列 5 个问题将有助于设计者更准确地识别真正的问题所在。这些问题是:

①发生了什么问题?

②这些问题在哪里存在?

③哪些人会受到这问题的影响?

④这些问题何时发生?

⑤问题引发了哪些关注?

设计者可以使用问题识别工作表(表 4.1)来具体分析问题。

表 4.1 问题识别表

提问的基本问题	问题识别项目
发生什么问题	儿童放学无人接,假期无人陪,儿童独自在家时有危险发生,儿童人数逐年增加
这问题哪里发生	晋江市某新城区
哪些人会受到这些问题的影响	某新城区 500 多个无人接的儿童
这问题何时发生	过去三年因无人接儿童影响家庭正常生活,假期因无人陪伴儿童出现危险、不良行为不断增加

续表

提问的基本问题	问题识别项目
这问题蔓延/恶化现象引起人们关注的程度怎么样	居委会以及驻社区社会工作机构已经为将近60%的儿童安置好了课余生活

2.确定问题先后处理的顺序

由于资源和时间有限,在面对众多的问题和需要时,项目服务内容的设计并不能一一满足,需要对问题进行罗列,分出轻重缓急,确定处理问题的优先次序。一般从问题和需要的"重要性"和成功解决问题满足需要的"可能性"两个方面作为标准来协助确定处理问题的优先次序。需要注意的是问题先后顺序的排列,要依据需求调研及服务对象的意见而定。

3.确定服务目标

当对问题和需要进行排序后,已经明确了项目要满足服务对象的哪些需要,以及要着重解决哪些问题,接下来就要确定服务目标。在此,需要明确两组重要的概念:成效与产出;短期、中期和长期成效。

(1)成效与产出

服务设计者在订立目标的时候,往往容易混淆产出和成效。所谓产出是指为达到项目成效,向服务对象所提供的活动或服务。成效则是指活动和服务为个人、家庭、小组、社区带来的效益和效果。例如表4.2。

表4.2 产出与成效对比表

产出—活动	成效
项目为"四点钟学校"的儿童提供开学第一课——安全教育活动	儿童掌握一些保护安全的方法,提升了在学校的安全意识。
社会工作者为儿童提供开设"敞开心扉 拥抱明天"小组活动	儿童掌握了一些人际交往方法,提升人际交往能力。
社会工作者为"四点钟学校"的儿童提供"大手牵小手",体验陶艺民俗文化活动	参加实践的儿童学习制作陶艺,提升素养,传承了传统技术。

产出主要回应"做了什么"的问题,而成效则是回应"给服务对象带来怎样的益处、效果与不同"的问题。

(2)短期、中期和长期成效

成效还可分为短期、中期和长期三种类型。所谓短期成效是指服务对象掌握有关知识、态度和技巧,增加对某事物的关注程度,增强改善的动机;中期成效是指服务对象行为的转变;长期成效是指服务对象认知、行为等转变得以维持,并产生持续且深远的影响。

目标的确定还需充分考虑项目利益相关方的偏好(表4.3)。

表 4.3　问题清单

服务供给方	服务对象(参与者)	其他相关人士
1.想通过项目给服务对象/群体/社区带来什么不同的变化 2.能做什么 3.保持的价值是什么 4.希望给服务对象带来什么益处和改变	1.为什么参与 2.希望发生什么 3.期望获得什么	1.资助方的期望是什么 2.同类项目的经营有哪些 3.服务对象正在获得哪些服务

(二)分解任务

分解任务简言之,就是将较为抽象的服务目标按照一定的原则或依据分解为若干个具体、可操作的目标。这样不仅有利于服务的开展,也为服务评估提供清晰的评价指标。此外,为了提升服务的质量、效率以及效益,合理的时间规划也是不可或缺的。

将社会服务项目抽象的目标通过分解成若干个具体目标来逐步实现的过程,就是任务分解的过程,可以借助工具——工作分解结构表(表4.4,表4.5)来完成。具体步骤是:首先,把项目的目标分解成需要达成的阶段目标;其次,把阶段目标分解成需要完成的各项任务;再次,把任务分解为具体活动;最后,把具体活动分解为若干工作包。

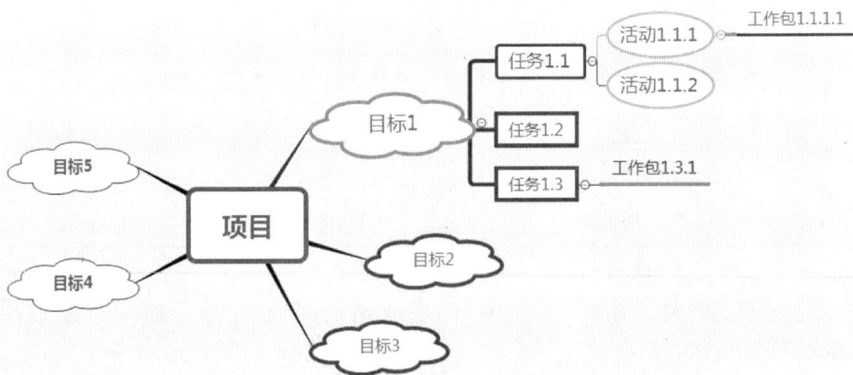

表 4.4　工作分解结构表

（三）规 划 时 间

为了确保服务方案能够有效地开展,还应做好服务的时间规划和管理。通常,时间管理与服务的效率和效能密切相关。甘特图是较为常用的一种时间规划工具,以活动列表和时间刻度表示出特定项目的开展顺序与持续时间。甘特图的绘制可以在工作分解结构表(表4.4)的基础上,将目标/任务/活动/工作包各层级的内容列表显示。其中目标、任务、活动、工作包以及时间安排是主要的构成元素。一条线条图,横轴表示时间,纵轴表示活动(项目)。线条表示在整个期间上计划和实际的活动完成情况。甘特图可以直观地表明任务计划在什么时候进行,实际进展与计划的对比。除此以外,甘特图还有简单、醒目和便于编制等特点。一般甘特图不设形式、对象、地点等事项,但从一线经验中发现,如果将前部分讨论的"提供服务的方法"相关内容,即(如何、何人、何时、何地、多少),整合至甘特图里,形成了服务内容的明细表如表4.6,则会更便于操作及监控。

表 4.5　目标/任务/活动/工作包表格

	任务	活动	工作包
目标 1			
目标 2			
目标 3			
……			

需要注意的是,服务设计者在根据服务流程做时间规划时,需要明确以下四个问题:

1.哪些工作必须在这项工作开始前被完成?

2.哪些工作必须等到这个工作完成后才能开始?

3.哪些工作必须和这个工作同时进行?

4.哪些工作必须和这个工作同时结束?

借着回答这些问题的过程,可以帮助服务策划者决定工作之间的相互关系,特别是时间关系的顺序,以建立服务内容执行的流程图,协助工作者清楚地掌握服务方案的执行。至此,项目的服务内容设计也就完成了。

表 4.6　服务内容明细表

	任务	活动	工作包	形式	指标量	对象	人数	地点	负责人	时间
准备 阶段										
目标 1	1.1	1.1.1	1.1.1.1							
			1.1.1.2							
		1.1.2	1.1.2.1							
			1.1.2.2							
	1.2	1.2.1	1.2.1.1							
		1.2.2	1.2.2.1							
……	……	……	……							
总结 阶段										

（四）形成服务方案

服务方案是为完成项目策划方案中的目的和目标，将项目策划方案中服务对象所面对问题和需要进一步分析细化，确定具体目标。并针对具体目标确定和分解任务，在此基础上制订完成任务的方式、时间、地点、负责人等计划内容，服务提供者以此为依据有计划、有步骤地提供服务。一般来说服务方案内容包括：服务主题界定、服务目标、参与人员、服务过程和方法、服务内容、服务实施的时间、服务实施地点、服务方式、服务提供者等。

四、项目服务内容设计的影响因素

制订一份有效的项目服务内容需要考虑多方面的因素，主要包括项目目标、服务对象的社会情境、机构资源以及时间安排等。

（一）项目目标

项目服务内容是根据项目目标来确定的，也就是说项目目标直接影响服务内容的制定。项目目标是整个项目最终的走向，项目目标能不能准确反映服务对象的需要直接影响服务效果，所以在项目前期做需求评估时需要准确把握服务对象的真实需要，这样才能根据目标设计出合适的服务内容与服务内容设计。

（二）服务对象的社会情境

服务内容设计受到服务对象社会情境的影响。服务对象的情境会受到个人特质、年龄（生命周期）、性别、经济条件、教育程度、社会支持程度及文化等因素的影响，甚至包括原生家庭与早期生命经验史，都促使服务对象所面临的情境与担忧的议题各不相同。情境分析必须采用生理心理社会取向与动态生态系统观点,不仅能有效分析服务对象的生活情境,更能贴近其生活经验。服务对象的情境影响服务内容采取的服务方法以及时间安排等。

（三）机构资源

机构的资源对服务内容制定也有影响。机构可以提供的工作范围、机构工作者的能力、机构的内部资源和外部资源等对服务方法、服务内容等方面都有着非常大的影响。

（四）时间安排

工作者在制定服务内容时需要考虑到时间安排。项目都有实施进度安排,根据服务进度安排需要考虑服务内容目标之间是否具有逻辑关系、哪些服务内容可以安排在前,哪些内容在后,节庆活动内容是否合适在服务进度中等等。

总之,项目服务内容的设计是使项目策划方案有效实施的重要过程,是服务实施的重要载体,是服务提供者的工作指引。一份良好的服务内容设计使服务有明确的目标、周密的计划、清楚的分工、严格的执行程序,强调了事前规划性、处理过程的效率性,是保障服务对象的权益,提升服务品质的重要环节。

第二节　晋江市"四点钟学校"项目的服务内容

晋江市"四点钟学校"自 2013 年开始服务以来,试点单位不断增加,场地环境不断改善、服务内容不断丰富。服务内容的设计是在项目整体策划的基础上,针对项目目的和具体目标所提出的工作任务和服务方案,即通过工作任务的完成和服务的提供可以达到既定的目标。本节将以 2018 年的服务内容为例对晋江市"四点钟学校"项目服务内容进行介绍。

一、服务内容设计

项目初期策划阶段,根据前期需求评估,确定了项目的目的:通过"四点钟学校"项目,为试点单位的 5～14 岁儿童提供安全保障,课业辅导,减轻父母对儿童非在校时间的照顾负担,同时提升儿童的学习兴趣和学习成绩,改善不良行为,锻炼社交技巧,增进亲子关系,丰富社区文化,最终达到促进儿童的全面健康发展,并营造良好朋辈、家庭和社区环境的目的。以及确定了具体目标（此部分内容在第二章第三节已有论述,可参照）。为实现上述目的和目标,晋江市"四点钟学校"项目分为三大板块即"学习乐园"课后四点班、"童心大本营"周末工作坊和寒暑假夏令营以及三大服务类别即基础服务、发展服务和特色服务,据此策划和设计了多项具体服务。

（一）基础服务

基础服务主要体现在"学习乐园"课后四点班这个版块上,包括课业辅导即提供儿童放学后的课业辅导工作和安全看管即儿童在四点班的安全工作两个方面。

（二）发展服务

发展服务主要体现在"童心大本营"周末工作坊、"梦想缤纷季"寒暑期冬夏令营以及运用社会工作方法开展的专业服务，主要包含以下几个方面的服务内容：一是道德实践活动；二是能力提升活动；三是文化娱乐活动；四是家庭教育活动；五是行为矫正及心理辅导服务；六是志愿服务及资源整合。具体如下：

1."童心大本营"周末工作坊的主要内容是结合试点单位儿童的特点，开展绘画唱歌、手工制作等艺术课程，趣味英语、趣味数学等学习课程，珍视生命、领袖素质培养、社会责任感提升等成长教育课程，课程中皆融入社会工作元素，通过互动游戏，寓教于乐。这里面还包括一些节庆活动，主要是根据相应的节日设计相应的活动，一是为了庆祝，二是为了让儿童多了解这个节日、节气，丰富儿童的知识，加深传统文化传承的力度。

2."梦想缤纷季"暑期夏令营/寒假冬令营：为缓解试点单位家长对儿童的"管理真空"问题，开办寒暑期冬、夏令营活动，主要内容为假期作业辅导、少年儿童安全教育活动、"微力量"小志愿者服务社区、暑期夏令营汇报演出等，还包括儿童个人成长发展类的活动，根据儿童身心健康发展的需要，开展相关的专业服务活动，主要有人际交往能力的提升、兴趣爱好的朋友、注意力训练、安全意识提升等服务活动。

3.针对一些特殊的情境和特定的服务对象，有时需要采用专业的服务手法为他们提供社会工作专业服务，例如运用个案工作方法，以倾听心声、疏导情绪、精神慰藉为服务内容，帮助服务对象摆脱心理困扰和社会适应不良，提高服务对象的身心健康指数；根据有类似问题或需要的服务对象，运用小组工作方法来达到预防和改变的效果等。

（三）特色服务

在提供基础服务和发展服务的同时，各试点结合试点单位实际情况，充分挖掘、整合试点单位及周边社会资源，逐步建立试点特色，实现"一校一特色"的晋江品牌。

为了突显时代特色，响应十九大号召，切实提升"四点钟学校"社工的服务质量，进一步提升"四点钟学校"服务对象的满意度，2018年项目的发展服务除了沿用以前的特色之外"四点钟学校"项目组对今年的课程设计进行了创新，提出"课程体系设计"理念，推出六个特色主题服务课程，内容如下：

1.助力乡村振兴：十九大首次提出乡村振兴战略，为学习贯彻习近平总书记的重要讲话精神，切实推动乡村振兴，整合试点资源，开展形式多样的乡村振兴主题活动。

2.助力世中运：结合世中运，向"四点钟学校"成员传播体育精神，以"运动""健康"的方式助力世中运。

3.安全教育：为了儿童的健康和安全，应教会成员必要的安全常识以及处理突发事件的方法，学会自我保护、远离危险。如居家安全（水、电、煤、电梯等）、交通安全、避灾（火灾、地震）、人身安全（防溺水、防性侵）等。

4.家风家训:学习贯彻习近平总书记关于家庭工作、家风建设的系列重要讲话精神,弘扬优秀家风文化,引导"四点钟学校"成员家庭立家规、传家训、树家风。

5.闽南文化传承组织儿童尤其是外来务工人员子女学习闽南方言,了解闽南文化,以更好地融入闽南的语言和文化环境。2018年晋江市第二届闽南文化亲子配音大赛,旨在传播"两岸一家亲"理念,加强两岸家庭互动,促进两岸文化交流。新增金门"围头新娘家庭"组,共同传播闽南方言,传承闽南文化!

6.国学经典、传统文化:传统文化是我们中华民族的灵魂与根本,是对儿童进行民族教育的有效途径。"文以载道,继往开来",将国学经典引入"四点钟学校",让儿童明礼修身、自立自强、热于奉献、孝亲尊师,勇于承担社会责任,加强民族传统文化的教育,是促使儿童全面发展的重要途径。

六大课程体系设计是"四点钟学校"项目的一大突破,具体操作为:项目组对所有试点社会工作者进行分组,由3名或者4名社会工作者组成一组,负责六个特色主题服务课程中的其中一个的方案撰写,再由项目组对这三个或者四个方案进行整合,整理出六个所有试点都能通用的方案,再由各试点结合试点单位的资源和社会工作者个人的特长和兴趣进行完善,最后在"四点钟学校"项目中具体实施。

表4.7　晋江市"四点钟学校"各试点单位特色服务情况表

序号	姓名	试点单位	试点特色	条件情况	执行情况
1	赵明	梅岭街道竹园社区	最强大脑	社区教育资源丰富,有许多特长居民,且社区也很支持,积极帮忙链接相关资源。	定期开展思维导图、魔方、记忆法三门课程,成员可以将学到的知识运用到学习中,深受成员及其家长的欢迎。
2	傅燕林	西园街道后间社区	手工	试点努力创造条件,协助社会工作者链接相关资源。	已开展折纸,彩蛋画,立体画等主题手工活动,成员配合度高,效果良好。
3	许思思	灵源街道林格社区	葫芦丝	社会工作者链接学校专业老师定期为成员教授葫芦丝。	组织成员经常练习吹葫芦丝,大部分成员可以独立演奏。
4	陈琼瑶 杨　影	龙湖镇百宏公司	手工	社会工作者积极链接资源,通过与公司工会沟通探讨,已开展多期活动。	手工与节日相结合,活动形式多样,手工制作氛围良好。

续表

序号	姓名	试点单位	试点特色	条件情况	执行情况
5	陈鸿冰	金井镇岱峰中心小学	阅读	社会工作者针对学员的情况定期开展关于阅读的相关课程。	目前在阅读积累阶段,成员已经养成良好的阅读习惯。
6	林月济	金井镇围头村	旅游特色文化	试点旅游资源丰富,社会工作者对试点的了解深入,可以有效链接资源。	小导游培训、讲解工作和小志愿者环保志愿服务工作开展有声有色,服务可以投入到试点建设中,起到反哺作用。
7	章郴烽	内坑镇湖内村	国学和美德银行	试点教育资源缺乏,成员及家长对知识比较渴望,期待在课余学习传统知识;成员大部分是外来务工人员子女,普遍存在行为习惯较差的情况。	国学课程因地制宜,已经形成系列课程,每位成员都有一套传统服饰,能将部分传统礼仪运用到生活中;美德银行成为协助成员管理的平台,已经常规化。
8	庄茹茹	陈埭镇金鸡公司	国学	公司特别重视,积极链接专业国学老师,定期前来为成员们上国学课。	已常态化开展。
9	蔡嘉奇	新塘街道意尔康公司	特色手工	成员特别感兴趣,社工在这方面很擅长,且具有个人的独到见解。	已开展了多种形式的手工课,手绘面具、废品利用变废为宝、编织热带鱼、扭扭棒胡萝卜、趣味剪纸、吸管作画、树叶拼画等。
10	杨丽萍 黄瑜萍	磁灶镇岭畔村	陶艺文化	试点单位大力支持,试点建有传统陶艺基地,进行陶艺文化的推广。	已开展四年,服务形成常态化,并得到许多单位和学校的喜爱并前来体验参观,成员能成为志愿者,反哺社区,积极传播陶艺文化。

续表

序号	姓名	试点单位	试点特色	条件情况	执行情况
11	夏晶晶 庄丽环	西滨镇优兰发公司	英语	社会工作者结合自身的优势,开展关于趣味英语主题的相关课程。	课程常态化。
12	陈燕君	英林镇英林心(新宇拉链公司)	拉链手工	社会工作者根据企业生产商品,结合自身特色,开展拉链特色手工活动。	拉链特色手工活动已常态化开展,并扩大手工特色活动内涵,以"手巧心更巧"作为手工主题,效果良好。
13	吴丹红	磁灶镇延泽社区	亲子国学	社区很支持,帮忙链接专业国学老师,定期前来为成员及家长上国学课。	已常态化开展,亲子通过共读工学经典,培养了良好的亲子互动关系。
14	丁姣姣	陈埭镇花厅口村	传统剪纸	社会工作者链接花厅口小学的剪纸协会免费为成员定期上课。	试点特色氛围营造良好,剪纸协会老师定期为成员开展传统剪纸课程。
15	庄璇璇 叶清玲	市直机关	快乐学习	试点成员所在家庭教育资源普遍较好,成员更期待可以快乐学习。	趣填诗词、趣味记忆、趣味学习中国地图等主题课程开展有声有色,深受成员喜爱。
16	蔡易宁 吕小梅	池店镇安踏公司	体育文化	作为体育用品品牌,企业很支持,特别是材料物资经费方面。	结合企业文化,开展助力世中运系列主题课程,效果良好。
17	陈慧滢	梅岭街道桂山社区	创意手工	试点所在地是新建设的小区,创新、创意是该小区的特点。	结合小区的特点定位,已开展多系列创意手工活动,呈现许多成熟的作品。

续表

序号	姓名	试点单位	试点特色	条件情况	执行情况
18	许晓霞	罗山街道缺塘社区	阅读	试点图书资源较为丰富,家长也很支持。	开展了与阅读相关的发声、阅读乐趣、阅读分享等课程,营造良好的阅读氛围。
19	薛晓兰	新塘街道远祥公司	志愿服务	试点组建了志愿服务队伍,长期有固定的志愿者参与服务。	社会志愿者到试点进行志愿服务已经成为常态化,营造了良好的志愿服务,此外,在成员中已经组建了一支小小志愿者。

党的十九大报告指出:文化是一个国家、一个民族的灵魂。文化兴国运兴,文化强民族强。没有高度的文化自信,没有文化的繁荣兴盛,就没有中华民族伟大复兴。中国特色社会主义文化,源自于中华民族五千多年文明历史所孕育的中华优秀传统文化,熔铸于党领导人民在革命、建设、改革中创造的革命文化和社会主义先进文化,植根于中国特色社会主义伟大实践。晋江市"四点钟学校"与时俱进,紧跟十九大的步伐,设计了丰富多彩的文化传承的活动,为培养新时代新儿童做好准备。晋江市"四点钟学校"项目的服务内容设计充分利用了本地区资源,带动儿童学习传统文化教育,提高儿童的道德意识和爱国意识,为培养新时代新儿童提供了丰富的营养。

总之,晋江市"四点钟学校"项目的服务内容充分调动了个人、家庭、社区的资源,结合本地区的内外资源以及特色,设计出符合目标的活动,最终达到减轻家庭的负担,促进儿童的健康成长,进而实现"家庭和谐,社区发展,社会进步"的目的。

二、服务活动安排

(一)2018 年晋江市"四点钟学校"项目服务活动

自 2013 年以来,晋江市"四点钟学校"项目举行了不计其数的丰富多彩的服务活动,赢得了广大家长、儿童的喜爱,本部分就 2018 年已经开展的服务活动做了一个不完全统计,具体情况如表 4.8 所示。

表 4.8　2018 年晋江市"四点钟学校"项目开展的部分服务内容统计表

（一）基础部分

内容	活动	时间	地点	参加人数（人）	负责人
课业辅导和安全看管	功课作业辅导和安全看护	2018 年 3 月到 12 月的周一到周五	四点钟学校各试点	1558	各试点社会工作者

（二）发展部分

内容	活动	时间	地点	参加人数（人）	负责人
"童心大本营"周末工作坊	"红包做花灯，欢喜闹元宵"活动	2018 年 3 月 1 日	永福里社区四点钟学校	34	黄秋霞
	公益活动——幼儿绘本导读活动	2018 年 3 月 2 日	华泰社区四点钟学校	9	许婉清
	小主持人培训课程开课	2018 年 3 月 7 日	竹园社区四点钟学校	20	赵明
	"幸运跟着妈妈走"活动	2018 年 3 月 8 日	岱峰中心小学四点钟学校	20	陈鸿冰
	交通知识伴我行活动	2018 年 3 月 10 日	安踏公司四点钟学校	29	杨丽萍
	让我们重新认识你活动	2018 年 3 月 10 日	市直机关四点钟学校	8	庄璇璇
	"照亮童年"环保灯笼制作活动	2018 年 3 月 10 日	延泽社区四点钟学校	11	吴丹红
	"属于我的四点钟学校"创意绘画主题活动	2018 年 3 月 10 日	花厅口村四点钟学校	11	丁姣姣
	"初来乍到，请多指教"活动	2018 年 3 月 10 日	王厝社区四点钟学校	10	陈珑文
	新学期起航主题班会	2018 年 3 月 10 日	百宏公司四点钟学校	20	陈琼瑶
	HELLO！新学期主题活动	2018 年 3 月 10 日	意尔康公司四点钟学校	28	蔡嘉奇
	"三月里的一束花"手工折纸活动	2018 年 3 月 10 日	英林心四点钟学校	14	陈燕君
	少儿毛笔书法课程开课	2018 年 3 月 13 日	竹园社区四点钟学校	20	赵明

续表

内容	活动	时间	地点	参加人数（人）	负责人
"童心大本营"周末工作坊	"寻梦环游记"电影赏析活动	2018 年 3 月 13 日	岱峰中心小学四点钟学校	20	陈鸿冰
	"谁是主导者"游戏	2018 年 3 月 17 日	岭畔村四点钟学校	41	吴贵强
	"我的周末我来定"创意绘画主题活动	2018 年 3 月 17 日	花厅口村四点钟学校	13	丁姣姣
	学雷锋，做好事	2018 年 3 月 17 日	百宏公司四点钟学校	18	陈琼瑶
	趣味纸魔方活动	2018 年 3 月 17 日	意尔康公司四点钟学校	10	蔡嘉奇
	"欢乐绘精彩"草帽手绘活动	2018 年 3 月 17 日	英林心四点钟学校	16	陈燕君
	舞动绳结，跳动梦想我行活动	2018 年 3 月 17 日	安踏公司四点钟学校	26	杨丽萍
	"刮出新气象"活动	2018 年 3 月 21 日	岱峰中心小学四点钟学校	20	陈鸿冰
	"早教进社区，亲子共成长"亲子活动	2018 年 3 月 24 日	永福里社区四点钟学校	28	黄秋霞
	"谁的飞机飞得远"游戏	2018 年 3 月 24 日	岭畔村四点钟学校	34	吴贵强
	一笔一世界简笔画活动	2018 年 3 月 24 日	安踏公司四点钟学校	25	杨丽萍
	"树叶画，画树叶"创意绘画主题活动	2018 年 3 月 24 日	花厅口村四点钟学校	14	丁姣姣
	"玩具车的比拼"活动	2018 年 3 月 24 日	王厝四点钟学校	11	陈珑文
	"万紫千红总是春"手工活动	2018 年 3 月 24 日	延泽社区四点钟学校	10	吴丹红
	手工 DIY，花盆制作	2018 年 3 月 24 日	百宏四点钟学校	22	陈琼瑶
	绚彩刮画活动	2018 年 3 月 24 日	意尔康公司四点钟学校	14	蔡嘉奇
	"运动真的是一件很酷的事儿"户外活动	2018 年 3 月 24 日	英林心四点钟学校	14	陈燕君
	特色服务国学经典诵读第三期开班	2018 年 3 月 25 日	延泽社区儿童之家四点钟学校一	40	吴丹红

续表

内容	活动	时间	地点	参加人数（人）	负责人
"童心大本营"周末工作坊	"防溺水知识竞答"活动	2018 年 3 月 28 日	岱峰中心小学四点钟学校	20	陈鸿冰
	"创意环保我先行，麻绳 DIY 花瓶"亲子活动	2018 年 3 月 31 日	永福里四点钟学校	80	黄秋霞
	与市直机关儿童之家四点钟学校联合开展"一元午餐"活动	2018 年 3 月 31 日	竹园社区四点钟学校	15	赵明
	"移风易俗－安全教育小课堂"安全教育主题活动	2018 年 3 月 31 日	花厅口村四点钟学校	16	丁姣姣
	种下希望，收获童话	2018 年 3 月 31 日	百宏公司四点钟学校	25	陈琼瑶
	"四点钟生活技能课"活动	2018 年 3 月 31 日	英林心四点钟学校	17	陈燕君
	公益活动——幼儿导读手偶剧	2018 年 3 月 31 日	华泰社区四点钟学校	34	许婉清
	"文明清明"手抄报活动	2018 年 3 月 30 日	延泽社区四点钟学校	9	吴丹红
	"少年强，中国"跆拳道公益班活动	2018 年 3 月 31 日	延泽社区四点钟学校	14	吴丹红
	"讲文明 增清气"清明节移风易俗活动	2018 年 3 月 31 日	岭畔村四点钟学校	37	吴贵强
	记忆力课程培训	2018 年 4 月 12 日	竹园社区四点钟学校	30	赵明
	"携手读好书，书香共成长"亲子阅读活动	2018 年 4 月 13 日	永福里社区四点钟学校	10	黄秋霞
	移风易俗爱心义卖活动	2018 年 4 月 14 日	竹园社区四点钟学校	10	赵明
	名牌守卫战活动	2018 年 4 月 14 日	安踏公司四点钟学校	26	杨丽萍
	绿色清明主题活动	2018 年 4 月 14 日	安踏公司四点钟学校	26	杨丽萍
	"绿色低碳，变废为宝"亲子手工 DIY 活动	2018 年 4 月 14 日	延泽社区四点钟学校	16	吴丹红
	创意手工迎春来	2018 年 4 月 14 日	岭畔村四点钟学校	33	吴贵强
	"有趣的张口涂鸦手工画"活动	2018 年 4 月 14 日	金鸡公司四点钟学校	20	庄茹茹

续表

内容	活动	时间	地点	参加人数（人）	负责人
"童心大本营"周末工作坊	鲜花寄哀思 温情暖人心	2018 年 4 月 14 日	市直机关四点钟学校	16	颜思思
	南安石井镇淘江中心小学小记者前来参观体验	2018 年 4 月 15 日	岭畔村四点钟学校	80	王志清
	防溺水安全知识问答	2018 年 4 月 18 日	竹园社区四点钟学校	10	赵明
	西园赖厝版筑中心小学晋江电视台小记者前来参观体验陶艺	2018 年 4 月 19 日	岭畔村四点钟学校	68	王志清
	珍爱生命 谨防溺水	2018 年 4 月 20 日	市直机关四点钟学校	10	颜思思
	"远离危险水域,平安快乐成长"安全教育 主题活动	2018 年 4 月 21 日	花厅口村四点钟学校	16	丁姣姣
	珍爱生命 谨防溺水宣教活动	2018 年 4 月 21 日	安踏公司四点钟学校	24	杨丽萍
	"共说安全故事"防溺水安全教育活动	2018 年 4 月 21 日	延泽社区四点钟学校	10	吴丹红
	"珍爱生命 预防溺水"安全教育宣教课堂活动	2018 年 4 月 21 日	金鸡公司四点钟学校	22	庄茹茹
	"你比我猜"游戏	2018 年 4 月 21 日	岭畔村四点钟学校	37	王志清
	"笔尖传情,翰墨飘香"翰林书院书香才艺交流活动	2018 年 4 月 21 日	永福里社区四点钟学校	25	黄秋霞
	晋兴职校师生前来参观指导和体验陶艺	2018 年 4 月 22 日	岭畔村四点钟学校	18	王志清
	陶瓷之乡岭畔乡村旅游特色乡村迎来初审	2018 年 4 月 23 日	岭畔村四点钟学校	16	王志清
	泉州师院美术与设计学院师生前来参观体验陶艺	2018 年 4 月 28 日	岭畔村四点钟学校	22	王志清
	台湾文创设计团前来参观指导	2018 年 4 月 28 日	岭畔村四点钟学校	8	王志清
	文明祭祀,弘扬新风 宣传标语 DIY 主题活动	2018 年 4 月 14 日	百宏公司四点钟学校	20	陈琼瑶
	珍惜生命,谨防溺水 安全教育主题班会	2018 年 4 月 21 日	百宏公司四点钟学校	23	陈琼瑶
	"移风易俗宣传标语 DIY"活动	2018 年 4 月 3 日	岱峰中心小学四点钟学校	20	陈鸿冰

续表

内容	活动	时间	地点	参加人数（人）	负责人
"童心大本营"周末工作坊	"欢庆四点钟学校五周年"活动	2018年4月20日	岱峰中心小学四点钟学校	20	陈鸿冰
	"防溺水知识小体验"活动	2018年4月27日	岱峰中心小学四点钟学校	18	陈鸿冰
	"四月的脚步"活动	2018年4月14日	王厝社区四点钟学校	8	陈珑文
	"五周年的亲子沙拉"活动	2018年4月22日	王厝社区四点钟学校	10	陈珑文
	移风易俗，文明祭扫主题活动	2018年4月1日	意尔康公司四点钟学校	5	蔡嘉奇
	队友，加油！	2018年4月14日	意尔康公司四点钟学校	16	蔡嘉奇
	文明小行动，给墙壁加特效	2018年4月21日	意尔康公司四点钟学校	11	蔡嘉奇
	"鲍壳风铃，我为你奏起生日乐曲"庆生主题活动	2018年4月14日	英林心四点钟学校	18	陈燕君
	浓情五月天 感恩母亲节	2018年5月4日	市直机关四点钟学校	9	庄璇璇
	"书声琅琅伴我行"活动	2018年5月4日	岱峰中心小学四点钟学校	10	陈鸿冰
	"走进科技，放飞梦想"主题活动	2018年5月4日	后间四点钟学校	13	傅燕林
	浓情五月，感恩母爱 贺卡DIY主题活动	2018年5月5日	百宏公司四点钟学校	22	陈琼瑶
	"防溺水，知多少"安全教育活动	2018年5月5日	英林心四点钟学校	18	陈燕君
	Happy Birthday主题活动	2018年5月5日	安踏公司四点钟学校	24	杨丽萍
	"扭出一朵花"——手工制作小组主题活动	2018年5月5日	花厅口村四点钟学校	14	丁姣姣
	"闽韵，你我共传承"儿童传统文化体验课	2018年5月5日	华泰社区四点钟学校	9	许婉清
	"花卉中的秘密花园彩绘涂鸦"活动	2018年5月5日	金鸡公司四点钟学校	22	庄茹茹
	"巧手庆生日"五周年庆生活动	2018年5月5日	延泽社区四点钟学校	7	吴丹红

续表

内容	活动	时间	地点	参加人数（人）	负责人
"童心大本营"周末工作坊	"防溺水，知多少"安全教育活动	2018 年 5 月 5 日	岭畔村四点钟学校	30	王志清
	秘密花园绘图活动	2018 年 5 月 6 日	意尔康公司四点钟学校	13	蔡嘉奇
	"防溺水，能自救游泳小科普"	2018 年 5 月 6 日	王厝社区四点钟学校	8	陈珑文
	"时光荏苒，岁月如梭"主题活动	2018 年 5 月 11 日	后间四点钟学校	13	傅燕林
	"花儿代表我的心"母亲节活动	2018 年 5 月 11 日	岱峰中心小学四点钟学校	20	陈鸿冰
	五周岁生日趴	2018 年 5 月 11 日	市直机关四点钟学校	18	庄璇璇
	妈妈，我想对您说主题活动	2018 年 5 月 12 日	安踏公司四点钟学校	22	杨丽萍
	"五月柔花 感恩母爱"手工制作活动	2018 年 5 月 12 日	金鸡公司四点钟学校	22	庄茹茹
	"说出你的爱"母亲节主题活动	2018 年 5 月 12 日	岭畔村四点钟学校	33	王志清
	"就是拼"手工制作主题活动	2018 年 5 月 12 日	花厅口村四点钟学校	17	丁姣姣
	"旧照新拍，留住时光"感恩母亲节活动	2018 年 5 月 12 日	永福里社区四点钟学校	21	黄秋霞
	"猜猜我有多爱你"母亲节亲子阅读活动	2018 年 5 月 12 日	竹园社区四点钟学校	28	赵明
	"温馨五月，感恩更美"母亲节主题活动	2018 年 5 月 12 日	延泽社区四点钟学校	21	吴丹红
	"大声说出你的爱"—母亲节活动	2018 年 5 月 12 日	围头村四点钟学校	20	林月济
	一场不朽的母爱	2018 年 5 月 12 日	王厝社区四点钟学校	7	陈珑文
	"猜猜我有多爱你"母亲节主题活动	2018 年 5 月 12 日	英林心四点钟学校	17	陈燕君
	母亲节主题活动	2018 年 5 月 13 日	意尔康公司四点钟学校	24	蔡嘉奇
	"爱在心中，感恩更美"好家风共传承——母亲节活动	2018 年 5 月 13 日	华泰社区四点钟学校	52	许婉清

续表

内容	活动	时间	地点	参加人数（人）	负责人
"童心大本营"周末工作坊	"珍爱生命,预防溺水"宣传活动	2018 年 5 月 18 日	永福里社区四点钟学校	9	黄秋霞
	快乐阅读	2018 年 5 月 18 日	市直机关四点钟学校	11	庄璇璇
	"珍爱生命,谨防溺水"防溺水安全教育活动	2018 年 5 月 18 日	华泰社区四点钟学校	30	许婉清
	"自己动手,善于讨教"主题活动	2018 年 5 月 18 日	后间四点钟学校	13	傅燕林
	"美化社区,劳动起来!"	2018 年 5 月 19 日	王厝社区四点钟学校	10	陈珑文
	"动物折纸"活动	2018 年 5 月 19 日	优兰发公司四点钟学校	16	华青
	我的旗手梦—DIY 国旗升降台	2018 年 5 月 19 日	安踏公司四点钟学校	25	杨丽萍
	"就是拼"手工制作主题活动	2018 年 5 月 19 日	花厅口村四点钟学校	16	丁姣姣
	公益活动——幼儿绘本阅读活动	2018 年 5 月 19 日	华泰社区四点钟学校	9	许婉清
	"缤纷夏日"手工制作活动	2018 年 5 月 19 日	延泽社区四点钟学校	7	吴丹红
	"我做贺卡表白 520"活动	2018 年 5 月 19 日	金鸡公司四点钟学校	22	庄茹茹
	文明行动之环保小卫士	2018 年 5 月 20 日	意尔康公司四点钟学校	11	蔡嘉奇
	晋江池店仕春小学师生前来参观体验	2018 年 5 月 22 日	岭畔村四点钟学校	54	王志清
	自己动手做饼干	2018 年 5 月 25 日	竹园社区四点钟学校	17	赵明
	趣味记忆	2018 年 5 月 25 日	市直机关四点钟学校	13	庄璇璇
	"快乐六一、欢乐童年"主题活动	2018 年 5 月 25 日	后间四点钟学校	13	傅燕林
	"Nice to meet you"	2018 年 5 月 26 日	王厝社区四点钟学校	9	陈珑文
	"悦"读之朗读者	2018 年 5 月 26 日	意尔康公司四点钟学校	14	蔡嘉奇

续表

内容	活动	时间	地点	参加人数（人）	负责人
"童心大本营"周末工作坊	"火腿肠的炫酷造型"烹饪活动	2018年5月26日	英林心四点钟学校	12	陈燕君
	"趣味游戏"活动	2018年5月26日	优兰发公司四点钟学校	15	华青
	"四点钟生日派对"聚餐表演主题活动	2018年5月26日	花厅口村四点钟学校	17	丁姣姣
	"跳动旋律，绳彩飞扬"六一跳绳运动会	2018年5月26日	华泰社区四点钟学校	50	许婉清
	"我劳动，我快乐—美化教室活动"	2018年5月26日	金鸡公司四点钟学校	22	庄茹茹
	舞动青春，放飞自我	2018年5月26日	岭畔村四点钟学校	29	王志清
	"放飞希望"手工制作活动	2018年5月26日	延泽社区四点钟学校	7	吴丹红
	"花开梦美，七彩六一"儿童节主题活动	2018年6月1日	岭畔村四点钟学校	22	杨丽萍
	"创意彩绘，缤纷童年"欢庆六一活动	2018年6月1日	永福里社区四点钟学校	16	黄秋霞
	"美丽中国，我是行动者"环境保护主题活动	2018年6月2日	岭畔村四点钟学校	22	杨丽萍
	"色彩缤纷推推乐"儿童节亲子DIY活动	2018年6月2日	竹园社区四点钟学校	21	赵明
	奔跑吧·童年	2018年6月2日	安踏公司四点钟学校	25	蔡易宁
	"欢乐六一，品食蛋挞"活动	2018年6月2日	金鸡公司四点钟学校	20	庄茹茹
	"拼出快乐童年"六一节活动	2018年6月2日	延泽社区四点钟学校	7	吴丹红
	"塑战速决"环保在身边环保主题活动	2018年6月8日	竹园社区四点钟学校	7	赵明
	6月8保护环境主题活动	2018年6月8日	市直机关四点钟学校	9	庄璇璇
	"我是环保宣传员"主题活动	2018年6月9日	安踏公司四点钟学校	24	蔡易宁
	"力争环保小卫士，垃圾捡拾"活动	2018年6月9日	金鸡公司四点钟学校	17	庄茹茹

续表

内容	活动	时间	地点	参加人数（人）	负责人
"童心大本营"周末工作坊	"我家的超级英雄"父亲节主题活动	2018年6月9日	岭畔村四点钟学校	18	杨丽萍
	"美好家园"母亲节主题活动	2018年6月9日	延泽社区四点钟学校	9	吴丹红
	"爱在之间,亲子陶艺DIY"主题活动	2018年6月14日	岭畔村四点钟学校	14	杨丽萍
	"泉州师范大学艺术系参观体验制陶"活动	2018年6月14日	岭畔村四点钟学校	25	杨丽萍
	把"艾"带回家——手工香囊制作	2018年6月14日	华泰社区四点钟学校	3	许婉清
	"浓情五月里,粽香飘万家"端午节活动（捕鱼达人）	2018年6月15日	华泰社区四点钟学校	83	许婉清
	"浓浓端午情,粽香代代传"端午节活动	2018年6月15日	永福里社区四点钟学校	43	黄秋霞
	看得见的思考——儿童思维导图	2018年6月15日	市直机关四点钟学校	8	庄璇璇
	"我给爸爸一张爱的贺卡"父亲节手工DIY活动	2018年6月15日	竹园社区四点钟学校	7	赵明
	"速记特工队"最强大脑pk赛	2018年6月15日	竹园社区四点钟学校	18	赵明
	家庭教育系列讲座——"如何应对注意力不集中的孩子"	2018年6月16日	竹园社区四点钟学校	41	赵明
	儿童心理咨询 沙盘游戏	2018年6月21日	桂山社区四点钟学校	10	庄冰冰
	"少年强中国强"跆拳道活动	2018年6月22日	延泽社区四点钟学校	10	吴丹红
	"试前减压,影视赏析"活动	2018年6月23日	金鸡公司四点钟学校	17	庄茹茹
	手"五"足蹈庆四点钟成立五周年活动	2018年6月23日	岭畔村四点钟学校	4	杨丽萍
	童心向党 党在我心	2018年6月28日	桂山社区四点钟学校	8	庄冰冰
	"童心向党,快乐成长"知识竞猜活动	2018年6月28日	永福里社区四点钟学校	9	黄秋霞
	童心向党	2018年6月29日	市直机关四点钟学校	8	庄璇璇

续表

内容	活动	时间	地点	参加人数（人）	负责人
"童心大本营"周末工作坊	"红领巾，心向党"DIY手抄报比赛活动	2018年6月30日	金鸡公司四点钟学校	19	庄茹茹
	尊师重道——教师节 手工花活动	2018年9月8日	百宏公司四点钟学校	61	陈琼瑶 杨 影
	为园丁献礼	2018年9月8日	意尔康公司四点钟学校	16	蔡嘉奇
	开学第一课	2018年9月14日	林格社区四点钟学校	25	许思思
	冰皮巧动手·欢乐迎中秋	2018年9月15日	岭畔村四点钟学校	33	杨丽萍 苏雅清
	"以球会友"活动	2018年9月15日	围头村四点钟学校	15	林月济
	科学实验室	2018年9月15日	意尔康公司四点钟学校	29	蔡嘉奇
	"月亮代表我的心"活动	2018年9月20日	岱峰中心小学四点钟学校	24	陈鸿冰
	"网络安全"主题教育活动	2018年9月21日	延泽社区四点钟学校	5	吴丹红
	"心心向祖国"主题活动	2018年9月30日	延泽社区四点钟学校	12	吴丹红
	"我的教室我的家，我们用心装扮你"活动	2018年10月13日	远祥公司四点钟学校	18	薛晓兰
	"交通安全小知识"活动	2018年10月19日	岱峰中心小学四点钟学校	20	陈鸿冰
	重阳节慰问	2018年10月20日	湖内村四点钟学校	65	章郴烽
	"爷爷奶奶的节日，我做主！"重阳节主题活动	2018年10月20日	岭畔村四点钟学校	29	杨丽萍 苏雅清
	开心学烹饪·"缤纷甜甜圈"	2018年10月22日	围头村四点钟学校	25	林月济
	"手工兴趣小组活动"	2018年10月26日	岱峰中心小学四点钟学校	10	陈鸿冰
	心随影动	2018年10月26日	林格社区四点钟学校	20	许思思
	勤俭节约，从我做起	2018年10月27日	百宏公司四点钟学校	48	陈琼瑶 杨 影

续表

内容	活动	时间	地点	参加人数（人）	负责人
"童心大本营"周末工作坊	"小鬼当家之环保时装秀"万圣节主题活动	2018 年 10 月 27 日	岭畔村四点钟学校	18	杨丽萍 苏雅清
	厦门科技研学之旅	2018 年 10 月 27 日	围头村四点钟学校	47	林月济
	"身体的秘密"活动	2018 年 11 月 2 日	岱峰中心小学四点钟学校	20	陈鸿冰
	不忘初心，感恩前行	2018 年 11 月 9 日	林格社区四点钟学校	22	许思思
	小导游实战演练	2018 年 11 月 10 日	围头村四点钟学校	15	林月济
	"消防安全记心间"主题活动	2018 年 11 月 10 日	延泽社区四点钟学校	7	吴丹红
	"安全教育，自卫防身"活动	2018 年 11 月 10 日	英林心四点钟学校	17	陈燕君
	"不同的音乐课，看欧洲小朋友怎么学音乐"主题活动	2018 年 11 月 10 日	岭畔村四点钟学校	32 人次	杨丽萍 苏雅清
	国学教学	2018 年 11 月 17 日	湖内村四点钟学校	55	章郴烽
	"创意石头画，生动又有趣"手工活动	2018 年 11 月 17 日	英林心四点钟学校	17	陈燕君
	有趣的指印画	2018 年 11 月 23 日	林格社区四点钟学校	23	许思思
	点亮亲情，感恩父母	2018 年 11 月 24 日	百宏公司四点钟学校	42	陈琼瑶 杨　影
	"乒乓球"兴趣班周末工作坊	2018 年 11 月 24 日	围头村四点钟学校	19	林月济
	"感恩在心 回报于行 让我们怀揣感恩之心"之感恩篇及亲子互动篇	2018 年 11 月 24 日	远祥公司四点钟学校	52	薛晓兰
	科学实验室	2018 年 12 月 2 日	意尔康公司四点钟学校	14	蔡嘉奇
	快板宪法！入耳！入心！	2018 年 12 月 4 日	岭畔村四点钟学校	5	杨丽萍 苏雅清
	特殊的保护，特殊的爱	2018 年 12 月 4 日	百宏公司四点钟学校	52	陈琼瑶 杨　影

续表

内容	活动	时间	地点	参加人数（人）	负责人
"童心大本营"周末工作坊	"感恩在心 回报于行 让我们怀揣感恩之心"之第四节国家宪法周 爸爸妈妈和我一起学宪法篇	2018 年 12 月 8 日	远祥公司四点钟学校	24	薛晓兰
	交警姐姐来上课	2018 年 12 月 10 日	意尔康公司四点钟学校	17	蔡嘉奇
	纸的秘密	2018 年 12 月 14 日	岭畔村四点钟学校	23	许思思
	"畅想环保"主题手工活动	2018 年 12 月 15 日	延泽社区四点钟学校	9	吴丹红
	走进科学 科普主题周末工作坊	2018 年 12 月 15 日	围头村四点钟学校	23	林月济
	"趣味减压，放松身心"游戏助力活动	2018 年 12 月 15 日	英林心四点钟学校	15	陈燕君
	暖暖饺子情，浓浓冬至意主题活动	2018 年 12 月 22 日	五里安踏四点钟学校	14	沈惠敏
	情暖冬至，亲子同乐！	2018 年 12 月 22 日	岭畔村四点钟学校	32	杨丽萍 苏雅清
	冬至大团圆	2018 年 12 月 22 日	湖内村四点钟学校	55	章郴烽
	"感恩在心 回报于行 让我们怀揣感恩之心"之第六节做·感恩之举篇	2018 年 12 月 22 日	远祥公司四点钟学校	29	薛晓兰
	"感谢师恩，寄语传情"教师节活动	2018 年 9 月 7 日	永福里社区四点钟学校	15	黄秋霞
	开学第一课安全教育	2018 年 9 月 7 日	市直机关四点钟学校	38	庄璇璇 叶清玲
	"七彩贺卡，献给最尊敬的您"教师节贺卡制作活动	2018 年 9 月 9 日	金鸡公司四点钟学校	21	庄茹茹
	"欢乐迎中秋，自己动手做月饼"活动	2018 年 9 月 15 日	金鸡公司四点钟学校	21	庄茹茹
	"中秋浓，亲子情"中秋节亲子 DIY 月饼活动	2018 年 9 月 16 日	永福里社区四点钟学校	46	黄秋霞
	"月亮的故事"中秋节博饼主题活动	2018 年 9 月 21 日	后间社区四点钟学校	14	傅燕林
	家庭教育讲座——孩子行为背后的秘密	2018 年 9 月 22 日	竹园社区四点钟学校	30	赵 明

续表

内容	活动	时间	地点	参加人数（人）	负责人
"童心大本营"周末工作坊	走进中国，认识祖国专题活动	2018年9月28日	缺塘社区四点钟学校	20	许晓霞
	"爱你不止这一天"——重阳节特辑	2018年10月13日	花厅口村四点钟学校	13	丁姣姣
	"尊老、敬老"重阳节学做重阳糕活动	2018年10月17日	王厝社区四点钟学校	15	李碧凉
	"石头彩绘，玩出涂鸦大乐趣"活动	2018年10月20日	金鸡公司四点钟学校	20	庄茹茹
	"沐浴书香，放飞梦想"—主题活动	2018年10月20日	优兰发公司四点钟学校	20	夏晶晶 庄丽环
	"霜降、红柿"——创意绘画	2018年10月20日	花厅口村四点钟学校	13	丁姣姣
	"一起来捣鬼，女巫帽制作"活动	2018年10月27日	金鸡公司四点钟学校	22	庄茹茹
	"垃圾分类我先行，社区创建齐参与"垃圾分类宣传活动	2018年10月27日	永福里社区四点钟学校	25	黄秋霞
	"感恩的心，伴我成长"	2018年11月1日	市直机关四点钟学校	20	庄璇璇 叶清玲
	"纸艺大篮筐"手工工作坊	2018年11月3日	金鸡公司四点钟学校	20	庄茹茹
	"怀揣感恩之心，共铸美好未来感恩节"	2018年11月3日	优兰发公司四点钟学校	22	夏晶晶 庄丽环
	"秋意浓"魔法线条思维体验课为你刻画生活的美	2018年11月10日	安踏公司四点钟学校	49	蔡易宁 朱惠娥
	"小烘焙·大乐趣"DIY木糠杯——精致生活·惬意心情活动	2018年11月11日	王厝社区四点钟学校	28	李碧凉
	"彩泥盆栽，植物花制作"活动	2018年11月17日	金鸡公司四点钟学校	19	庄茹茹
	"共建平安家庭，共促健康生活，反对家庭暴力"——"家"的模样亲子活动	2018年11月17日	王厝社区四点钟学校	50	李碧凉
	"感恩节用心回馈 父母是最忠实的备胎"活动	2018年11月22日	安踏公司四点钟学校	52	蔡易宁 朱惠娥
	"感恩的心"主题手工纸杯火鸡制作活动	2018年11月23日	后间社区四点钟学校	13	傅燕林

续表

内容	活动	时间	地点	参加人数（人）	负责人
"童心大本营"周末工作坊	"提升法律意识,拒绝校园暴力"——主题演讲	2018 年 11 月 23 日	花厅口村四点钟学校	13	丁姣姣
	"宪法在我心中,法律伴我成长"宪法知识抢答活动	2018 年 12 月 4 日	安踏公司四点钟学校	52	蔡易宁 朱惠娥
	"圣诞老人来啦"手工 DIY 活动	2018 年 12 月 7 日	后间社区四点钟学校	13	傅燕林
	"食品安全教育暨豆子粘贴画"活动	2018 年 12 月 8 日	金鸡公司四点钟学校	16	庄茹茹
	圣诞节 Merry Christmas	2018 年 12 月 25 日	安踏公司四点钟学校	48	蔡易宁 朱惠娥
	"京剧脸谱"手工活动	2018 年 12 月 21 日	缺塘社区四点钟学校	18	许晓霞
	"重视传统节日·弘扬传统文化"活动	2018 年 12 月 25 日	王厝社区四点钟学校	10	李碧凉
暑期夏令营	参观安全教育体验活动	2018 年 7 月 13 日	竹园社区四点钟学校	25	赵明
	家庭教育亲子团辅	2018 年 7 月 14 日	竹园社区四点钟学校	12	赵明
	闽南文化传承主题活动	2018 年 7 月 16 日	岭畔村四点钟学校	37	苏雅清 杨丽萍
	衍纸课堂·卷出来的艺术	2018 年 7 月 18 日	安踏公司四点钟学校	38	蔡易宁
	"环保袋回家"手工 DIY 活动	2018 年 7 月 17 日	竹园社区四点钟学校	25	赵明
	助力世中运——环保小卫士	2018 年 7 月 20 日	桂山社区四点钟学校	11	庄冰冰
	小小发明家	2018 年 7 月 20 日	缺塘社区四点钟学校	15	许晓霞
	暑期交通行,安踏出新招	2018 年 7 月 24 日	安踏公司四点钟学校	38	蔡易宁
	家风家训主题课	2018 年 7 月 25 日	市直机关四点钟学校	3	庄璇璇 叶清玲
	陶瓷拉坯主题活动	2018 年 7 月 25 日	岭畔村四点钟学校	36	苏雅清 杨丽萍
	手工达人——快乐剪纸	2018 年 7 月 26 日	桂山社区四点钟学校	6	庄冰冰

续表

内容	活动	时间	地点	参加人数（人）	负责人
暑期夏令营	"网络安全"主题教育活动	2018年7月26日	延泽社区四点钟学校	23	吴丹红
	梦想与快乐同行	2018年7月27日	缺塘社区四点钟学校	15	许晓霞
	交通安全从我做起·安全出行从小做起主题活动	2018年7月30日	岭畔村四点钟学校	38	苏雅清 杨丽萍
	"以棋快乐"棋艺比赛	2018年8月1日	安踏公司四点钟学校	36	蔡易宁 朱惠娥
	相见欢	2018年8月1日	桂山社区四点钟学校	9	庄冰冰
	"闽越之语，童谣之音"主题活动	2018年8月1日	延泽社区四点钟学校	18	吴丹红
	泉州妇联"守护童年·悦享暑期"安全教育走进岭畔村"儿童之家四点钟学校"	2018年8月1日	岭畔村四点钟学校	38	苏雅清 杨丽萍
	安全教育活动	2018年8月2日	缺塘社区四点钟学校	15	许晓霞
	"身在晋江，爱上晋江"主题课	2018年8月3日	市直机关四点钟学校	3	庄璇璇 叶清玲
	"曼陀罗"绘画课堂	2018年8月6日	安踏公司四点钟学校	33	蔡易宁 朱惠娥
	"学好国际语，助力世中运"主题活动	2018年8月7日	延泽社区四点钟学校	16	吴丹红
	弘扬传统文化，助力乡村振兴主题活动	2018年8月8日	岭畔村四点钟学校	38	苏雅清 杨丽萍
	环保时装秀	2018年8月10日	桂山社区四点钟学校	11	庄冰冰
	大手牵小手，走进陶艺民俗文化亲子活动	2018年8月12日	岭畔村四点钟学校	16	苏雅清 杨丽萍
	家书风家训——书签制作	2018年8月13日	桂山社区四点钟学校	8	庄冰冰
	社工助力·快乐成长	2018年8月14日	岭畔村四点钟学校	38	苏雅清 杨丽萍
	"奶茶香，友谊长"	2018年8月17日	花厅口村四点钟学校	18	丁姣姣
个案工作	2018年3月—2018年12月主要集中在儿童人际关系、亲子关系、学习习惯、性格培养等方面的个案服务，共计服务人数31人，会谈次数136次。				

续表

内容	活动	时间	地点	参加人数（人）	负责人
小组工作	我们一起飞——成长小组	2018 年 10—12 月	林格四点钟学校	112	许思思
	"以爱反哺，春晖行动"感恩主题活动小组	2018 年 11—12 月	岭畔四点钟学校	169	杨丽萍苏雅清
	"以球会友"沟通小组	2018 年 9 月	围头四点钟学校	39	林月济
	"手工兴乡村"小组活动	2018 年 9—12 月	延泽四点钟学校	59	吴丹红
	学会感恩小组活动	2018 年 11—12 月	意尔康四点钟学校	79	蔡嘉奇
	"手工兴趣小组"	2018 年 10—12 月	岱峰中心小学四点钟学校	60	陈鸿冰
	"艺术兴趣培养"小组	2018 年 11—12 月	湖内四点钟学校	68	章郴烽
	心灵手巧，指尖造梦	2018 年 8—12 月	英林心四点钟学校	104	陈燕君
	认识彼此	2018 年 11 月	百宏四点钟学校	75	陈琼瑶杨　影
	"爱之行"感恩成长小组	2018 年 11—12 月	远祥四点钟学校	165	薛晓兰
	"魔法积木我能行"——提高专注力 小组主题活动	2018 年 4 月 14 日	花厅口村四点钟学校	13	丁姣姣
	"青少年注意力提升小组"第一节活动	2018 年 4 月 13 日	岱峰中心小学四点钟学校	10	陈鸿冰
	"学习生活技能，提升自理能力"小组活动第一节——甜品课	2018 年 4 月 21 日	英林心四点钟学校	17	陈燕君
	"青少年注意力提升小组活动"第二节	2018 年 5 月 18 日	岱峰中心小学四点钟学校	10	陈鸿冰
	"学习生活技能，提升自理能力"小组活动第二节——钉纽扣	2018 年 5 月 19 日	英林心四点钟学校	16	陈燕君
	"青少年注意力提升小组活动"第三节	2018 年 5 月 25 日	岱峰中心小学四点钟学校	10	陈鸿冰
	中国传统文化刺绣——十二生肖图（兴趣小组）	2018 年 6 月 2 日	安踏公司四点钟学校	13	蔡易宁

续表

内容	活动	时间	地点	参加人数（人）	负责人
小组工作	中国传统文化刺绣—十二生肖图（兴趣小组）	2018年6月9日	安踏公司四点钟学校	12	蔡易宁
	"爱护环境，变废为宝"——手工制作 小组主题活动	2018年6月9日	花厅口村四点钟学校	13	丁姣姣
	提升责任感	2018年10—12月	花厅口村四点钟学校	19	丁姣姣
	注意力训练兴趣小组	2018年10—12月	市直机关四点钟学校	12	庄璇璇 叶清玲
	"传承经典文化，书写精彩人生"	2018年10—12月	优兰发公司四点钟学校	19	夏晶晶 庄丽环
	"书海徜徉"阅读分享小组活动	2018年10—12月	后间社区四点钟学校	10	傅燕林
	"心灵手巧，创意无限"手工	2018年11—12月	安踏公司四点钟学校	45	蔡易宁 朱惠娥
	我爱动手兴趣手工小组	2018年11—12月	缺塘社区四点钟学校	12	许晓霞
	"水墨书香，妙笔生花"毛笔书法练习小组活动	2018年11—12月	金鸡公司四点钟学校	22	庄茹茹

（三）特色部分

内容	活动	时间	地点	参加人数（人）	负责人
陶艺文化	大手牵小手，体验陶艺民俗文化	2018年8月12日	岭畔村四点钟学校	32	杨丽萍 苏雅清
演讲口才	小导游实战演练	2018年11月17日	围头村四点钟学校	21	林月济
思维能力	最强大脑——速记特工队pk赛	2018年6月14日	竹园社区四点钟学校	39	赵明
传统文化	"传承经典文化，书写精彩人生"——主题活动	2018年10月12日	优兰发公司四点钟学校	15	夏晶晶 庄丽环
自我管理	"自我认识 自我管理"	2018年10月19日	市直机关四点钟学校	23	庄璇璇 叶清玲
生命奥秘	"探索生命的奥秘"之健康篇	2018年12月1日	安踏公司四点钟学校	46	蔡易宁 朱惠娥

续表

内容	活动	时间	地点	参加人数（人）	负责人
身体素质	"户外实践，健康你我"	2018年12月8日	安踏公司四点钟学校	46	蔡易宁 朱惠娥
晋江精神	"新时代、新晋江"	2018年12月14日	市直机关四点钟学校	29	庄璇璇 叶清玲
传统文化	"风采腰鼓训练班成立"	2018年12月15日	金鸡公司四点钟学校	19	庄茹茹
心理健康	"以花为媒·敞开心怀"关爱未成年人心理健康亲子沙龙	2018年12月22日	金鸡公司四点钟学校	30	庄茹茹
志愿服务	小志愿者五店市活动	2018年12月22日	竹园社区四点钟学校	10	赵明
响应国家政策、拓宽知识面	开展六个特色主题服务课程：助力乡村振兴、助力世中运、安全教育、家风家训、闽南文化传承、国学经典传统文化。	2018年7月—12月	四点钟学校各试点	478	各试点社工

（二）项目服务内容分析

从表4.8可以看出，晋江市"四点钟学校"项目的服务内容丰富多彩，服务内容范围广，学业辅导、娱乐活动、兴趣培养、家庭服务、个案辅导、儿童健康成长指导、社会活动参与、知识讲座等，不仅回应了儿童生活中所呈现的问题，同时关注到儿童发展的潜在需要。服务形式多种多样，适合儿童群体特点。具体分析总结如下：

1. 服务活动内容

（1）提高儿童认知水平的服务活动

第一，依托社区组织面向社区内儿童开办科技辅导班，为儿童普及科技知识。聘请专业知识人士免费为儿童进行科技知识讲解，开拓儿童的知识面，培养他们的创造力，使他们感悟科技的魅力。

第二，开展第二课堂活动。依托社区组织在社区中开展书法、绘画、声乐、舞蹈发明等活动，使儿童有机会发展自己的兴趣爱好。

第三，开展宣讲类活动。对法律知识、校园暴力、食品安全等方面的活动，帮助提升儿童对这个世界的认知，增强个人的法律和安全意识，更好地适应社会。

第四，文化传承类活动。将晋江地区优秀传统文化与践行社会主义价值观有机结合，发展儿童兴趣爱好，开启儿童智慧，提升儿童品德修养，促进儿童综合素质全面提高，形成晋江特色。

（2）增强互动能力的活动

针对儿童成长过程中遇到的关系问题，晋江市"四点钟学校"项目搭建了儿童群体互动交流的平台，以及家长互动交流的平台，让儿童有场所、有机会进行同伴社会化过程，并在参加活动的过程中，家长与家长之间、儿童与家长之间均有了更多的交流和共同活动的机会，促进人际关系发展及和谐社区的发展。

第一，举办亲子摄影展。让儿童和父母拍摄、展示发日常生活的美好以及文明行为，培养儿童善于发现美的意识，同时通过摄影展，促进儿童之间的交流与学习。

第二，开展同辈群体趣味活动，例如拔河、羽毛球比赛、做树叶画等，培养儿童正确的竞争意识和合作意识，同时满足了儿童对同伴友谊的需要。

第三，开展亲子关系趣味活动，通过活动增进父母和儿童之间的交流，促进双方的理解。

第四，爱心感恩类活动，培养儿童的感恩之心，感恩父母的不易，理解父母的困难，促进家庭和谐。

（3）儿童能力发展型活动

第一，举办夏令营、冬令营。在假期中，让儿童到野外寻踪大自然、亲近大自然、爱护大自然。

第二，开展各种比赛活动。舞蹈比赛、演讲比赛等，让儿童展现自我，张扬个性，培养儿童的创新精神。通过参与比赛拓展儿童的能力，促进儿童与他人互动，让儿童的社区生活更加丰富多彩。

第三，开展心理成长类活动。社会工作者对"四点钟学校"项目有学习困难、人际交往困难的儿童提供帮助，为学习有困难的儿童辅导功课，与大家交流学习方法，帮助学习成绩较差的儿童提高学习成绩，帮助人际交往困难的儿童学习人际交往技巧，提升交际能力。

第四，环保活动。让儿童心中有"社区/中国是我家，环保靠大家"的意识，倡导儿童从小事做起，爱护社区，爱护环境。

2.活动方式

活动方式丰富多样，有社会工作专业的服务方法，例如个案工作方法、小组工作方法等，专家讲座、亲身体验、实战演练、比赛、观看电影等等。每一种服务活动都选取了合适的服务形式，达到了事半功倍的效果，极大丰富了儿童的内心世界和他们的课外生活，促进了儿童的身心健康发展。

第三节　晋江市"四点钟学校"项目的服务内容实施

晋江市"四点钟学校"项目服务内容的实施主要是围绕三类服务即基础服务、发展服务和特色服务，通过三个时间点组成的三个板块即"学习乐园"课后四点班、"童心大本营"周末工作坊和寒暑假冬夏令营开展服务。本节主要从三类服务中选取有代表性的服务活动介绍项目活动的实施。

一、基础服务活动实施

(一)课业辅导

课业辅导服务基本只要开学就开始提供。主要是社会工作者帮助儿童完成老师布置的作业以及对儿童疑难问题的辅导。这部分服务解决了很多双职工家庭放学无人接儿童和辅导儿童功课的问题,创造了儿童健康成长的良好环境,维护了家庭安定团结,促进了社区的和谐发展。

(二)安全看管

这部分服务包含两层含义,一是由于儿童放学后无人看管,存在巨大的安全隐患。而来到四点钟学校,不仅有专业的社会工作者看管着儿童的安全,更是有相应的安全教育服务。二是在儿童完成课后作业的基础上根据儿童身心发展和学校要求开展的户外活动服务,提供了更多儿童交流相处的机会,同时提供一些游戏活动,帮助儿童建立友谊,享受童年乐趣,在此过程中,社会工作者时刻注意儿童的安全,让家长真正放心工作。

图 4.1　社会工作者正在给学员辅导作业

图 4.2　社会工作者正在给成员辅导作业

图 4.3　社会工作者正在给成员辅导作业

图 4.4　飞向你的新年愿望

图 4.5　课外时间羽毛球赛

图4.6　课外时间拔河比赛

二、发展服务活动实施

从儿童成长发展来看,7～12岁儿童发展的具体内容包括:一是体能发展。包括肌肉发展、手眼配合、平衡能力的发展,此阶段要求有均衡营养和必要的体能训练。二是智力发展。包括知识的积累,认识能力、思维能力的发展,此阶段儿童智力发展迅速,思维更具有逻辑性。需要指导儿童学习,训练其观察能力、思维能力,给他们良好的教育。三是情绪发展。包括对自我的正确认识及对情绪反应的控制能力等,此阶段要给儿童关心和爱护,给予良好的心理培养。四是社交发展。包括社会交往、社会适应能力的发展,此阶段要为儿童提供良好的社会交往环境,避免或纠正社会适应不良。晋江市"四点钟学校"项目很好地结合了儿童身心发展的特点,开展了丰富多彩的活动,为儿童身心健康成长提供了一个良好的成长环境。

（一）"童心大本营"周末工作坊

周末工作坊是晋江市"四点钟学校"项目的非常大的一个亮点,周末工作坊根据儿童的身心发展特征,在周末时间提供了丰富的服务内容,例如节庆类活动、宣教类活动、学习类活动、运动类活动、手工类活动等等,很好地结合了儿童身心发展的特点,满足儿童身心发展的需要,促进儿童的智力发展,提供了安全的交往环境,也丰富了儿童的学习和课余生活,增强了适应社会的能力。同时极大地帮助家长解决了儿童成长中遇到的难题。

【服务案例 4.1】

安全小卫士

——电梯篇

一、背景介绍

后间社区"儿童之家四点钟学校"位于社区五楼办学,因学员乘坐电梯时多数家长未陪同监管,经常出现违规打闹、乱开乱按等缺乏安全意识的乘梯行为。为此,后间社区"四点钟学校"协同社区两委以推进社区文明建设,推动"四点钟学校""文明生活"活动深入开展,激发"四点钟学校"成员关于电梯乘坐安全的意识,促使他们养成爱护环境和注意自身安全防护的良好行为,组织开展了"安全小卫士——电梯篇"安全教育系列活动。

二、理论基础

(一)社区治理模式

社区工作是以社区为服务对象的社区工作方法,社会工作者通过整合社区资源,组织社区人员参与集体活动,合力解决社区问题,在参与社区公共事务管理过程中建立其对社区的归属感,并培养起自助、互助和自决的精神和能力。本次社区安全教育活动,通过整合社区资源,如妈妈志愿者及社区志愿者,社区场地、设备等物质资源等,合理解决社区儿童安全管理问题,促进社区和谐与进步,提升社区自我管理能力和社区儿童素质。

(二)行为训练理论

儿童通过观察、模仿、扮演、练习等方式养成行为习惯。在本次社区安全教育活动中,社会工作者通过教学、示范、布置家庭作业等方式来强化儿童对文明行为的掌握。

三、分析预估

本次活动旨在通过让成员参与电梯安全教育培训,从而激发成员安全意识,促进成员做一个文明模范小先锋。活动一经发布,就得到了家长与社区工作者的大力支持。

四、社会工作者角色

社会工作者需要与各相关部门及人员积极沟通协调,争取各项资源,并将资源传递到需求人群中。因此,社会工作者在活动中扮演的是一个既是组织者也是服务者的角色。

五、服务目标

(一)服务目标

1.社区工作人员先锋模范带头作用,树立社区"文明、礼貌"的风气;

2.引导"四点钟学校"成员争当电梯"文明小卫士",将文明电梯落到实处;

3.通过安全教育活动,使成员了解电梯相关安全知识;

4.通过开展本次系列活动,整合社区资源,促进个人与社区的融合、社区与"四点钟学校"的和谐与进步。

(二)服务对象

后间社区"四点钟学校"成员 20 名、社区工作人员 3 名。

六、活动程序

(一)活动计划

1.宣传工作

(1)社会工作者为本次活动进行宣传,包括网络宣传、横幅制作、海报宣传等;

(2)社会工作者负责撰写新闻通稿和现场照相;

(3)由社区工作人员及社会工作者负责活动资料的收集和整理;

(4)后期宣传,活动结束后社会工作者撰写新闻稿并发布微信公众号。

2.前期准备

(1)社会工作者社工和社区负责人就此次系列活动内容沟通,以便后面统一安排工作;

(2)社会工作者负责本次系列活动人员分工、活动总体把关和过程控制。

3.活动简介

本次开展"文明小卫士——电梯篇"安全教育系列活动,通过开展安全文明活动,大力营造"爱护环境我能行"的浓厚氛围,在社区及四点钟学校内弘扬文明生活态度,引导广大青少年在自律中体现作为,在付出中提升境界,在实践中传播文明,为创建和谐社区做出新贡献。

(二)服务具体安排

时间	内容	具体安排	工作人员	所需物资
2018 年 11 月 4 日 15:00—15:20	文明生活氛围,活动动员	1.组织成员了解文明十大新风尚。2.书写文明标语、分享身边的文明小故事。	章雯雯 赖纯纯 赖绵绵	文明十大风尚、大白纸
2018 年 11 月 4 日 15:20—16:00	文明生活实操	3.让每一位学员当安全乘梯"安全小卫士",带领大家正确文明的乘坐电梯,在实践中养成良好的安全意识。	赖纯纯 章雯雯	安全小卫士袖徽
2018 年 11 月 4 日 16:00—17:00	增强安全意识	4.以电梯安全教育为主,观看短片。	赖绵绵	安全知识短片

续表

时间	内容	具体安排	工作人员	所需物资
2018年11月4日 17：00—17：30	树立学员认识电梯安全的延伸的意识	5.布置家庭作业：对照电梯安全模范图，结合图像与标注进行理解，下周考察。	章雯雯	电梯安全标语

七、预计困难及应对措施

（一）预计困难

1.场地限制及活动人手安排不足。

2.成员活动参与积极性调动。

（二）应对措施

1.活动人数有效组织安排，成员、家长及活动工作人员人数合理限定。

2.给每一位参与活动的成员发放小礼品，提高成员参与积极性，结合活动评估结果对家庭作业完成质量高的成员进行相应奖励，保证活动成效的时效延伸性。

八、案例评估

（一）评估方法

通过成员的家庭作业的完成效果进行评估。"家校"联合的活动制度使得社工能够及时从家长处获取成员在家完成家庭作业情况的反馈，结合"四点钟学校"成员的表现，实现"1＋1"家校相结合的全面评估。

（二）评估成效

1.此次活动较圆满完成。其一，试点单位后间社区居委会对这次活动的举办提供了活动所需场地和材料经费的支持。其二，社会工作者在活动前做了广泛的宣传和充分的准备。不仅与社区工作人员沟通好，更重要的是与服务对象沟通好。其三，本次活动影响较好。本次活动社区"四点钟学校"，儿童是参与主体，社区内的学员家长也从旁参加，因而对社区影响较好。

2.本次活动形式活泼多样。有文明知识学习标语书写、"文明小卫士"安全乘梯体验、观看电梯安全教育影片等等，在活动过程中结合成员好动的特点，成员参与积极性较高。

（三）问题与建议

1.本次活动第一个环节形式较为生硬、教条，很多成员不感兴趣，没能很好地理解文明生活的本质，社会工作者今后应尽量选择更符合学员兴趣的多样形式；

2.由于场地限制，社会工作者人数有限，难以将服务延伸至整个社区，社会工作者今后可与社区进行交流、合作，共同为建设"文明社区"做贡献。

九、专业反思

　　本次社区活动中,整合社区以及家长志愿者资源,专职社会工作者使用专业技能开展安全教育成长性课程,既促进了"四点钟学校"成员的安全意识的增长,又增强了社区、家长与"四点钟学校"的联系,有利于日后活动的开展。

　　由于场地有限,活动的开展局限于"四点钟学校"里。后间社区"四点钟学校"作为社区的发展平台,需要继续开展大型社区工作,带领社区成员,走出去。

图 4.7　电梯安全教育

乘用电梯安全注意事项

1. 请乘用有《电梯使用标志》且未超过"下次检验时间"的电梯。

2. 严禁倚靠电梯门；请勿在电梯门间逗留，开关门请用轿厢内按钮;请勿用手或身体阻挡电梯门。

3. 严禁用撞、踢、掰、撬等非正常手段开启电梯门；严禁在电梯内打闹或蹦跳。

4. 严禁运载超重、超宽、超长的物品；运载易洒落的物品应盛装好。

5. 严禁乘用已经明示处于非正常状态下的电梯（如故障维修或保养时的电梯）。

6. 禁止携带易燃、易爆或带腐蚀性的危险品乘用电梯。

7. 学龄前儿童、行动不便者应有其他人员陪同乘坐电梯。

8. 遇火灾、地震或其它灾害时，严禁乘用电梯。

电梯停电或故障困人时的正确应对方法：

1. 请保持冷静，电梯内不是完全封闭结构，没有窒息危险。

2. 请联系救援，通过电梯内紧急通话按钮或拨打《电梯使用标志》上的应急救援电话，联系外界专业救援。

3. 请耐心等待，严禁强行打开电梯门，以免坠入井道或被电梯挤压、剪切。

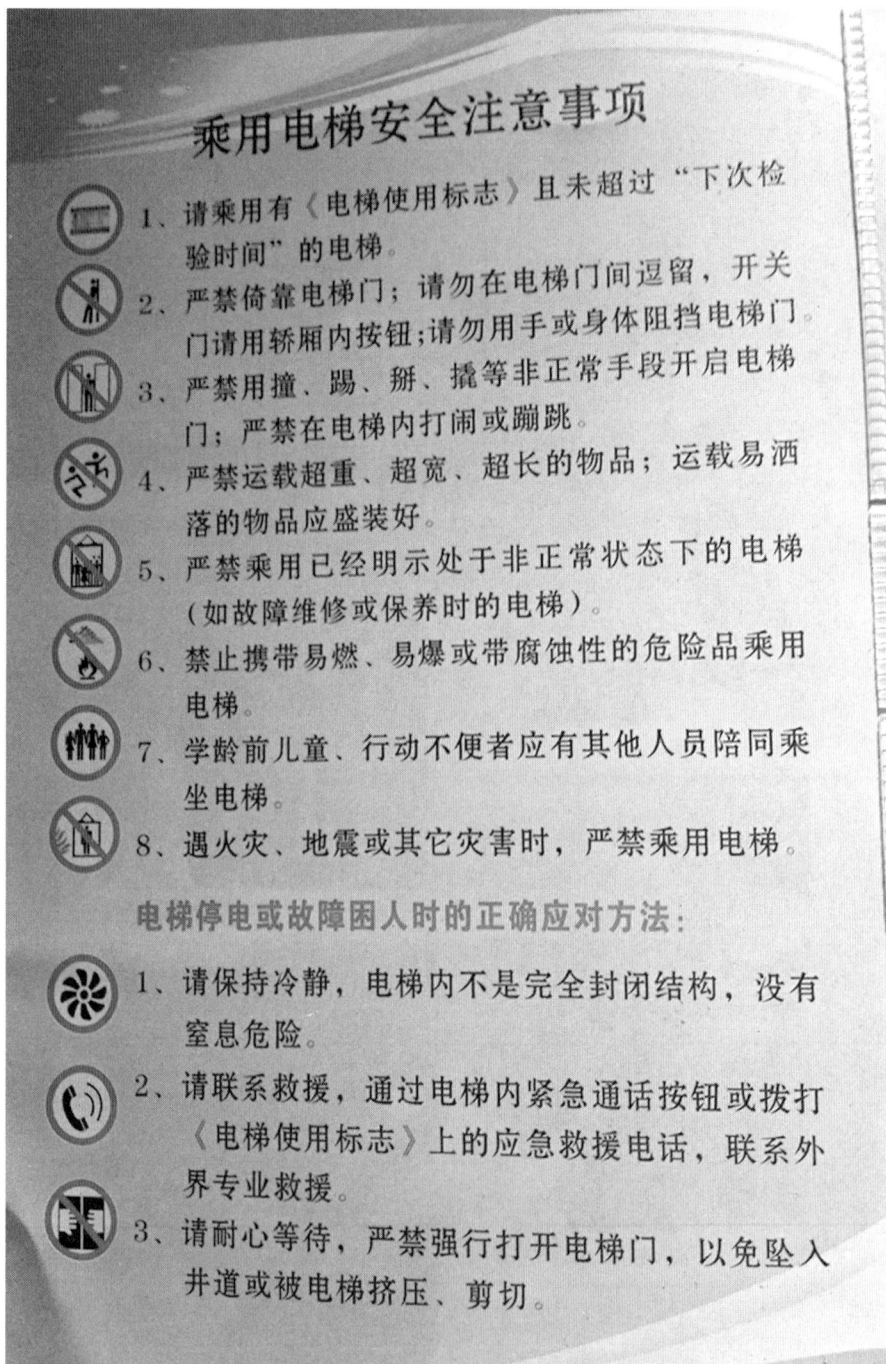

图 4.8　电梯安全注意事项

【服务案例 4.1 简析】

1.道德品质的培养是儿童时期成长非常重要的内容,同时社区是儿童活动的主要场所,对于社区环境卫生、生活设施的爱护是每个社区居民应尽的责任,培养儿童的社会责任感是社区发展的一项重要任务。

2.本案例中,服务策划着眼于和儿童生活息息相关的电梯安全开展活动,既让儿童学习到了电梯安全的知识,也培养了儿童的社会责任感,同时也培养了儿童公众场合需要具备的道德素质,让他们明白小服务蕴含着深远意义。

3.社会工作者善于发现儿童身边的需求,从这些需求出发,打造安全的活动空间,促进了社区健康和谐发展。

【服务案例 4.2】

让爱传递——改善亲子关系服务案例

一、案例背景

磁灶镇岭畔村是一个美丽的陶瓷之乡,文化底蕴深厚。随着经济的快速发展,岭畔村涌入了大量的外来务工人员,为了方便照顾家庭,外来务工人员几乎都是"拖家带口",岭畔村流动人口比重快速上升。岭畔村的学龄儿童将近260人,大多数为留守儿童和流动人口子女,由于多数外来务工人员都是双职工,成员的爷爷奶奶不懂得辅导作业,成员在放学后家长下班前这段"管理真空期"处于无人监管状态,存在较大的安全隐患。岭畔村"四点钟学校"的开办,为留守儿童和外来务工人员子女提供了一个安全、温馨的"港湾"。

岭畔村"四点钟学校"举办让爱传递亲子趣味活动,可以让平时因为工作忙碌而很少与成员交流的父母有了更多的与成员相处的机会,通过进行亲子趣味小游戏,增进父母与成员之间的交流与沟通,从而维护和改善亲子间关系,增强亲子间的情感。

二、理论依据

1.舒茨人际需要理论

舒茨认为,每一个个体在人际互动过程中,都有三种基本的需要,即包容需要、支配需要和情感需要。这三种基本的人际需要决定了个体在人际交往中所采用的行为,以及如何描述、解释和预测他人行为。包容的需要,指个体希望与别人接触、交往并建立和维持和谐关系的需要。支配的需要,是指个体控制他人或者被他人控制的需要。情感的需要,是指在感情与别人建立和维持亲密联系的需要。在个体的成长过程中,若是社会交往的经历过少,父母与儿童之间缺乏正常的交往,儿童与同龄伙伴也缺乏适量的交往,那么儿童的需求就没有得到满足,他们就会与他人形成否定的关系,产生焦虑,于是就容易形成低社会行为,在行为表现上倾向于内部言语,倾向于与人保持距离,拒绝参加群体活动。

2.亲子沟通的功能理论

家庭系统观认为家庭是一个动态系统,有其结构法则和运作方式,其中,"沟通"是维持良好家庭功能的重要因素,是家庭成员间解决问题的重要途径。家庭成员通过沟通,实现问题解决、角色分工、情感介入和行为控制,沟通对维护亲子关系和家庭功能很重要,因此本次活动注重加强亲子间沟通,注重培养亲子间良好沟通的能力。

三、服务目标

1.加强"四点钟学校"成员与其父母间的沟通,增进其互相理解

2.满足亲子间包容、支配、与情感的需要,使成员们更加健康成长

四、服务对象

就读于磁灶镇岭畔小学的儿童,通过向驻点社工或者学校老师报名,携家长一同参加活动。报名人数限制为25对亲子。

五、活动具体安排

时间	内容	具体安排	工作人员	所需物资	备注
08:30—09:00	集合签到	报名亲子到活动地点签到	王志清	任务卡、纸、笔	
09:00—09:30	暖场小游戏	由主持人组织,先玩"五角一元"小游戏	吴贵强、王志清、王燕坭		
09:30—11:00	亲子趣味活动	每对亲子在入场前领取趣味活动任务卡,每个任务卡有三项任务,分别为"我陪你""亲子袋鼠跳""最佳搭档",每队亲子共同完成所有任务后找指定工作人员登记时间。前三名将获得"最佳默契奖",给予颁发奖状和奖品;未获奖的亲子家庭也将获得参与奖精美礼品一份。	吴贵强、王志清、王燕坭	指压板、绳子、布袋、纸、气球	
11:00—11:20	颁奖环节	颁发"最佳默契奖"奖状和奖品并作总结陈词。	吴贵强、王志清、王燕坭	奖品:卷纸、洗衣液	
11:20—11:30	合影	集合拍照	王志清		

活动还在前期宣传中时就受到了广大家长的关注,许多家长都踊跃报名,活动也获得了磁灶镇人民政府、磁灶镇岭畔村村委会和岭畔小学的关心,各方力量都予以财力、人力、物力方面的支持,大家都非常期待这次活动的举行。

活动当天,许多家长和成员早早就来到岭畔村"四点钟学校",他们都非常迫不及待地想要开始活动。在常规的签到完成之后活动便正式开始了。首先进行的是一个暖场小游戏,这个游戏叫做"五毛一块",趣味性十足。游戏开始啦,成员代表五毛,而家长代表一块,当主持人喊出相应的金钱数量时,家长和成员必须凑到一起以拼凑出相应的金钱数量。随着社会工作者喊出不同的金钱数字,家长和成员们慌张而兴奋的凑在一起,有的拼凑成功,而有的则落单失败,失败的家长或成员要即兴为大家表演一个节目,然后在进行下一轮游戏。几轮暖场小游戏过后,许多腼腆的家长和成员不再像开场时那样拘谨,他们渐渐放开,开始与新朋友们玩耍,整个游戏现场充斥着欢乐的气氛。暖场小游戏结束了,但家长和成员们还意犹未尽,社会工作者继续趁热打铁,继续进行接下来更加有趣的活动。在进行下面的游戏之前,社会工作者给每对亲子都发了张任务卡,任务卡上有三个任务,它们分别是"我陪你""亲子袋鼠跳"最佳搭档。每队亲子共同完成所有任务后找指定工作人员登记时间。用时最短的前三名亲子队伍将获得"最佳默契奖",给予颁发奖状和奖品;而未获奖的亲子家庭也将获得参与奖精美礼品一份。活动开始了,家长和成员都同心协力,争取用最短的时间去完成任务,每个人的脸庞上都闪耀着必胜的光辉。活动紧张且如火如荼地进行着,但也时常传来一阵阵欢笑的声音。游戏虽然有趣但也具备一定难度,故而也有失误的亲子队伍。当家长或成员出现失误时,他们就会互相鼓励、互相支持、互相打气,一起渡过难关,亲子之间彼此信任彼此关心,这个时候,取得最终的胜利显得没有那么重要了,家长和成员们都开始享受游戏,享受在一起的时光。

随着最后一对亲子完成任务,游戏也终于要结束了。通过计时,获胜的前三名队伍在大家的祝福中领取了属于自己队伍的奖状与奖品,而其他的亲子队伍也获得了一份纪念品。每个家庭都分享了对于这次活动的感受,许多家长表示还愿意再来参加此类活动,希望这类活动能够多多举办。这次活动,对每个参加活动的家庭来说都是一次难忘的经历。

六、预计困难及应对措施

1.活动现场秩序混乱。可以设置排队区域,并贴提示语。

2.家长没听清游戏规则和活动顺序,影响了比赛成绩。可以在任务卡的背面写上游戏规则和活动顺序,由每组的成员或家长再次进行详细阅读。

七、评估方式

(一)评估方法

访谈法、观察法

(二)评估成效

1.成员增进了相互间的熟悉度、认识了新朋友。

2.爸爸妈妈们就像儿童的良师益友，和儿童商量对策，共同完成任务，精彩有趣的游戏给每一个参与者流下美好的回忆。

3.成员面对摆在面前的困难，从一开始的不知所措到后来的努力去克服它，翻越它，战胜它，实现了精神层面上的突破。

八、社会工作者反思

此次活动旨在为父母和成员搭建一座沟通的桥梁，在活动过程中，爸爸妈妈们就像成员的良师益友，和成员们商量对策，共同完成任务创造一次亲密沟通的机会，活动也锻炼着成员的反应力和突发情况处理能力，面对眼前的"困难"，成员们从一开始的不知所措到后来的努力克服困难，培养了不畏险阻，勇往直前的精神。活动进行得基本顺利流畅，参与者尽兴而归，部分家长还建议多多举办此类活动。但是由于参加人数较多，现场一度较为混乱是先前未预期到的情况，关于这部分的临场应变能力和事前活动规划预案的准备，社会工作者还需在今后加强自身的修炼。

图4.9　亲子趣味活动

图 4.10 亲子趣味活动

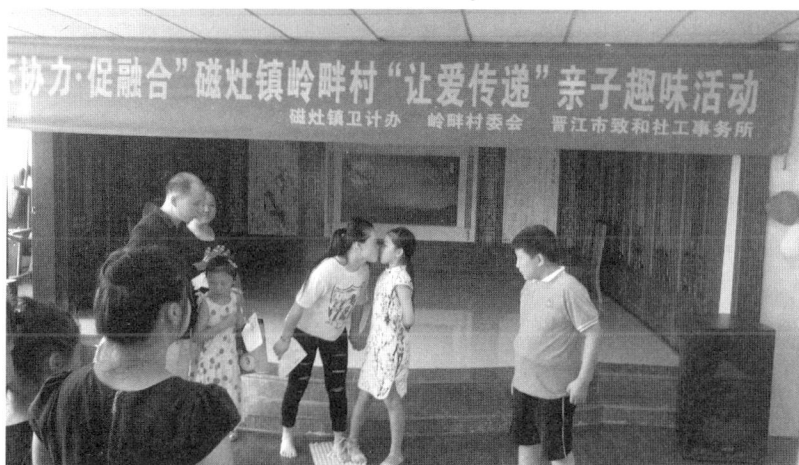

图 4.11 亲子趣味活动

【服务案例 4.2 简析】

　　家庭对儿童的成长起着非常重要的作用。对于儿童来讲,家庭除了提供经济保障外,还提供情感和社会化的功能,提供儿童成长所需的心理营养。研究表明,生活在良好家庭环境中的儿童情绪稳定、与人合作感到愉快。良好的家庭环境能够给儿童提供温暖并接纳他们、培养儿童的社会和情感适应能力以及对儿童的成长需要作出反应。本次活动从亲子沟通出发,为亲子沟通提供了一个平台,加深亲子间的合作与了解,进而促进良好的亲子关系。

（二）"梦想缤纷季"暑期夏令营

漫长的假期,儿童更需要陪伴,晋江市"四点钟学校"项目针对儿童的身心特点,设计一系列丰富多彩的活动。

【服务案例4.3】

"纸杯怪物"
——趣味手工坊

一、背景介绍

在物质文明过于充盈,生活节奏过于紧凑的今天,我们都会不禁回想科技不发达的时代,手工带给我们的满足和快乐。小时候妈妈打毛线,小时候一起玩泥巴,小时候一起给芭比娃娃做衣服……而现在习惯了机械生产都想不出我们的手可以做什么了。通过观察,发现社区内很多儿童缺乏手工体验,除了用硬纸壳做手工外,很少有其他的体验活动。他们可以玩乐的事和物太多,缺乏用身边简单材料做出新奇玩意的创造性。本次活动希望儿童可以通过参与制作纸杯怪物,用自己的双手去做,锻炼手眼协调能力,体会和同伴之间的合作与分享,同时去体验,挑战自我,享受其中的快乐。

二、理论基础

社会学习理论。该理论强调观察学习在人的行为获得中的作用,认为人大多数时候的行为是通过观察别人的行为和行为的结果而获得的,依靠观察学习可以掌握大量的行为模式。另外,虽然人的行为可以通过观察学习过程获得,但是获得什么样的行为以及行为的表现如何,则有赖于榜样的作用。榜样是否具有魅力、是否拥有奖赏、榜样行为的复杂程度、榜样行为的结果和榜样与观察者的人际关系都将影响观察者的行为表现。在本次活动中,社会工作者为一个榜样模范,以个人所拥有的技能吸引着成员们,成员们在社会工作者的带领下,观察并学习多种绘画和手工的基本技能和操作方法,并逐步掌握该技能和方法。

三、分析预估

在本次活动开始前,社会工作者就手工和绘画所选用的题材,先面向成员们进行需求调查,选取大家最为喜欢的题材形式。同时,社会工作者为不同年龄层次的成员准备了不同的教学方式,结合视频等形式,让学员们能够最大限度地融入活动中。

四、社会工作者的角色

本项目中,社会工作者担当教育者、组织者和引导者的角色。

五、服务计划

(一)服务目标

1.成员学会运用手工和绘画制造"纸杯怪物";

2.成员体验动手的乐趣,产生尽心尽力、努力完成一件事的愉悦感;

3.培养成员的动手能力和创新能力;

(二)服务对象

2018年"梦想缤纷季·快乐伴你行"百宏公司"四点钟学校"暑期安全营成员

六、服务程序

(一)活动程序

1.活动说明;

2.分发材料;

3.手工、绘画教学;

4.成员制作"纸杯怪物";

5.成员展示和分享作品。

(二)服务具体行动流程和分工安排

时间	内容	具体安排	工作人员	所需物资	备注
9:00—9:10	活动说明	由社会工作者就活动内容、活动目标进行说明和讲解	许思思		
9:10—9:20	分发材料	社会工作者向成员分发手工、绘画制作所需材料	陈琼瑶、许思思	一次性纸杯、双面胶、剪刀、彩笔	
9:20—9:50	手工、绘画教学	由社会工作者和志愿者分别向不同年龄段的成员教学	许思思、苏伟红、周伟煌	一次性纸杯、双面胶、剪刀、彩笔	
9:50—10:30	学员制作	让成员们在纸杯上贴、画、写、"各显神通"通过自己的努力,亲手制作"纸杯怪物"	陈琼瑶、许思思、苏伟红、周伟煌、张爱娣	一次性纸杯、双面胶、剪刀、彩笔	
10:30—11:00	分享时刻	社会工作者组织学员们就本次活动分享感受	许思思		
11:00—11:10	活动结束	组织拍照、收拾场地	全体人员	相机、扫把、抹布	

七、预计问题及应变措施

1.儿童本身主动性不强。有些儿童对手工课认识不够,觉得上手工课带材料,工具太麻烦,干脆不带。这时,我们可以激发儿童学习的主动性;有些儿童本身不愿意参与手工课,故意让自己忘记带材料,那社会工作者就要考虑从根本上去解决问题了——社会工作者可以提前布置好任务,承诺把自己的范作送给材料准备得最充分的孩子,把小奖品奖励给材料准备得最充分的儿童。

2.成员太多,社会工作者以及志愿者不能做到一对一指导。社会工作者与志愿者们先将高年级的儿童教会,年级分组,进行小组活动,开展帮扶活动,社会工作者与志愿者们一方面可以维持现场秩序,另一方面可以减少自身的工作量。

八、案例评估

(一)评估方法

1.在成员制作完成之后,社会工作者组织所有成员就本次活动的收获和感受进行分享,从中获取相关信息。

2.社会工作者的评估,主要根据他们在活动进行过程中的观察和分析。

(二)评估成效

1.成员们对社会工作者提前收集成员的需求并根据需求制定手工制作题材表示很开心,希望今后所有活动的制订都能让成员们参与进去;

2.社会工作者针对不同年龄段准备的教学方式取得一定成效,所有参加的成员都学会如何制作属于自己的"纸杯怪物";

图4.12　"纸杯怪物"妙趣手工坊

图 4.13 "纸杯怪物"妙趣手工坊

图 4.14 "纸杯怪物"妙趣手工坊作品

(三)问题与建议

1.由于暑期安全营成员数量多,但招募的志愿者数量较少,现场秩序较难维持在活动预期的理想状态,社会工作者应多多加强志愿者招募工作;

2.活动实际情况与预期情况存在偏差,社会工作者在制订活动方案时应充分考虑到可能会产生的各类突发情况,并准备更完备的预案措施。

【服务案例4.3简析】

1.个体在婴幼儿时期,行为动作和运动技能得到迅速发展,但控制、协调和平衡能力仍需提高。这一阶段儿童发展的内容之一是体能发展,包括肌肉发展,手眼配合、平衡能力的发展。骨骼、肌肉的发育使儿童变得更加高大、强壮。大肌肉群的发育锻炼了儿童走、跑、跳、投掷、爬、攀登等动作,同时大脑功能的发展和小肌肉群的发育有助于儿童完成复杂精细动作和手眼协调动作,运动机能的运用也更加精准、有效。同时在儿童期同伴关系在儿童的发展中具有成人无法替代的独特作用。相对于亲子关系和师生关系,同伴关系是年龄、心理发展水平和地位等较为相近的伙伴间关系,具有明显的平等性,因而儿童更容易和乐于接受,并从中逐步建立起平等、民主的观念和公正、公平的原则,另外儿童相互间建立的友谊关系,对于他们克服"自我中心",形成健康的情感以及社会行为都会起到积极的促进作用。儿童也在玩乐中学会分享、合作、迁就、自我表露等,有利于社会技能的发展。

2.在本案例中,社会工作者利用身边简单的材料制作"纸杯怪物",既能帮助增强儿童手眼配合的能力,也能促进他们在做纸杯怪物的过程中,学会合作与分享,建立友谊,利于儿童的身心健康发展,真是一举多得。

3.本案例中社会工作者利用社区观察、调查、直接与儿童谈话等手段收集资料,了解到儿童除了用硬纸壳做手工外,没有其他的手工体验,从而看到儿童的需要,设计符合儿童年龄特征的活动。

【服务案例4.4】

"灵动指尖·快乐暑假"
——利用废旧报纸编织笔筒活动

一、背景介绍

磁灶镇延泽社区是磁灶就在地城镇化过程中逐渐形成的"新型社区",位于镇域中心区,学龄儿童约400人。大部分居民是磁灶镇各村居民安置或购房聚集于此,部分家庭为新磁灶人,他们在社区范围内居住、务工、经商。为了丰富社区儿童的暑期生活,培养他们的动手实践和审美能力,延泽社区"儿童之家四点钟学校"暑期夏令营开展了"灵动指尖,快乐暑假"利用废旧报纸编织笔筒手工活动。

二、理论基础

阿尔德弗尔的 ERG 理论。成长是个人自我发展和完善的需要,这种需要通过发展个人的潜力和能力,才能满足。部分成员可能学习上得不到这种需要的满足,参与本小组可以挖掘其动手能力,满足其需求。

社会支持网络。社会支持网络是一组由个人接触所构成的关系网,透过这些由各种有形和无形的支持构建起来的支持关系网,个人得以维持其认同,并获得情绪支持、物质支援、新的社会接触等。通过参与这个小组,成员可以在小组中获得无形的支持,可以从其他成员和社工处获得鼓励与安慰等情感上的支持。

三、分析预估

通过手工制作活动,了解手工操作的基本技巧和方法,使成员的动手能力得到更好的发展,并在过程中培养成员的观察能力和创新思维能力。同时,手工活动为成员搭建一个沟通的平台,在团队合作过程中培养成员之间团结合作的能力,让成员学会表达,学会讨论。

四、社会工作者的角色

在活动中,社会工作者承担了组织策划手工活动,提供活动所要的物资和设计教程的任务。社会工作者通过评估延泽社区儿童的需要决定开展手工活动,既迎合成员的兴趣,调动成员的积极性。社会工作者准备活动所需要的物资和教程能够保证活动顺利进行。

社会工作者在活动中起到了链接社区的资源,丰富"四点钟学校"的服务内容的作用。此次活动社会工作者联合了延泽社区社工站的社会工作者一起开展,能够有效解决社会工作者精力不足的问题,争取让每个学员都能参与到活动中,争取每个成员都能有所收获。

社会工作者在活动中起到了鼓励成员,缓和成员之间矛盾的作用。社会工作者会下到成员中间指导每个成员的学习过程,鼓励成员们积极探索实践。当有的成员遇到困难,社会工作者能够提供及时的帮助。在活动中,成员免不了会出现矛盾,可以通过社会工作者促进成员之间的沟通,缓和成员之间的矛盾。

五、服务计划

(一)服务目标

1.培养成员的观察能力和创新思维能力,提高动手操作能力;

2.在实践中学会沟通、分享和奉献,培养和激发成员之间的团队合作精神。

(二)服务对象

暑期夏令营成员,35 人。

六、服务程序

(一)服务程序

1.开场;

2.笔筒制作演示;

3.指导制作笔筒;

4.成员作品展示,分享心得。

（二）服务具体安排

时间	内容	具体安排	工作人员	所需物资
15:30—15:40	开场	介绍活动内容、目的和意义	苏炫红	
15:40—16:00	笔筒制作演示	社会工作者向成员们演示笔筒编织过程	苏炫红、志愿者	废旧报纸,订书机
16:00—17:00	指导制作笔筒	1.社会工作者与志愿者分成5组分别指导成员制作笔筒; 2.成员们两两合作编织笔筒,遇到问题和不懂操作的地方,社会工作者和志愿者帮助指导。	苏炫红、志愿者	废旧报纸,订书机
17:00—17:30	成员作品展示,分享心得	成员进行作品展示,社会工作者就本次活动进行总结发言,最后由成员分享制作心得。	苏炫红	

七、预计困难及应变措施

活动的物资不足,造成成员矛盾加剧。在家长群里通知成员自己携带一部分物资,社区提供一部分的物资,有效缓解了物资不足的问题。

社会工作者个人精力有限,无法亲自指导每一个成员。提前制作教程,给每组成员发放。安排足够的志愿者,提前培训志愿者,发挥志愿者在活动中作用。

成员积极性不够,分享环节不积极。在夏令营设立积分制度,对积分多的成员表彰,鼓励成员们积极回答。

八、案例评估

（一）评估方法

1.成员心得分享;

2.成员作品完成情况;

3.活动签到表计算成员出勤率。

（二）评估成效

1.本次活动顺利进行,成员出席率达到87%,成员都能够积极参与;

2.成员在整个过程中较为遵守纪律,成员表示通过此次活动,学会了编织笔筒,提高了动手能力;在与其他成员合作完成作品过程中,学到了团队合作的重要性,和儿童更加熟悉了。

（三）问题与建议

图 4.15　"灵动指尖·快乐暑假"手工制作中

图 4.16　"灵动指尖·快乐暑假"志愿者教成员手工制作

1.问题:编织笔筒的操作对于低年级成员有难度,即使两人合作也较难完成;

2.建议:在选择活动素材要充分考虑到低年级成员的情况,可根据成员年级和动手能力的强弱来分别制作不同难度的作品。

【服务案例 4.4 简析】

本案例以提升社区内儿童参与为重点,为社区内的儿童提供了一个交流的平台,满足了儿童社会交往的需要,同时丰富了儿童的假期生活,锻炼了儿童的动手实践能力。

本案例的亮点在于废物利用,通过废旧报纸给儿童带来欢乐的活动。社会工作者在活动过程中的耐心引导、温情陪伴,充分融入社会工作价值理念,为培养新时代的接班人贡献一份力。

【服务案例 4.5】

走进"五夏",快乐你我小组活动

一、案例背景

为全面提高岭畔村"四点钟学校"成员的思想道德素质,充实青少年儿童的文化、精神世界,岭畔村"四点钟学校"策划、组织、开展了以"五夏"为主题的系列小组活动,丰富青少年的暑期生活,使广大青少年度过一个愉快、健康、文明的暑假。然而,受各种因素的影响,成员存在沟通上、实践上、安全上、行为文明及自身价值实现上的障碍,很多成员是流动儿童,都是跟随父母来到晋江市打工的外来流动人口子女,父母大都是双职工,很难有足够的时间来关注儿童,也缺乏专业能力引导儿童解决成长面临的问题。为此,应加强成员之间、成员与社会工作者之间以及成员与社会之间的沟通和交流;通过开展手工等实践课加强成员的动手能力及与成员之间的协作能力;加强进行安全知识、法律知识教育;规范成员自身行为,引导成员正确认识自我,进一步缓解父母对儿童的照顾负担,填补儿童暑期监管"真空"。开展"走进'五夏',快乐你我"为主题的小组活动应运而生。

二、服务目标

1.通过小组活动,促进成员彼此之间的沟通与交流,加强成员之间、朋辈之间的了解,增进感情;

2.为成员建立一个相互支持的朋辈团体,营造良好的团队氛围;

3.让组员了解安全知识、法律知识,提高自我保护意识,培养其树立法制安全意识;

4.在保障安全的前提下规范自己的行为,引导成员正确认识自我,通过志愿服务等形式来实现自我价值。

三、理论依据

马斯洛需求理论。根据马斯洛的需求层次理论,如果个人生理和安全的需要都得到满足了,那么就会出现感情、友谊和归宿的需求,如渴望父母、朋友、同学等对其表现爱护和关怀、温暖、信任、友谊等。他们渴望自己的情感有所归属,被人认同和承认,成为集体中的一员。人际交往的心理基础包括认知、情感和言行。认知是人际交往的前提,情感是人际交往的调控因素,言行是人际交往沟通的手段。在小组活动中,组员在工作员的引导下,改正自身人际交往中存在的缺点,学习并掌握一些人际交往的技巧,以提升认识,学会与人沟通,改善人际关系,表达、完善、超越自我。

人在情境中理论。"人在情境中"是社会工作的核心观点。不同的社会工作理论对于"人在情境中"这一概念的诠释不同,选取了社会工作广泛使用的生态系统理论和增权理论,分别从人的层面、环境层次、人与环境关系层面将两个理论做对应性的比较。

四、服务对象:岭畔村四点钟学校学员

五、服务计划及具体活动安排

(一)服务计划

筹备工作:在开展小组活动之前,主要做好活动策划、招募志愿者、宣传发动招募成员。

具体开展的计划时间安排:

节次	主题	计划时间安排	备注
第一节	"沟通一夏"	2018 年 6 月 25 日下午	
第二节	"实践一夏"	2018 年 7 月 2 日下午	
第三节	"安全一夏"	2018 年 7 月 16 日下午	
第四节	"志愿一夏"	2018 年 7 月 23 日下午	
第五节	"文明一夏"	2018 年 8 月 6 日下午	

(二)服务具体安排

第一节活动:"沟通一夏"。时间:2018 年 6 月 25 日下午;地点:岭畔村"四点钟学校";内容:社会工作者组织报名的成员建立一个新的团体关系,并对新团体制定新的小组规则,通过小组规矩约束成员的行为。为了让新成员间相互熟悉,首先以成员的自我介绍拉开序幕,成员分别介绍自己所在学校班级、姓名、爱好后,由社会工作者随机抽查其中一名成员的个人情况,指定另外一名成员回答,回答不上来或者回答错误的则被"邀请"表演小节目。进入第二个环节"交换名字",这一环节主要考验成员的习性,增强成员间相互了解,加强团体之间的凝聚力。

第二节活动:"实践一夏"。时间:2018 年 7 月 2 日下午;地点:岭畔村"四点钟学校";内容:社会工作者邀请实习生为小组成员开展手工课,通过制作流氓兔不仅可以锻炼成员手、眼、脑协调能力。另外,当成员在学习制作的过程中遇到问题时,有的就会向就近的伙伴请教,有的则会向社会工作者咨询,还有的年龄大点的成员会教年龄比较小的成员(朋辈互助)学习制作,从而加强了与实习生、社会工作者及成员之间的沟通交流;所需材料:卡纸、剪刀、画笔、双面胶。

图 4.17　走进"五夏"活动照片

第三节活动:"安全一夏"。时间:2018 年 7 月 16 日下午;地点:岭畔村"四点钟学校";内容:社会工作者链接到晋江市检察院的检察官为成员开展"爱护我们的身体——女童保护"专题讲座,讲师通过 PPT 的形式生动形象地为成员开展了一堂别开生面的安全教育课程,课程中融入情境模拟,小情景剧更是吸引了成员的眼球,讲师还通过问答的形式加强了与成员之间的互动,促进了彼此之间的沟通与交流;所需材料:小奖品、话筒、小凳子。

第四节活动:"志愿一夏"。时间:2018 年 7 月 23 日下午;地点:海峡五金机电城;内容:在社会工作者的带领下,成员前往磁灶参加晋江首届村跑节·磁灶全民健身日——磁灶传统陶艺体验,小组成员在制作陶罐的同时向参访体验人员介绍陶艺发展历史,教授拉坯制陶技艺,在志愿服务的过程中弘扬中华民族的优良传统,继承并发扬中华民族的传统文化;所需材料:陶土、拉坯机、水、小蜜蜂话筒。

第五节活动:"文明一夏"。时间:2018 年 8 月 6 日下午;地点:岭畔村"四点钟学校";内容:社会工作者在暑期夏令营活动中设置的"美德银行",主要是强调成员在四点钟学校遵守相应的规章制度,设置奖励机制,引导学员学习好的品行,规范自己的行为。在这一活动中我们看到了成员的成长,以往孩子们存在推卸责任,说脏话骂人的现象,劳动不积极不主动,自从开展了这一活动以后,成员之间互相帮助,而且也能够主动帮助社会工作者、志愿者做一些力所能及的事情;所需材料:小奖品、小笔记本、笔。

图 4.18 走进"五夏"活动照片

六、预计困难及应对措施

1.成员的配合程度不同。对于高年级的成员理解能力比较强,接受信息比较快,反应也比较快,而对于低年级成员来说理解能力有限,接触面还比较窄。

应对措施:开展活动前就要注意这一方面,尽量活动开展能够满足大多数成员的要求。

2.活动纪律需时常维持。成员的自律能力不同,有的能够乖乖地坐着配合活动的开展,而有的成员则比较爱动,来回走动,影响活动的开展。

应对措施:私下给成员强调,希望每一位成员都能够遵守纪律。

七、评估方法

优势视角评估法:本次活动,采取了"社会工作者+实习生+志愿者"三方联动形式,充分发挥社会资源的重要作用,为本次活动的有效开展提供了很大支持。晋江市检察院检察官的义务加入,以更生动、更形象的形式,以贴近实际,贴近生活的方式传授知识,更能调动成员学习积极性,让成员学习更开心、记忆更深刻,从而大大增强了活动效果。

八、服务成效

通过本次活动,加强了成员之间的沟通与交流,了解了安全和法律知识,提高了自我保护意识,规范了自我行为,并通过自己的努力实现个人价值。本次小组活动,取得了较好成效,其主要经验在于此次活动采取了讲授与情境模拟相结合形式,既传授了知识,又活跃了气氛,调动了成员学习的积极性。另一方面,社会工作者、实习生及志愿者的配合将人力资源运用到了极致,这也为此次活动的顺利开展起了很大的作用。

【服务案例 4.5 简析】

本案例以调动儿童、实习生和志愿者的参与为重点,传授有利于儿童健康发展的知识内容,充分调动社区资源,营造良好的儿童成长环境,促进社区和谐发展。

1.本案例的特殊之处在于服务内容的选定。团队沟通、手工实践、安全教育、陶艺体验以及美德银行,无论哪个主题对于这个阶段的儿童来说都是很有必要的,对于儿童的重要需求有很强的针对性,活动设计较为具体,具有适用性,比较容易吸引成员的积极参与。通过此活动培养了儿童的归属感以及安全意识、动手能力,改善了儿童的假期生活质量,解决了儿童发展中的问题,促进了儿童的身心健康发展。

2.活动充分利用了社区各种资源,特别是实习生和志愿者的参与,培养了社区成员的归属感,也培养了社区自身的后备力量,有助于他们在未来的社区活动中发挥作用。

(三)个案工作

儿童个案工作是儿童社会工作的重要方法之一,是个案工作在儿童服务领域的运用,是个案工作的一个重要服务领域。儿童个案工作是以儿童(多指面对问题儿童)为服务对象,通过帮助儿童解决困难和问题,并预防产生新的困难和问题,同时协助儿童家长或监护人对儿童做较为健全和积极的指导,促使少年儿童身心健全发展。[49]儿童个案工作的特点:一是服务对象的独特性。需要接受个案服务的儿童所面对的问题各有不同,随着社会的发展,对儿童的服务不仅停留在解决儿童所面对的生存问题,还要关注儿童的未来发展,也应面向所有发展障碍的少年儿童。二是对社会工作者要求的独特性。儿童是脆弱群体,如不能提供恰当适合的服务,可能会给儿童带来更大伤害。儿童社会工作者必须掌握儿童生理学、儿童心理学、社会学、伦理学、人类行为学等多方面知识,还要具备一定的社会经验和实务能力。三是儿童个案工作方法的特殊性。儿童个案工作的个别化方法的主要方式包括:与儿童面对面沟通辅导、为儿童提供社会资源。由于儿童心智发展还不很成熟,儿童个案工作更强调为儿童提供社会资源和直接引导。四是儿童个案工作目标的特殊性。儿童个案工作不仅在于帮助儿童解决那些生存和发展中遇到的困难,更重要的在于增进其健康成长。

【服务案例4.6】

个案服务

一、案例介绍

1.个案身份

姓名:小怡;年龄:9岁;性别:女;年级:三年级

2.个案缘起

社会工作者发现与该成员交流时,该成员总是不说话,下课时间都自己一个人,不像其他成员三五成群地在玩游戏,经过评估,决定对其开展个案辅导。

3.服务对象症状

小怡不爱说话,性格内向,缺乏自信心,对于活动的参与积极性不高,每当被提问时,声音小得像蚊子的嗡嗡声一样,对于权威也比较恐惧。

二、服务对象背景资料

1.家庭方面

小怡家有四个小孩儿,父亲从事安装制作门窗类的工作,妈妈在幼儿园工作,父亲平时在外,一般都是母亲照顾孩子。小怡的姐姐夏令营期间来四点钟当志愿者,社会工作者经观察发现小怡的姐姐也比较内向、胆小。而在社会工作者与小怡妈妈的接触中,社会工作者发现小怡妈妈比较强势,这可能对孩子们性格的形成有一定的影响。

2.学校方面

小怡目前就读于晋江市磁灶镇岭畔学校,平时总是安静地写作业,成绩在班级处于中上游,比较喜欢由"四点钟学校"的社会工作者来进行课业辅导。据了解,小怡所在班级老师也多次与小怡家长反映小怡声音太小、太胆小。而经社会工作者了解,同学们也都一致觉得小怡平时都不喜欢和他们玩,只有和班里的肖某某说话。而社会工作者平时在食堂吃饭时发现小怡吃饭很慢,也比较怕老师。

三、分析诊断

通过前期的深入观察与了解,社会工作者发现该成员性格内向、孤僻,严重缺乏自信,很少与人交流或者玩耍。

四、目标与服务策略

(一)目标:

1.帮助小怡建立良好的家庭沟通环境;

2.帮助小怡与朋辈建立良好的互动关系;

3.帮助小怡建立自信。

(二)服务策略:

1.社会工作者与其谈心,表扬小怡的学习成绩及平时开展活动的手工制作品,使她从中体验到成功的喜悦,从而建立自信心。

2.社会工作者通过调动同班同学的关心,为小怡营造一个友爱的环境。社会工作者安排外向、活泼的成员,邀她一起玩,帮助她构建良好的人际关系。

3.与小怡面谈,运用心理社会治疗模式,帮助修补她的心理困扰和人际关系的协调,增强服务对象的适应能力;运用家庭治疗模式,通过她家庭的交往方式的改变,为小怡提供一个良好的家庭环境。

4.社会工作者通过与小怡家长交流,分析并提出建议,共同协助进一步增强自信,扩宽朋友圈。

五、结案与评估

1.社会工作者通过不断地鼓励小怡,发现她的自信有了一定程度上的提升,更愿意参与活动,积极性有所提高。

2.社会工作者时常吃饭时与小怡坐在同一个桌子,发现她近期与同学的交流增多了。

3.社会工作者与小怡妈妈沟通,希望小怡妈妈可以看到小怡的优点,并及时表扬,帮助小怡建立自信心。比如期中考数学考了九十几分应以表扬为主,而不要只专注于语文考了八十几就批评她,初步与小怡的妈妈达成一致意见。

【服务案例4.6简析】

1.家庭在儿童成长过程中起到非常重要的作用,是个人思想感情交流较为充分的场所。在家庭系统中,父母对待儿童的方式会影响儿童处理问题的方式。在儿童出生至12岁,儿童需要的心理营养都是来自父母或者生命中的重要他人,如果没有得到父母和家庭重要亲人的重视、认可等,儿童会感到自己没有价值,进而自卑,缺乏自信。

2.案例中的小女孩儿因家庭中儿童比较多,父母工作比较忙,没有更多的精力照顾到每个儿童,儿童感觉到被忽视,另外家长对儿童的教育方式是只重结果,缺乏对儿童的鼓励和情感支持,导致儿童自我价值感低,内向,不敢大声说话。本案例中社会工作者的引导总体来讲是比较成功的,先从根源上找到原因,再从内鼓励服务对象获得自信,从外帮助服务对象建立良好的互动环境,从而达到改善案主不善说话的处境。

(四)小组工作

儿童小组工作,是以儿童小组为服务对象,在社会工作者协助下,通过游戏、情景模拟、任务达成及讨论分享等活动,促进小组成员有目的的互动互助,使参加小组的个人行为得以改变,社会功能得以恢复和发展的工作方法。[50]

小组工作可以为儿童提供一个良好的互动环境,让儿童在同伴群体中了解自己,发现问题,解决问题。儿童除了受家长、老师的影响外,还易受到同辈群体的影响。小组工作可以帮助儿童在与同龄群体的交往中树立正确的自我观念,模仿榜样,学习正确的行为模范。

【服务案例 4.7】

"敞开心扉 拥抱明天"
——岭畔村"四点钟学校"快乐折百合小组工作

一、案例背景

　　磁灶镇岭畔村是一个美丽的陶瓷之乡,文化底蕴深厚,古窑址更被入选为国家非物质文化遗产。岭畔村学龄儿童将近 260 人,大多数为留守儿童和流动人口子女。多数外来务工人员都是双职工,儿童的爷爷奶奶不懂得辅导作业,儿童放学后,监管力度弱,存在较大的安全隐患。岭畔村"四点钟学校"的开办,为留守儿童和外来务工人员子女提供了一个安全的港湾。

　　人际交往是社会生活的重要内容之一,自我的发展,心理的调试,信息的沟通、各种不同层次需求的满足、人际关系的协调,都离不开人际交往。每个人都希望自己善于交往、都希望通过交往建立良好的关系,这些良好的关系可以使个人在温馨怡人的环境中愉快地学习和生活。设计这个小组,就是让成员在小组活动中认识自我和他人,了解和学习人际交往的原则、理念和方法,体验人际交往的感受,与他人友好互动,从而解决自身在人际交往中存在的困难和问题,增强自信心和对集体的认同感和归宿感。

　　二、小组目标

　　1.认识自我和他人,在活动中学习人家交往的技巧,提升沟通能力;

　　2.增强自信心和对集体的认同感和归宿感。

　　三、理论依据

　　小组动力学。小组动力学旨在探索研究小组的规律,研究小组的形成与发展,小组内部人际关系以及对其他团体的反应,小组与个体的关系、小组内部的冲突、领导作用、小组行为等。民主的领导方式创造的小组气氛能够提高工作效率;专制的领导方式创造的气氛虽然能够保证一定的工作效率,但成员间充满敌意和冲突。小组凝聚力也是小组动力学的重要研究内容。小组凝聚力是指小组对其成员的吸引力和小组成员之间的吸引力,以及小组成员的满意程度。小组凝聚力以小组共同活动为中介,并且对小组效能有重要的影响。

　　马斯洛的需求层次理论。如果个人生理和安全的需要都得到满足了,那么就会出现感情、友谊和归宿的需求,如渴望父母、朋友、同学等对其表现爱护和关怀、温暖、信任、友谊等。他们还渴望自己有所归属,被人认同和承认,成为集体中的一员。人际交往的心理基础包括认知、情感和言行。认知是人际交往的前提,情感是人际交往的调控因素,言行是人际交往沟通的手段。

　　小组特征:参加人际交往小组的成员均为外来务工人员子女,就读于岭畔小学,平时父母疏于管教,缺乏良好的人际沟通能力,自信心不足,与他人的团结合作能力也比较欠缺。

四、小组特征

时间:2018年5月6日—2018年5月27日,每星期日9:00—10:30

地点:晋江市磁灶镇岭畔村"四点钟学校"

人数:13人

节数:4节

五、小组工作流程

第一节小组计划表

时间:2018.05.06　9:00—10:30

地点:岭畔村"四点钟学校"

本节小组分目标:增强成员间相互了解,让成员更清楚小组目的及内容。

时间安排	具体目标	具体安排	所需物资	备注
5分钟	让成员及社会工作者之间相互认识。	介绍自己的姓名及在组中的角色等。		
10分钟交换名字	考验成员的习性,增强成员间的相互了解。	(1)人数在10个人以内最适合;(2)参加者围成一个圆圈坐着;(3)围个圆圈的时候,自己随即更换成右邻者的名字;(4)以猜拳的方式来决定顺序,然后按顺序来提出问题;(5)当社会工作者问及"张三先生,你今天早上几点起床?"时,真正的张三不可以回答,而必须由更换成张三的名字的人来回答:"恩,今天早上我7点钟起床!"(6)当自己该回答时却不回答,不是自己该回答的人就要被淘汰;(7)最后剩下的一个人就是胜利者。		
5分钟	让成员更清楚小组目的及内容,并解答他们的疑问。			

续表

时间安排	具体目标	具体安排	所需物资	备注
20分钟"抓勺子"	加强团体互动沟通,为接下去的活动热身。	(1)从一副牌中挑选出与人数等同的n组同点数牌。(如:6人游戏就挑出6个数字,如2、3、4、5、6、7,每个数字分别四张牌,分别是4张2,4张3,4张4,4张5,4张6,4张7),洗匀,每人发4张。桌子中间摆放n—1个勺子,如6个人参加即放5个勺子,类似于抢凳子游戏);(2)游戏开始后,每人从自己的牌中挑出1张往顺时针方向传,并接受右方传来的1张新牌,进行速度越快越好;(3)待换牌至某人手中出现4张相同数字时(如4张2),此人迅速抓起中间勺子,其他人也随后迅速抢勺;(4)无勺者退出游戏,然后将勺子数量减1,继续新轮抓勺,直到最后剩下的两个人分出胜负为止。	小勺子、扑克牌	
50分钟"百合"手工初体验	培养成员的动手操作能力及小组间沟通协调能力。	(1)选"心动搭档";(2)PPT介绍百合制作方法;(3)社会工作者亲手演示,成员观察学习;(4)成员动手制作,与"心动搭档"讨论,或者咨询其他成员活动工作员。	折纸、剪刀、电脑/平板、双面胶	
10分钟	让组员表达对此次小组的看法和意见,使社会工作者从中加以改善,同时令组员了解到别人的感受。	邀请成员简单地说出对此次小组的感受及意见。		

第二节小组计划表

时间:2018年5月6日9:00—10:30

地点:岭畔村四点钟学校

本节小组分目标:增强成员的信任意识。

续表

时间安排	具体目标内容	具体安排	所需物资	备注
20分钟 "数青蛙"	通过破冰游戏活跃小组气氛,以便于接下来活动的展开。	成员围坐一圈,以任一成员开始,如第一位成员说:"两只青蛙两张嘴,四只眼睛八条腿"接下去一位成员则要说:"三只青蛙三张嘴,六只眼睛十二条腿",以此类推,发现失误的就要上台表演,可以是笑话、才艺等等。		
20分钟 "让我轻轻地告诉你"	增强成员的信任意识。	以报数的方式将成员分为两组,每个成员都有扮成盲人的机会,首先蒙住一位成员的眼睛,这时社会工作者会在成员所要走的那段路上设置障碍,而蒙住眼睛的组员需在其他成员的提示下从起点到达终点。	障碍物(书本、矿泉水瓶等)	
30分钟 "温故而知新,可以为师矣"	首先让成员自己动手独立制作上节学习的"百合",通过反复练习加强记忆。温故而知新、朋辈互助。	先独自完成"百合"的制作,统计第一遍忘记的成员有多少个;第二遍由做出来的成员带领其他成员进行复习制作,加强记忆。第三遍在此基础上进行创新。		
20分钟	让每个成员表达对这次小组活动的感受。	邀请每位成员简单说说对此次小组的感受(为什么第一遍有人制作出来了,有的是第二遍才制作出来?教其他组员制作的那个成员心理有什么感受?悟到了什么道理?关于创新又有哪些新的体会?)		

第三节小组计划表

时间:2018.05.20　9:00—10:30 地点:岭畔村"四点钟学校"

本节小组分目标:培养大家在团队中的竞争意识。

时间安排	具体目标	具体安排	所需物资	备注
15分钟 "时速反应"	培养大家在团队中需要个人竞争意识,否则会被淘汰。	数数逢尾数是7或者7的倍数者拍手表示。成员依次继续说出,说错或者反应慢者将走出为大家表演。		

续表

时间安排	具体目标内容	具体安排	所需物资	备注
25分钟 "不分家"	团队与团队的竞争需要每一个成员的配合与协作。	分成两组,每组4人。请每组每人抽签,然后,抽到"嘴巴"的必须借着抽到"手"的两个人帮助来把气球给吹起来(抽到嘴巴的人不能用手自己吹起气球)。然后抽到"屁股"的人去把气球坐破,时间快的则胜出。	气球8个、纸张8张,分别标上嘴巴(2),手(4),屁股(2)	
40分钟 "百花竞折腰"	了解百合生活含义、渊源,通过折百合的数量多少及美观程度进行竞争。	了解百合的生活意义并进行折百合比赛。	折纸	
10分钟	让每个成员表达对这次小组活动的感受。	邀请每位成员简单说说对此次小组的感受(由朋辈互助转互相竞争,各自组员心理变化)。		

第四节小组计划表

日期及整节活动时间:2018.05.27　9:00—10:30

地点:岭畔村"四点钟学校"

本节小组分目标:认清自己的目标,营造融洽气氛。

时间安排	具体目标	具体安排	所需物资	备注
10分钟 "嘴巴手指不一样"	调节气氛。	两个人一起说"嘴巴手指不一样",先让第一个人说(假如2),那么这个人手指不能是2,另一个人也一样;手指的数不能与说出来的数相同;说出的数不能大于5;如果说出来的数大于5或者手指表示的数与说出来的数相同就淘汰。		
30分钟 "优点轰炸"	通过大家对自己的评价认清自己身上有哪些优点是平时没有注意到的,加深自我认识。	通过击鼓传花把成员推出来,接受大家"轰炸",并分享感受。		

续表

时间安排	具体目标内容	具体安排	所需物资	备注
40分钟 "放飞梦想"	通过音乐的放松之后,写下自己最想实现的梦想,大家互相鼓励,认清自己的目标,营造融洽气氛。	放一段音乐,想清楚自己的梦想,每一个人在纸张上写下三个梦想(不记名)然后折成一架飞机,大家围成一个圆圈,闭上眼睛心里默念三个梦想,告诉自己梦想会实现,大家向上抛后把飞机放在一起,一二报数分成两组,把飞机分成两半并分别摆成一排,在规定的距离,两组的组员必须每一个人自己拿到飞机,速度快的则胜出,最后每人一一打开念出梦想,并给予对方祝福。	折纸、笔	
10分钟	让每个成员表达对这次小组活动的感受	要求成员简单说出经过这4次小组的感受及工作员简单总结。		

图4.19 折百合小组小组活动

图 4.20 折百合小组小组活动

六、服务成效

1.成员在活动中认识自我和他人,打开心扉,克服内心对于交际的恐惧,学会接纳他人,和他人交朋友。

2.成员通过活动了解和掌握人际交往的基本理念和方法,能做到与他人友好互动。

3.成员也在与他人互动中增强了自信心和表达能力。

七、专业反思

设计这个小组,就是让成员在小组活动中认识自我和他人,了解和学习人际交往的原则、理念和方法,体验人际交往的感受,与他人友好互动,从而解决自身在人际交往中存在的困难和问题,增强自信心和对集体的认同感和归宿感。

此次小组活动结束后确实有感受到成员们的变化,但未达到预期的显著效果,在开展过程中,成员前期参与活动的积极性较差。可以进行活动的事前调查,让成员选出他们喜欢的、想做的游戏,借此引起他们参与活动的;成员吸收不均匀,部分组员较快适应,部分组员较无法适应;也可以让较快适应的成员积极引导其他成员。希望以此次活动为指导,今后开展的类似活动能更进一步。

【服务案例 4.7 简析】

1.儿童在全国人口中占据很大比例,关爱儿童健康成长,为其提供相应服务是社会工作的一个广阔领域,其中,小组工作有着很大的拓展空间。在促进儿童身心健康发展、帮助儿童处理人生发展转折时期的问题、充分挖掘各方资源、协助儿童顺利社会化等方面,小组工作都可以发挥重要的作用。

2.本案例中,小组活动设计运用了需要层次理论、小组动力学,让组员在折百合的过程中增强自信心,学习如何与他人交流沟通。工作者以折百合作为一个交流媒介,以增强自信和沟通为主线,试图在活动中让组员体会人际沟通的方法。对于儿童来说,这是一个非常好的帮助他们成长的方法,美中不足的是活动次数只有 4 次,如果能够多开展几次,效果相信会更好。

(五)社区工作

儿童社区工作是社区工作的重要领域。社区工作最早始于 19 世纪的英国和美国的慈善组织协会运动,社区工作是以社区民众为服务对象,运用社区民众自动自发、自行诊断原则和技术,了解社会问题及需求,动员社区相关资源,配合外力的协助,以解决社区问题,满足社区需求,促进社区居民福利和社区健全发展的一项社会工作服务方法。[51]儿童社区工作起源于 20 世纪 40 年代的社区教育,儿童社区工作是以调动包括儿童在内的社区居民参与为重点,以营造社区内儿童健康成长发展环境,引导儿童在力所能及的范围内与社会互动,动员一切社会资源,服务于少年儿童,促进社区健康发展的一种社会工作服务方法,[52]是"让孩子开心、让家长放心、让社区称心"的重要平台。

儿童社区工作的主要特点在于:一是社区是儿童社会工作的平台。即从建设社区和发展社区的角度入手,来解决儿童生存和发展问题。二是分析问题和解决问题更具社会性和综合性。儿童社会工作重视社区环境与制度对儿童的社会功能的影响,强调政府和社区对于解决儿童问题的责任。它不仅要解决物质、制度、机制等方面的问题,还要加强社会意识、思想观念的培育,因而具有较强的社会性和综合性。三是体现了现代社会自治精神和权利观。儿童社区工作既倡导通过自己的努力解决儿童生存发展问题,体现了自助、互助和自决的现代自治精神,同时也重视政府责任和决策的重要,尊重现代儿童权利观。

【服务案例 4.8】

晋江市梅岭街道竹园社区"儿童之家四点钟学校"
儿童工作社区融入案例

一、案例背景

2018 年 6 月,晋江市妇女联合会主席钟文玲在"社区"专题论坛上,以晋江市"儿童之家四点钟学校"品牌项目为例,作了《跨越海峡,搭起两岸社区儿童"心家"》的发言。发言中提出:社区的发展离不开"实事求是"。晋江市针对双职工家庭和来晋务工人员对子女的管理真空问题,创建福建省首个政府购买专业社会工作者服务来支持的项目——"儿童之家四点钟学校",并纳入晋江市委市政府为民办实事项目,创建经验获《人民日报》《中国妇女报》"国务院妇女儿童工作委员会网"推广,形成一套可复制、可推广、可借鉴的现代儿童社会工作中的"晋江模式",成为社区发展特色品牌。

晋江市"儿童之家四点钟学校"已经形成了安全教育、传统教育、兴趣培养等 6 大服务体系,逐步形成了社区不可或缺的服务框架。充分与社区的发展和定位相对应,帮助儿童充分融入社区、参与社区发展。儿童工作的社区融入,是回应儿童成长的需要,是推动社区发展的需要,更是顺应时代发展的需要。

二、社区介绍

竹园社区位于晋江市梅岭街道,成立于 2006 年 2 月 28 日,社区常住人口 6000 多人,多年来在党支部的带领下建设硕果累累,曾获得"第二批全国社会工作服务示范社区""福建省文明社区"等多项荣誉。

社区有着良好的服务意识与比较专业的服务团队,而且历来非常重视辖区儿童的成长与发展,以此为社会基础,2013 年 4 月,晋江市委、市政府主动作为,选择在竹园社区启动"儿童之家四点钟学校"民生项目,此举创造了福建省首个政府购买专业社会工作者服务来支持"四点钟学校"的项目。

三、理论依据

为更好地融入社区,"四点钟学校"在工作途径上主要采用了一种新兴理论——能力/资产管理理论为指导。

社区工作的途径:

为了回应社区所面临的困境,社区可能采取两种路径,一种是较为传统的问题/需求路径(problem/need path),主张从社区的需求、缺失和问题介入;另一种为新兴的能力/资产路径(capacity/asset path),主张从发掘社区的能力和资产介入。

就居民角色而言:

问题/需求观点"由上而下"及"由外而内"的路径,其服务提供即在回应政府或专家所界定的问题与需求;

能力/资产观点则认为,社区资产的拼图应始于对社区居民之才能、技术及能力的盘点,每个人的"天赋才能"应该要能获得重视。

就关系导向而言:

问题/需求观点关注外部专家或组织能够提供的实质协助;

能力/资产观点将社区内部邻里、团体或机构彼此关系的经营,视为不可或缺的一环。竹园社区"儿童之家四点钟学校"的工作途径主要是应用能力/资产观点为理论指导来解决社区问题。发掘社区资产和能力,对社区居民的才能、技术、能力进行盘点和开发,使社区居民的才能获得重视,使得"四点钟学校"在竹园社区中既是"付出者",也是"获得者",以此加深"四点钟学校"在社区中的进一步融入。

四、社会工作者角色

社会工作者在本社区的角色,既是服务提供者,也是服务对象的邻居,更是服务对象与社区的桥梁。

本社区的"四点钟学校"社会工作者也来自于社区,作为社区居民,对本社区的各种情况比较了解,与社区领导、居民、学员既是邻居也是服务者,在沟通上与管理上都能够更好地融合,在了解成员及家长的需求时就更加深入和真实。

了解服务对象的真实需求,并及时反馈给社区,让社区有针对性的解决这些问题,更容易获得服务对象的支持与认可。起到桥梁连接的作用。

五、服务目标

1.深入了解服务对象及家长的需求,根据需求在本社区内进行资源整合。发动优秀的社区居民成为志愿者,打造全面的特长班服务,实现服务多样化、立体化。

2.发动服务对象也成为社区的付出者,从他们所学中为社区服务。例如,书法班学员春节期间免费为社区居民写春联、小导游兴趣班学员成为社区附近五店市传统街区的导游志愿者。

六、服务对象

服务对象为本社区双职工子女,一年级至六年级的在校生。他们放学后通常无人看管或者由隔辈人看管,往往安全上得不到保障,特别是低年级学生无法独立完成作业,需要专业的课业辅导。

七、服务流程安排

(一)筹备工作

1.利用各种宣传途径面向社区进行"四点钟学校"的招生。

2.根据报名者所填写资料进行筛选,筛选出真正符合服务条件的学员。

3.建立微信群、召开家长会、介绍服务内容及注意事项、签订服务协议。

(二)活动具体安排

时间	内容	目标	工作人员	所需物资
2018 年 1 月—2018 年 8 月共开展 10 多期,寒假冬令营及暑假夏令营,每周二及每周四 9∶00—11∶00。	剪纸	培养成员们剪纸的兴趣,让他们可以熟练地绘制图样,并安全剪纸。	曾老师(雁山小学剪纸老师)	剪刀、红纸、尺子、橡皮
2018 年 6 月—2018 年 8 月共开展 10 多期。	魔方	大部分成员熟悉掌握七步还原公式,可以在两分钟内完成魔方的还原,部分成员可以在一分钟内还原。	周金条(竹园社区居民委员会书记)	魔方
2018 年 9 月—2018 年 12 月共开展 10 节课,每周六 9∶00—11∶00。	记忆课	1.成员掌握了 01～100 的 109 个数字编码。2.掌握 20 个无规律阿拉伯数字的正背及倒背。3.30 个无规律词语的正背和倒背。4.部分古诗及汉字的记忆。	宋老师(某专职记忆机构老师,社区特邀志愿者)	黑板、纸笔、投影仪

续表

时 间	内容	目标	工作人员	所需物资
2018 年 9 月—2018 年 12 月共开展 10 期。	思维导图课	掌握思维导图的画法与运用。	庄璇璇("四点钟学校"社会工作者)	黑板、彩笔、纸
2018 年 3 月—2018 年 7 月,每周三晚 7:00—8:00。	小主持人	对成员进行系统、科学的训练和指导,培养和加强小主持人的口才技能。	董喆(晋江电台主持人、社区志愿者)	黑板、纸笔
2018 年 3 月 2018 年 10 月,每周二 7:00—8:00。	导游课	对导游应具备的精神风貌、言语谈吐、待人接物、着装要求等个人素养进行培养以及要求成员掌握导游词内容等。	王春芬(竹园社区居民委员会书记)	黑板、纸笔

八、预计问题及应对措施

1.成员个性各种各样,应对不同的成员应有不同的服务方法,运用小组、个案等服务手段去服务有特殊需求的成员。

2.安全问题应定期排查,整改。小问题由社会工作者及时解决,大问题需与社区及上级部门及时沟通。

3.服务设施设备老化问题,需加强日常设施设备维护、并让服务对象共同做好设施设备维护,让成员共同维护"四点钟学校"的环境。

九、评估

(一)服务对象、服务主体社区化——有针对性的打造适合竹园的特色服务

由于竹园社区的家长大部分受教育程度较高,对下一代教育有较高的要求,因此,针对社区家长和成员的需求,经过多年的摸索与磨合,打造了一套以最强大脑为主线的兴趣课堂,包括记忆课、思维导图、魔方课、小导游、小主持人等课程,推动脑力运动在社区的发展。

1.记忆课

竹园社区儿童记忆力培训,以提高儿童记忆能力、轻松学习、轻松记忆为宗旨,以介绍当今世界先进的记忆与思维方式,并应用于实践为使命,推动脑力运动在社区儿童中的发展。

2.魔方课程

魔方是现代儿童常见的玩具,但魔方不仅仅是一个玩具,它也是一种运动,一种比拼智力与灵活性的运动。魔方对于儿童形成良好的思维方式和思维习惯有重要作

图 4.21 记忆课活动照片

用。儿童学习魔方可以锻炼空间思维能力，建立坐标系，对数学有帮助、锻炼记忆能力和反应力，可以作为一项特殊的才艺。

图 4.22 魔方课程照片

3.思维导图

思维导图是一种具有革命性的思维工具，适用于学习和生活，可用于做笔记和制订计划，用线条、色彩、图像绘制出来。这种方法能把我们大脑中的想法运用图文并茂的技巧将左脑的逻辑、顺序、条例、文字、数字，以及右脑的图像、想象、颜色、空间、整体思维等各种因素全部调动起来,充分运用左右脑的机能,激发我们大脑的无限潜能。

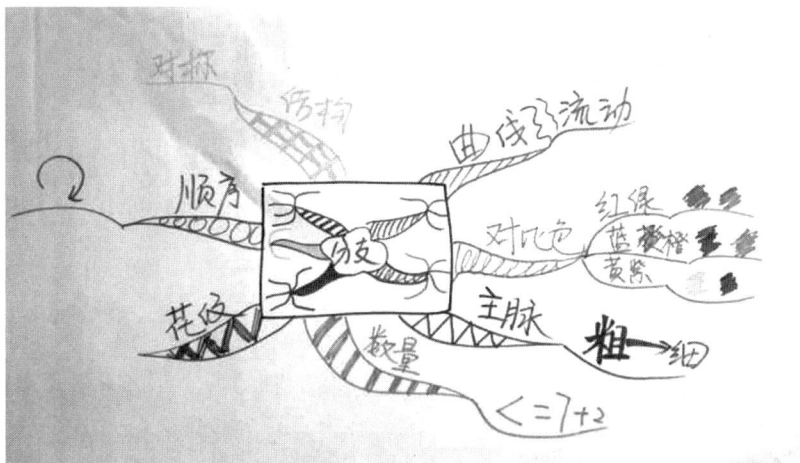

图 4.23　思维导图照片

4.剪纸

剪纸是一种我国民间非常流行的传统艺术。它历史悠久,有着丰厚的生活积淀与底蕴,体现了中华民族最基本的审美观念,具有鲜明的民族艺术特色。同时剪纸也是一种综合的艺术,有利于儿童各方面能力的培养和增进,对儿童创造力的发展,观察能力的培养,智力的提升等方面都很有帮助,是对我国传统艺术的一种继承。

5.小主持人培训

对热爱播音主持艺术的成员进行系统、科学地训练和指导。培养和加强小主持人的口才素养。应该以科学的方式循序渐进、由易到难,逐步提高,以树立他们的自信心,提升语言表达功力,开阔艺术视野,加强思维的敏锐性。这样,才能做到说话流畅、感情自然、思维敏捷、仪态大方、表演自如。

6.小导游培训

为了让社区的儿童更加了解我们的家乡、了解导游行业知识,特开设小导游培训课程。培训课就导游应具备的精神风貌、言语谈吐、待人接物、着装要求等个人素养以及导游词内容等方面进行。

小导游课程介绍的是我们家门口的 AAAA 级景区——五店市。小导游稚趣横生的讲解,吸引来了很多五店市的游客驻足,让游客们更加了解我们的闽南文化,领略闽南千年红砖古厝群的风采。

以上的课程设置出发点为居民下一代的教育需求,课程内容安排贴近竹园社区"四点钟学校"成员的年龄与接收程度,同时是对课堂所学知识的补充与助益。

图 4.24　导游培训课照片

(二)志愿者、教育资源社区化

竹园社区居民学历素质均较高,有才艺特长的高手卧虎藏龙,在各行各业都有突出表现,竹园社区四点钟学校,利用社区有效资源和优势资源(我省首个社区记忆协会,剪纸协会,退休老干部志愿者、各行业优秀从业者、党员志愿者),招募有特长的社区居民为志愿者。

发动本社区居民服务本社区"四点钟学校"已经成为竹园社区最大的服务特色,由社区领导出面,联系社区有才艺特长的居民,动员他们成为志愿者,例如书法课、剪纸课、小主持人课。社区领导也主动投身"四点钟学校"的工作,如社区原书记担任了记忆力课程的指导老师,社区现任书记担任小导游课程的指导老师,社区党员志愿者不定期开展家风家训、传统文化的教育讲座,都充分利用了本社区的人力资源。

十、服务成效

竹园社区"儿童之家四点钟学校"在融入社区方面取得了不错的成效:

课程体系丰富度:由本社区居民志愿者指导的课程包括了记忆力课程、思维导图课程、小主持人课程、小导游课程、剪纸课程、书法课程这六大课程,丰富了课程体系,提高了课程的专业度。

社区儿童受益范围和深度都有所加强:由"四点钟学校"的基础服务学习乐园、周末工作坊为主线,由各个兴趣特长班为支线,大大提升对社区儿童的服务范围和服务深度。家长可以根据自身家庭需求和儿童兴趣来选择相应的服务。

社区自助度增强：由于大量社区志愿者的招募，增加了志愿者服务的便利性与成就感，志愿者服务本社区儿童，社区儿童在社区感受到了更多的安全感和获得感，在心理上对社区的认同更深刻，形成了良性循环。

社区资源高效利用：利用本社区人才，使得人力资源与经济资源都得到最大化的利用，节约了社会资源，也增加了社区资源的利用度。

【服务案例 4.8 简析】

1.社区是儿童的一个生活环境，是儿童成长所需的文化背景的载体；社区是一个互相照顾的网络，可以满足儿童的生理、心理和社会需要。儿童社会工作者要运用社区工作发展并加强成员间的互助关系、归属感和自助能力，来解决成员的个别或共同问题。本案例中，社会工作者采取上课的形式，精心组织安排活动，把儿童留在社区，把知识请进来，利用社区资源帮助儿童学习到所需要的知识，促进儿童生存和发展的需要。

2.本案例中，社会工作者利用丰富的社区资源来解决存在的问题，例如导游知识培训，就近了解自己的家乡，充分利用身边的资源，既可以帮助儿童了解导游的知识，也让儿童更了解自己的家乡，热爱自己的家乡，培养了儿童的家乡情怀。

三、特色服务活动

我国历史悠久、幅员辽阔、民族众多，在此基础上形成的传统文化多姿多彩，已有很多传统文化濒临失传，为有效地保护和传承传统文化，响应"党的十九大"号召，晋江市"四点钟学校"把服务内容的实践活动融合到传承中华优秀传统文化主题系列活动中，进一步发扬晋江市特色文化，弘扬中华优秀传统文化，将文明新风润物细无声地传播到儿童心中。通过活动，儿童去听、去看、去触摸、去学习我国传统技艺文化，让他们通过了解我国传统手工技艺，从而对我国传统文化产生兴趣与热爱。

在这些特色服务活动中，最特别最有意义的是岭畔村"四点钟学校"开展的活动："陶"出梦想，"陶"出未来，"陶"出我们的"家"。

晋江市磁灶镇岭畔村"四点钟学校"三年多的发展历程，从社会中挖掘有效资源和资源优势，经过逐步探索发展为"陶艺文化特色学校"的"一校一特色"模式，深度挖掘陶艺文化的特色资源，将服务与当地文化充分融合，开创陶艺学习治疗的特色个案手法，并结合小组工作，培养一批成员成为小导游、小小制陶师，从而实现陶艺特色到陶艺文化特色的转型，赋予了"四点钟学校"更深层次的内涵。

建于岭畔村"四点钟学校"内的晋江市妇女儿童传统陶艺文化体验基地揭牌以来，基地通过陶瓷博物馆、制陶体验区特色文化的介绍等让前来免费参观学习的成员初步感受陶乡的魅力，对制陶技艺产生浓厚的兴趣，同时专门聘请多名制陶经验丰富的专业师傅，对成员进行一对一的手把手地传授制陶烧陶技术，在拉坯制陶、彩绘和泥塑中感受磁灶传统陶艺文化，在交流学习中增进彼此的感情，积极引导成员参加中华传统文化传承活动。同时,结合儿童实际情况,充分整合岭畔村及基地特色资源,于每周三下午定期开展陶艺兴趣班学习,让儿童在操作中找到自我,发挥天性,真正提高自己的多方面素质,并把它作为我们在今后的陶艺实验的方向标和目标,围绕这一目标并结合基地的情况开展今后的教学和一系列活动。岭畔村的试点特色见下表4.9。

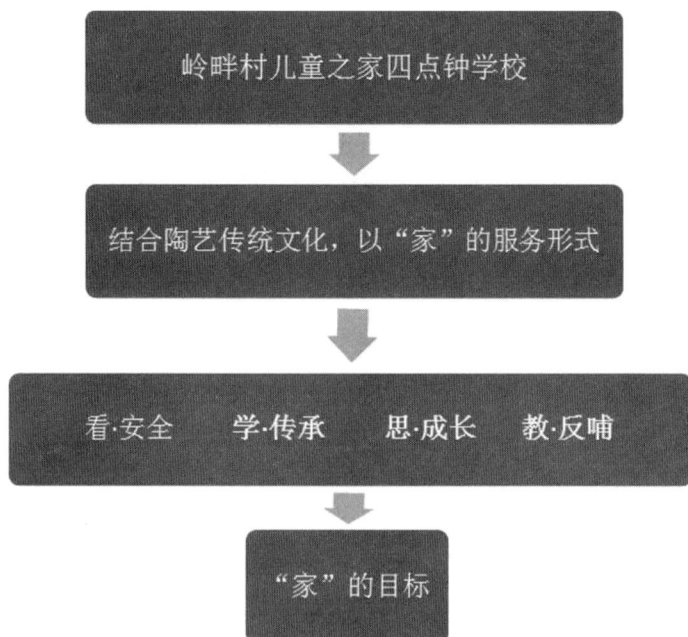

岭畔村儿童之家四点钟学校

↓

结合陶艺传统文化,以"家"的服务形式

↓

看·安全　　学·传承　　思·成长　　教·反哺

↓

"家"的目标

表 4.9　岭畔村试点特色

　　岭畔村"四点钟学校"充分立足当地实情,将"四点钟学校"服务与当地传统陶艺文化紧密结合,提供了由浅到深的系列服务,实现"儿童之家"中"家"的服务目标,包含"看·安全""学·传承""思·成长""教·反哺"等目标及内容。

　　(一)"看·安全"

　　岭畔村"四点钟学校"经过三年多的不断探索和专业服务,使留守儿童和外来务工人员子女及其家庭真正感受到这个儿童之"家"的温暖,一方面解决了儿童放学后、家长下班前的管理真空期的安全问题,并且逐步促进了儿童青少年及其家庭融入这个"家"。岭畔村"四点钟学校"开展了"课后四点班"和"安全教育"课程。其中,"课后四点班"课程实行严格的签到签退制度和家长安全接送制度。"安全教育"课程包括交通安全教育课、溺水安全教育课、自然灾害安全教育课、食品安全教育课、防火防电安全教育课、社会治安教育课等。

　　(二)"学·传承"

　　岭畔村"四点钟学校"通过挖掘当地陶艺特色文化资源,根据儿童"爱玩泥"的天性,大胆开设"乐玩陶艺,快乐成长"课程,并链接村里的制陶老艺人免费开课授艺,让儿童在"玩泥"过程中,感受美、理解美、鉴赏美和表现美,通过实践培养成员的创造能力和动手能力,更是通过实践,让成员们学习制作陶艺,传承了传统技术。岭畔村"四点钟学校"开展了"乐玩陶艺,快乐成长"课程,包括"学习陶艺,传承陶艺"课、"陶艺宣传,我做主"课、"传承陶艺,传承孝"课、"感恩的心,感谢有你"课、"小小宣传员"课、"走进传统节日"课等。

（三）"思·成长"

在服务过程中,充分引导学员发挥潜在能力,促进其更好地成长。岭畔村"四点钟学校"在"玩泥巴"课程的基础上,大胆将陶艺与绘画、书法、插花、音乐等艺术相结合,开设了"爱'艺'无限""绿'艺'盎然"等特色课程,培养儿童青少年的形象思维能力、立体造型能力以及创造性思维能力,激发儿童青少年热爱艺术的兴趣,陶冶情操。

学龄儿童在其成长过程中往往会遇到各种问题,在实际生活中也会有一些生理、心智、情绪或生活上的特殊困难,因而对学龄儿童的共性问题、特殊问题或个体问题开展社会工作极为必要。岭畔村"四点钟学校"根据学员成长需求,将社会工作手法与陶艺特色文化大胆结合,开展了针对成员成长过程共性问题的小组工作和社区工作,针对成员个体成长或生活实际问题开展了个案工作,不同程度解决了成员成长中或生活中所面临的问题。具体课程如表 4.10 所示。

思·成长	"微微一笑很倾城"课
	"关注心理健康"课
	"陶艺艺术治疗"课
	"绿'艺'盎然"课
	"爱'艺'无限"课
	"我的兴趣部落"课

表 4.10　岭畔村"思·成长"课程设置

（四）"教·反哺"

岭畔村"四点钟学校"经过三年多的逐步探索,深度挖掘陶艺文化的特色资源,将服务与当地文化充分融合,开创陶艺学习治疗的特色个案手法,并结合小组工作,培养一批成员成为小导游、小小制陶师,从而实现陶艺特色到陶艺文化特色的转型,赋予了"四点钟学校"更深层次的内涵,将这样的特色文化传承并发扬光大,实现"反哺价值"。为此,岭畔村"四点钟学校"开设了"小导游"课、"小小制陶师"课和"陶艺与公益,'艺''益'生辉"课等。

【服务案例 4.9】

旧传统新佳节——传承文化案例

一、案例背景

七夕,又名乞巧节,是中华民族一个十分重要的传统节日。2016 年 8 月 10 日,是一年一度的七夕佳节,后间社区四点钟学校携手岭畔村四点钟学校,搭建一个交友的平台,以"情"为文化纽带,将"七夕"与"情"紧密结合,包含了亲情、友情、乡情的概念,不仅扩充了"情"的内涵,更赋予"七夕"我国传统文化中的"情"。两个"四点钟学校"的学员以岭畔村原有的传统制陶平台为依托,以陶瓷、陶泥制作等传统文化为载体,值此七夕佳节来临之际,体验与感受本土传统手艺,在活动参与过程中增进友谊,共同成长。

二、理论依据

通过举办旧传统新佳节传统节日体验活动,可以增强青少年儿童的文化自信与文化自豪感,使他们意识到传承中华优秀传统文化的重要性,以及背负着传承的责任。本次社区活动采用两个四点钟学校联谊举办活动的方式,由成员们认识新朋友,共同完成、共同参与、共同体验传统制陶过程,扩大了成员的交友圈,满足了青少年儿童社会人际交往的需求,满足了青少年儿童包容、支配和情感需要。而家长与成员的共同参与、共同决策、全情投入则为其自身增强了效能感,提升了个人权利感,也使成员获得了怎样与他人合作去解决问题的经验。

1.舒茨人际需要理论概述

舒茨认为,每一个个体在人际互动过程中,都有三种基本的需要,即包容需要、支配需要和情感需要。这三种基本的人际需要决定了个体在人际交往中所采用的行为,以及如何描述、解释和预测他人行为。包容的需要,指个体希望与别人接触、交往,并建立和维持和谐关系的需要;支配的需要,是指个体控制他人或者被他人控制的需要;情感的需要,是指在感情与别人建立和维持亲密联系的需要。

2.增权理论概述

所谓增权,意指赋予或充实个人或群体的权利。通过挖掘和激发服务对象的潜能,协助他们消除非直接权利障碍(如自我形象低落、强烈的无助感、宿命观等)的效果与直接权利障碍的运作 ,是一个减少无权感的过程。增权有个人、人际、政治(环境)三个层次。个人层次,指个人感觉有能力去影响或解决问题,聚焦于个人发展、个人权利感和自我效能感的方式;人际层次,指个人与他人合作促成问题解决的经验,强调使个人可以有更多的影响他人能力的具体技术的发展。

3.传承优秀传统文化之重要性

传统文化传承需要儿童参与。我国有着五千年的文明史,传统文化源远流长,博大精深。几千年来维系中华民族精华之源泉、蕴藏着丰富营养成分的我国传统文化以其独有的民族特性深深影响着中华民族的发展,在经济大潮的冲击下,传统文化面临着越来越严重的危机。岭畔村有传统的制陶手艺,将手艺宣传和发扬和传承,是我们义不容辞的责任,而青少年的参与是传统优秀文化传承必不可少的力量。

三、服务目标

1.传承中华优秀传统文化的需要,使青少年儿童意识到传承中华优秀传统文化的重要性。

2.借"七夕"节活动为两个"四点钟学校"的成员搭建一个交友互助的平台,满足成员们的人际交往需要。

3.增强成员们与家长们的自我效能感,由被动参与变为主动参与,在个人层次和人际层次上实现增权。

四、服务对象:岭畔村"四点钟学校"和后间社区"四点钟学校"两所"四点钟学校"的成员及其家长。

五、招募方式:两所"四点钟学校"试点的社会工作者通过在各自试点的家长群进行招募,动员亲子报名参加。

六、服务流程

活动内容	目标	时间安排	负责人
活动前期:了解"七夕"佳节 了解此次活动的目标及意义	营造"七夕"佳节愉快的氛围。	2016年8月8日—2016年8月9日	章雯雯、曹杨、王志清
活动中期:共度"七夕"佳节 参观陶吧 体验制陶技艺 感受捏陶乐趣 和好友共度七夕	学会感恩生活,学会感受节日的快乐。	2016年8月10日: 参观陶吧:9:00—9:30; 体验制陶技艺:9:30—10:30 感受捏陶乐趣:10:30—11:00 和好友共度七夕:11:00—11:30	曹杨、王志清、章雯雯、陶艺师傅
活动后期:积极宣传 以"七夕陶陶乐"成功举办为契机,呼吁大家多多关注传统文化	引导成员和家长分享感受、感恩生活。	2016年8月11日—2016年8月12日	章雯雯、曹杨、王志清

七、预期问题及应对措施

预期问题：

1.由于两所"四点钟学校"共同参与活动，人数会比较多，活动秩序比较难把控；

2.两所"四点钟学校"的成员互不认识，社会工作者担心在活动中两所"四点钟学校"的成员玩不到一块。

应对措施：

1.社会工作者链接社区志愿者和家长志愿者前来帮忙协助活动，帮忙维持现场的活动秩序，并联系多名陶艺师傅和小小制陶师前来帮忙进行陶艺教学，以弥补工作人员不够的缺陷；

2.在活动前，两所"四点钟学校"的社会工作者分别对各自的成员做好活动内容和活动目的的讲解工作，并在活动中多鼓励两所"四点钟学校"的成员互帮互助，一起交朋友。

八、评估方式

1.评估方法：社会工作者通过观察成员在活动中的参与情况，并在活动结束后收集成员和家长对参与活动感受。

2.活动成效

活动取得圆满成功，此次活动不仅使两所"四点钟学校"的成员感受与领略了中华传统优秀文化的魅力，也使他们意识到了传承文化是我们义不容辞的责任。通过这次活动，两所"四点钟学校"的成员都认识了新朋友，并且相处愉快，成员们在活动中互帮互助、共同成长，满足了成员们人际交往上包容、支配、情感需要的同时也使成员们在人际层次上获得了增权，获得了和他人合作去解决问题的经验。活动不仅使两所学校的成员获益，而参与其中的社区志愿者和家长志愿者们也获得了个人层面的增权，通过参与活动与决策直至活动圆满完成，每个人的自我效能感都获得提升，许多家长表示以后还愿意参与此类活动。

九、社会工作者反思

此次"七夕陶陶乐"活动较圆满完成。其一，试点单位后间社区居委会对这次活动的举办提供了帮助和支持，岭畔村陶吧提供了活动场地和材料的支持。其二，两所学校在活动前做了广泛的宣传和充分的准备，不仅招募到了足够的志愿者，保证了营员的安全，更重要的是也让家长了解到四点钟学校的意义。其三，本次活动行程安排紧凑。有室内也有室外，内容丰富。其四，参加者积极性高，本次活动两所"四点钟学校"成员是参与主体，很多社区的志愿者、成员家长也参加，成员和志愿者的积极性都很高。其五，此次活动成员以体验式的方式直接感受"七夕"和"陶艺"，对传统节日和手艺有切身的体验，开阔了成员的视野，增长了成员的见识，因而得到成员和家长的支持。但这次活动同样存在还需改进的地方：此次系列活动中，由于参与的成员人数较多，安全问题是一个隐患，对于安全等问题应有一个详细而明确的预案；由于场地限制，社会工作者人手不足，难以满足更多家长和成员参与的需求，在以后的活动中，可以对需要的人数有一个更加准确的预估。

图 4.25　前往陶吧

图 4.26　岭畔:亲子观摩陶艺师傅制作陶罐

图 4.27　岭畔:亲子体验陶艺

图 4.28　岭畔:学习陶艺文化

【服务案例 4.9 简析】

"党的十九大"报告指出：文化是一个国家、一个民族的灵魂。文化兴国运兴,文化强民族强。没有高度的文化自信,没有文化的繁荣兴盛,就没有中华民族伟大复兴。中国特色社会主义文化,源自于中华民族五千多年文明历史所孕育的中华优秀传统文化,熔铸于党领导人民在革命、建设、改革中创造的革命文化和社会主义先进文化,植根于中国特色社会主义伟大实践。本活动设计紧跟"十九大"的步伐,充分利用了本地区资源,带动儿童学习传统文化教育,提高儿童的道德意识和爱国意识,为培养新时代新儿童提供了丰富的营养。另外,在本活动中,通过调动儿童的积极性,让儿童充分体验如何制作陶艺品的乐趣,并在制作过程中体验合作、礼让,培养儿童的良好品质,这是一个非常好的活动。

【服务案例 4.10】

"叶很秋"——用绘画体现生命的美

一、案例背景

立冬将至,为了让成员们更好地感受到即将过去的秋天,了解大自然的奥秘与探索大自然的美,社会工作者结合花厅口村"四点钟学校"的特色——传统剪纸艺术而开展本次活动。花厅口"四点钟学校"的特色为传统剪纸艺术的教授与学习,学校链接了传统剪纸艺术的老师来为成员们上课。传统剪纸艺术是我国优秀传统民俗文化的一部分,成员们学习剪纸可以将优秀的传统文化进行传承,让其不至于濒危和绝迹,使中华文化更加绚丽多彩,同时可以锻炼成员的动手能力,激发成员们的创造力,使成员们手脑并用、全面发展。而这个季节,满地的落叶,无疑是最好的画笔与原材料。在传统剪纸的手法下,原本已没有生命力的枯叶在成员们手中又被重新赋予新的生命色彩,重新焕发生机与活力。

二、理论依据

本次社区活动采用分小组进行活动模式,由成员们自由分组,共同完成、共同参与,扩大了成员的交友圈,满足了儿童社会人际交往的需求;成员们通过动手参与、合作,在合作中尊重他人和感到被尊重,满足了尊重的需求;通过小组自主合作完成一幅优秀的作品,使成员感受到自己参与其中,并且有能力较好地完成作品,提升成员的自我效能感,满足了成员自我实现的需要,也使成员在合作完成作品中获得与他人合作和影响他人的经验。而采用传统剪纸的手法进行活动既能使得满足成员的这些需求,又能使得成员领略传统文化的魅力,在点点滴滴中将传统文化传承与弘扬。

1.马斯洛需求理论概述

马斯洛需求理论:美国心理学家马斯洛认为,人的需求包括生理需求、安全需求、社会交往需求、尊重需求到自我实现的需要。少年儿童随着年龄的增长,社会交往需求日渐凸显。社会交往需要包括友谊爱情及隶属关系的需求,当生理需求和安全需求得到满足后,社交需求就会凸显出来进而产生激励作用。

2.增权理论概述

所谓增权,意指赋予或充实个人或群体的权利。通过挖掘和激发服务对象的潜能,协助他们消除非直接权利障碍(如自我形象低落、强烈的无助感、宿命观等)的效果与直接权利障碍的运作,是一个减少无权感的过程。增权有个人、人际、政治(环境)三个层次。个人层次,指个人感觉有能力去影响或解决问题,聚焦于个人发展、个人权利感和自我效能感的方式;人际层次,指个人与他人合作促成问题解决的经验,强调使个人可以有更多的影响他人能力的具体技术的发展。

3.传承中华优秀文化需要

在经济全球化快速推进的今天,随着时代的发展,传统民俗活动日渐趋于淡化,由于市场经济的冲击,传统剪纸艺术目前处于后继无人的状态。成员们在"四点钟学校"学习传统艺术剪纸和参与创意剪纸活动,既可以将优秀的传统文化传承与弘扬下去,让成员们感受与学习传统文化的优秀之处,同时在活动中也可以为成员们建立一个较强的朋辈间社会支持网络,同时增强成员们的参与感,逐渐由被动参与变为主动参与,从而推动"四点钟学校"更好的发展。

3.社会工作者角色

社会工作者承担了组织者、策划者和资源链接者的角色。

四、服务目标

1.满足成员们的人际交往需求,推动建立花厅口"四点钟学校"的朋辈支持网络。

2.提升成员们的自我效能感,帮助成员学会合作,实现个人和人际层面的增能。

3.培养成员们的动手能力,激发成员们的创造能力。

4.使成员们领略传统剪纸艺术的魅力,传承中华优秀传统文化。

5.服务对象

晋江市陈埭镇花厅口村"儿童之家四点钟学校"全体成员

六、活动程序

1.活动计划

了解大自然的美——发现大自然独特之处——了解每个人都是特别的个体

2.活动具体安排(用表格的形式体现出来)

活动内容	目标	时间安排	备注
活动前期:了解大自然的美 1.了解此次活动的目标及意义 2.在学校等捡落叶	学会观察自然。	2017.11.1— 2017.11.3	

续表

活动内容	目标	时间安排	备注
活动中期:发现大自然独特之处 1.观察各自的落叶 2.发现其中每片的不同 3.发挥想象,进行创作 4.对成品进行介绍	学会观察并发挥自己的想象将手中的树叶重新赋予生命。	2017.11.4	
活动后期:了解每个人都是特别的个体 发现不仅是树叶,每个人也都是特别的个体	引导成员和家长珍爱生命,爱护自然。	2017.11.4	

1.活动开始前

在一个露重霜凝、天朗气清的周六上午,花厅口村"四点钟学校"准备举办"叶很秋——创意落叶绘画活动"。上午九点,朝阳已蓬勃升起,"四点钟学校"的成员们已陆陆续续进入教室,进行签到。社会工作者引导成员进行抽签分组,每个成员脸上都洋溢着笑容,看起来跃跃欲试的样子,整个"四点钟学校"充满着欢乐与活泼的气氛。

2.活动进行中

10分钟过后,活动正式开始,首先是已经分好小组的成员们进行小组讨论,大家都积极地发言,每个人都分享出自己想要绘画与创作的内容,每个小组都讨论地十分热烈。大家讨论了半小时以后,社会工作者就组织成员们井然有序地来到操场收集落叶,虽然大家十分兴奋且迫不及待,但社会工作者在出发之前就强调了规则,所以大家有条不紊地收集完落叶,回到了教室里准备开始创意落叶绘画。

成员们开始用刚刚捡来的叶子开始剪裁与进行绘画,每个成员都非常主动地参与,对于绘画与剪裁的每个部分都分工明确,对于采用何种方式剪裁和剪裁成怎样的样式,成员们会通过商议和投票的方式选出最佳方案,活动进行得非常顺利。小组成员之间互相配合,没有出现因为争抢材料与工具而打闹的情况,不知不觉间,成员们在这次活动中已经学会了互帮互助,民主参与活动,学会了怎样与他人合作与怎样去配合他人,实现了人际层面的增权。时光在悄然溜走,不知不觉,一个小时的制作时间过去了,来到了票选最佳作品的时刻,每个小组需要派一个代表在台上去对自己所在小组的作品去进行讲解。讲解的代表们都神采飞扬、自信满满,对自己小组所制作的作品进行清楚的讲解和毫不掩饰的夸赞,每个成员都凝神闭气、聚精会神地倾听,都希望自己所在的小组能够获胜,自己所参与剪裁和制作的作品能够获得大家的喜爱,这在无形之中增强了团队凝聚力,也增强了成员们的参与感,成员们也在这次活动中增强了自我效能感,实现了个人层面的增权。

3.活动结束后

在代表发言过后,成员们通过投票选出了他们心目中的最佳作品,活动就这样圆满结束。这次活动激发了一些成员对于艺术的热情,他们发挥了主观能动性,又去操场上捡了树枝和树叶,在教室的地板上拼凑出了"小猫钓鱼"和"鱼竿"等样式,后期分析成员们的反馈也显示他们对这个活动的评价很不错。由此可见,此活动深受成员们的欢迎。

七、预计困难及应对措施

预计困难:成员年纪过小且各成员手工制作水平不一致

应对措施:由小组进行创作,要求小组成员有低年级成员组成,且每个小组成员不能都是男生或女生的条件下,由成员们自行组队。

八、评估方法

这次活动举办得较为圆满和成功,成员们都在活动中得到成长。他们通过参与活动,与"四点钟学校"的朋辈加深了联系,朋辈间的支持网络更加稳固,同时也获得了自我效能感的提升,获得了怎样与他人合作解决问题的经验。通过参与活动,锻炼了自身的动手能力与创造力,通过创意剪纸绘画这一创新方式将传统优秀剪纸艺术以一种新形式传承下去,赋予传统剪纸艺术以新的生命力。

成员:这次的树叶画,我们自己挑、自己捡落叶,然后用捡来的落叶拼成我们想要的图案。通过这次的活动,我们发现每片树叶都是不一样的,从中发现了大自然的美丽。

九、社会工作者反思

这次活动举办的较为成功,活动发挥了成员的主观能动性和主体作用,形式较为新颖,深受成员欢迎,参与度和积极性都较高。但需要注意的是,考虑到一些小组部分成员的年龄较小,可能无法独自完成创意作品,社会工作者可以在前期准备中收集一些类似的作品样式以便在活动需要给成员们作参考。成员的天性较为活泼好动,对于出发去操场捡树叶可能会表现得较为兴奋,一不小心秩序就会变得混乱且不好控制,还会出现安全隐患,所以在出发捡树叶之前,社会工作者要对安全和队伍秩序做一个合理规划和安排,对成员们强调安全和秩序的重要性,这样活动才能井然进行,减少出现混乱与差错的机会。作为一个社会工作者,要努力提高自己的专业技能与专业素养,这样才能更好地为服务对象提供服务。

图 4.29 "叶很秋"活动照片

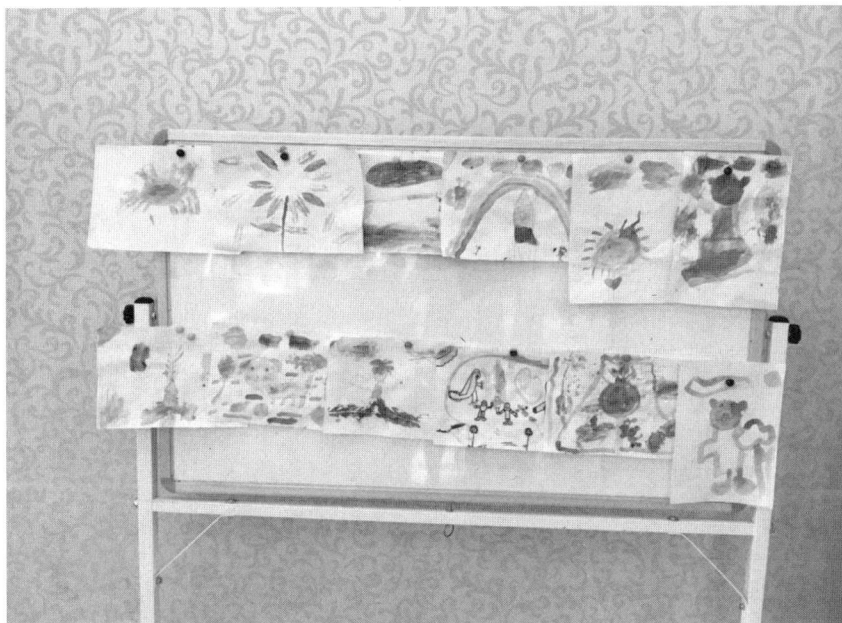

图 4.30 "叶很秋"活动照片

图 4.31 "叶很秋"活动照片

图 4.32 "叶很秋"活动照片

【服务案例 4.10 简析】

活动设计和理念充分体现出社会工作者对儿童、对生命的关心和爱护,致力于满足儿童的身心发展需求。通过对落叶的观察,引发儿童对生命、对时间等的思考,通过不同的落叶,思考每个人的独特之处,每个人都有自己的价值。发挥想象进行创作,充分调动了儿童的想象力和创造力,对他们的思考进行了一个形象总结,丰富了他们的认知。活动设计逻辑清晰、详细周密,服务工作与活动各个环节衔接十分自然,策划执行较为周全,确保了活动目标的实现。

附录:

关于开展晋江市"儿童之家四点钟学校"
"梦想收获季"寒假冬令营的方案

五年来,晋江市妇女联合会、中共晋江市委文明办、晋江市关心下一代工作委员会、晋江市科学技术协会以"践行党的群众路线、办人民满意教育"为宗旨,重视构建学校、家庭、社会"三位一体"的儿童思想道德教育体系,关爱弱势家庭儿童的健康成长,情暖困难家庭,整合各类社会资源,使儿童无论是在学校还是在社区或家里,都能感受到来自社会的关爱和呵护。在寒假来临之际,经研究决定,计划开展晋江市"儿童之家四点钟学校""梦想收获季"寒假冬令营,以缓解父母工作时间的管理空缺,同时给予儿童一个快乐、健康的成长空间,具体方案如下:

一、活动目的

让儿童参加冬令营,既可以开阔眼界,锻炼意志,又能提高儿童的生活自理能力和社交能力,还可以解决安置难问题,一到学校放假,家长如何安置儿童就成了很多父母的难心事,开展寒假冬令营就是为了防止父母上班把儿童单独放家里,或由其他长辈照看从而养成"小电视迷"。

二、活动主题

晋江市"儿童之家四点钟学校""梦想收获季"寒假冬令营

三、主办单位

晋江市妇女联合会、中共晋江市委文明办、晋江市关心下一代工作委员会、晋江市科学技术协会

四、承办单位

各镇(街道)妇女联合会、25 所"儿童之家四点钟学校"试点单位

五、协办单位

晋江市致和社工事务所

六、活动时间和地点

时间:2018 年 2 月 5 日—2018 年 2 月 11 日(视具体情况而定)

地点:25所"儿童之家四点钟学校"试点

七、参与对象

1."四点钟学校"试点单位辖区内少年儿童及其家长;

2."四点钟学校"专职社会工作者;

3.大学生志愿者、社会志愿者

4.邀请《中国青年报》《泉州晚报》《晋江经济报》以及泉州电视台、侨乡频道等媒体做追踪报道。

八、主要内容

本次冬令营服务内容必选菜单(选择2项开展):

1.辅导完成寒假作业:辅导营员完成作业,拓宽知识面。

2.少年儿童安全教育工作:一方面加强对少年儿童的安全教育;另一方面加强对少年儿童的法制教育。

3.成长工作坊:通过支持性小组、治疗型小组、学习小组、家庭关系小组、康愉小组等类别的工作坊,以游戏、讨论、分享等多种活动方式来吸引广大青少年参加,给青少年制造一个轻松、开放的氛围,使得他们可放松地倾诉心事和学习知识,同时提高青少年的沟通能力、社交能力,提升自我认识和感恩素养等。

4."微力量"儿童志愿者服务社区:组织社区少年儿童参与社区志愿服务,包括孤寡老人关爱、贫困儿童结对帮扶、社区环保美化等志愿活动,培养少年儿童对社区的认同感和归属感,爱家爱社区,让小小的力量汇聚成流,让共同的家园更加美丽。

本次冬令营服务可选菜单:(每所"四点钟学校"选1项开展)

1.兴趣特长培养:通过开设绘画唱歌、舞蹈、手工制作、趣味英语、趣味数学、球类运动、科普、环保、社会实践等课程,培养青少年的兴趣特长、开阔视野,树立理想,最终帮助孩子健康成长。

2."新晋江人"外来务工子女关怀与支持行动:针对"四点钟学校"所在辖区内的外来工子女提供融入关爱服务,包括通过人际交往技巧培训、心理辅导、自信心培养、本地青少年与外来务工子女互助活动等,协助外来工子女尽快融入晋江的学习和生活。

3."心灵呵护"心理辅导计划:结合生理、心理、社会三大因素分析少年儿童心理健康状况,对不同问题的青少年制定不同的辅导计划与方案。包括端正学习态度、消除厌学逃学和学习障碍、协调同学关系和亲子关系、考试心理减压、不良品行纠正与健全、社交恐惧、学校适应不良综合征等青少年心理问题与心理障碍的心理辅导。

4.儿童与传统文化传承活动:运用引导激励为主、多方参与的原则,通过开展南音教学活动、南音比赛活动为主,背诵《弟子规》《百家姓》《三字经》等活动为辅,推进传统文化教育,加强优良传统文化对少年儿童的影响。

九、实施步骤

1.准备阶段(1月22日—2月4日)。制定晋江市"儿童之家四点钟学校""梦想收获季"寒假冬令营方案;招募大学生志愿者,进行分工对接;各"四点钟学校"社会工作者组织辖区范围内儿童报名,建立营员档案;市妇联、各镇(街道)妇联、试点单位落实工作开展所需配套资源;各"四点钟学校"提出活动计划安排。

2.活动阶段(2月5日—2月11日)。各"四点钟学校"按照活动计划组织开展活动。原则不少于一周,如有特殊情况,各试点按照具体情况调整开展时间。

3.活动小结(2月12日—2月15日)。及时总结反思,整理冬令营文档,按要求报送冬令营服务材料等。

十、活动保障

1.总指挥单位:晋江市妇女联合会。

2.实施单位:各镇(街道)妇女联合会、"四点钟学校"所在试点单位。

3.支持单位:晋江市致和社工事务所。

4.经费保障。各镇(街道)妇女联合会、"四点钟学校"所在村(社区、企业、学校)要为冬令营的开展提供一定的经费保障。

5.表彰优秀。参与活动的大学生志愿者将发给晋江市注册志愿服务证,并进行志愿服务计时。

附件:

1."梦想收获季"晋江市"儿童之家四点钟学校"寒假冬令营营员报名表

2."梦想收获季"晋江市"儿童之家四点钟学校"寒假冬令营营员登记表

3."梦想收获季"晋江市"儿童之家四点钟学校"寒假冬令营志愿者报名表

4."梦想收获季"晋江市"儿童之家四点钟学校"寒假冬令营志愿者登记表

5."梦想收获季"晋江市"儿童之家四点钟学校"寒假冬令营营员签到表

6."梦想收获季"晋江市"儿童之家四点钟学校"寒假冬令营值班人员签到表

7."梦想收获季"晋江市"儿童之家四点钟学校"寒假冬令营社会工作者个人成长记

附件1：

"梦想收获季"晋江市"儿童之家四点钟学校"寒假冬令营营员报名表

四点钟学校名称：　　　　　　　　　登记时间：　　年　月　日

姓名		年级		性别		照片
父亲姓名		联系电话				
母亲姓名		联系电话				

家庭地址	

你是否参加过"课后四点班"：

你是否参加过"2017暑期夏令营"：

你有什么特长：

你对学习哪些课程有兴趣(在相应的选项打√或在空白处填写其他选项)
趣味英语□趣味数学□趣味语文□课业辅导□自然科学□音乐课□武术
手工制作□中国传统礼仪□美术课□小组活动□生命教育课程□
其他(请写出你具体的兴趣)：

你报名冬令营的原因是什么？你想从冬令营中收获什么？

你对我们的工作有什么要求或期待？

附件 2：

"梦想收获季"晋江市"儿童之家四点钟学校"寒假冬令营营员登记表

"四点钟学校"名称：　　　　　　　　　　　　　　　登记时间：　　年　　月　　日

序号	学生姓名	就读学校	年级	家长姓名	联系方式

注：此表一式三份，一份四点钟学校存档，另两份份报晋江市妇女联合会、晋江市致和社工事务所备案。

附件 3：

"梦想收获季"晋江市"儿童之家四点钟学校"
寒假冬令营志愿者报名表

学校名称：　　　　　登记时间：　　年　月　日

姓　名		性别		出生年月		照片
专　业						
特　长						
联系电话		QQ 号码				
个人简介						
获奖情况						
备注						

附件 4:

"梦想收获季"晋江市"儿童之家四点钟学校"
寒假冬令营志愿者登记表

学校名称:　　　　　　　　　　　　　　　　登记时间:　　年　月　日

序号	姓　名	性别	专　业	特长	联系方式	QQ 号码

　注:此表一式三份,一份"四点钟学校"存档,另两份报晋江市妇女联合会、晋江市致和社工事务所备案。

附件 5：

<h2 style="text-align:center">"梦想收获季"晋江市"儿童之家四点钟学校"
寒假冬令营营员签到表</h2>

"四点钟学校"名称：

编号	营员姓名	日期	签到时间	签退时间	备注

附件6：

"梦想收获季"晋江市"儿童之家四点钟学校"
寒假冬令营值班人员签到表

负责"四点钟学校"名称：

序号	姓名	日期	签到时间	签退时间	备注

附件 7：

<h2 style="text-align:center">"梦想收获季"晋江市"儿童之家四点钟学校"
寒假冬令营社会工作者个人成长记录</h2>

负责"四点钟学校"名称：

社会 工作者		时间	2018 年╳月╳日— 2018 年╳月╳日	提交 日期	2018 年╳月╳日
星期		内容（包括所做的事情及感受体会）			备注
星期一 （╳月╳日）					
星期二 （╳月╳日）					
星期三 （╳月╳日）					
星期四 （╳月╳日）					
星期五 （╳月╳日）					
星期六 （╳月╳日）					
星期天 （╳月╳日）					

第五章

项目管理与晋江市"四点钟学校"项目

项目管理是一种管理方法,即为了完成项目预定目标,通过一套系统的知识、工具和技术,帮助项目管理者在一定范围内,更好地规划、组织及管理各种资源,掌握何时完成何种任务,避免因为项目管理者各自经验的参差而导致项目效果出现落差[53]。本章将主要介绍项目的人力资源管理、质量管理、财务管理和档案管理。

第一节　项目的人力资源管理

在项目活动中,人是最重要的资源要素,对项目的人力资源进行管理尤为重要。项目的人力资源管理以项目目标的实现为核心,通过各种手段和方法帮助项目获得人力资源,挖掘人力资源的潜力,有效管理和利用人力资源以保证项目目标和各项任务的实现。本节主要介绍项目人力资源管理的内容。

人力资源管理是指为了获取、开发、保持和有效利用在生产和经营过程中必不可少的人力资源,通过运用科学、系统的技术和方法进行各种相关的策划、组织、领导和控制活动,以实现既定目标[54]。项目人力资源属于组织管理中的人力资源管理的范畴,主要内容包括:项目组织规划、项目团队组建、团队建设和管理。

一、项目组织规划

项目组织规划是在项目策划设计阶段,根据项目任务特点研究项目组织结构,包括目标、任务、人员、职责以及信息的安排和结构,最终确定项目管理需要的角色及职责关系[55]。晋江市"四点钟学校"项目的购买的构成情况为晋江市妇女联合会牵头负责,晋江市委文明办、晋江市关心下一代工作委员会、晋江市科学技术协会参与。从 2013 年到 2014 年,先后共 17 个(2013 年 10 个,2014 年在原有 10 个基础上退出 2 个又新增 7 个)试点单位承接开展"四点钟学校"项目。17 个试点单位分别是社区、学校、企业等三种类型的"四点钟学校"。试点单位为"四点钟学校"提供室内活动场所,配备相应的桌椅、文具等,为项目开展所需的活动器材及其他个性化服务。社会工作服务组织是项目的承接单位,是项目服务的直接提供者和具体实施者。晋江市致和社工事务所(以下简称致和社工事务所)中标"四点钟学校"项目,成为项目的承接单位。作为承接单位应根据《购买"四点钟学校"社会工作专业化服务合同》要求,管理培训社会工作者,提供具体服务。

（一）组织规划的依据

制定项目团队的组织规划要从项目的具体情况出发,综合考虑以下因素:

1.项目同其他组织的联系。项目总是处于一定环境之中,项目团队必然会同所处环境发生各种联系。这些联系包括组织联系、技术联系和个人间的联系。组织联系指项目组与利益相关方之间的信息沟通和请示汇报关系;技术联系指项目各阶段不同技术专业之间的联系和项目各阶段之间的技术衔接;个人之间的联系包括正式的职责关系和非正式的私人关系[56]。

2.对项目管理人员的要求。这些要求包括性别、年龄、品德、性格、经历、学历、专业技术水平、工作能力、责任心、何时需要、需用多长时间等等。

3.项目任务特点和相关政策法规的影响。项目对象直接决定项目采用何种组织结构最为有效,上级组织的组织结构和规章制度、劳动人事方面的法律法规也决定了其组织结构的设置[57]。"四点钟学校"项目需要以《晋江市儿童发展纲要（2011—2020年）》等政策文件为依据开展服务。

（二）组织规划的内容

组织规划首先是要确定项目的组织架构,即通过对项目目标和任务的分解,将项目各相关方之间的关系和职责用图的形式表现出来,以简明清晰地说明项目管理的内外部关系。图5.1展示了"四点钟学校"项目组织结构关系。

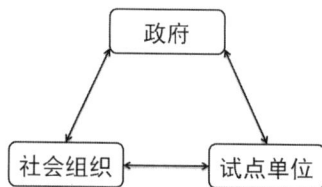

图 5.1　晋江市"四点钟学校项目"组织结构关系

在图5.1中,晋江市妇女联合会牵头负责领导、工作部署和项目督查等工作;晋江市致和社工事务所要负责日常业务指导、组织开展"四点钟学校"试点服务,负责项目专职社会工作者的培训考核、工资福利保障等;"四点钟学校"项目的专职社会工作者具体提供服务。由晋江市妇女联合会和致和社工事务所共同对项目专职社会工作者进行考核和管理;晋江市妇女联合会、晋江市致和社工事务所"四点钟学校"试点单位相关负责人、社会工作专家学者等组成督导团队,为专职社会工作者提供业务指导和专业支持;试点单位(学校、社区、企业)既是生产者,也是消费者。

项目组织规划与设计工作中的另一项任务是项目组织中的职务与岗位分析。职务与岗位分析的主要工作是分析项目需要完成什么样的任务,在什么时间完成这些任务,需要什么样的职务或岗位,这些职务或岗位需要什么样的人等内容,经过分析形成项目组织各职务或岗位的工作说明与描述,和对项目组织各职务或岗位任职人员的要求与说明。常用的项目职务与岗位分析的调查研究方法有问卷调查法、查阅文献资料法、面谈法、现场观察法、关键事件法等[58]。

在"四点钟学校"项目中,专职社会工作者负责项目的具体实施,开展各项专业服务活动。作为一项儿童社会服务项目,项目要求团队成员除了具有社会工作专业知识外,还要掌握一定的教育学、心理学知识,同时具备一定的人文素质。其中要求项目管理人员必须是社会工作本专业毕业并具有相关工作经验,或持有国家社会工作师证书且具有相关工作经验。

二、项目团队组建

(一)高绩效项目团队

项目团队成员如果能够发挥各自的积极性,彼此相互支持并相互促进,那带来的直接结果是项目目标的高质量完成,反映出的是高效率。如果团队能够达到这样的状态,那么这个团队就可以成为高绩效团队。高绩效团队应当具备:

1.共同目标的追求

团队成员的高效率从另一个角度看是共同达成一致的目标。每个团队成员要相信共同确定的这个目标是具有重大意义和影响力的,同时坚信通过彼此的共同努力一定能实现。

2.较强的专业能力

团队目标的实现依赖于专业技术,没有专业技术的支撑很难实现目标。具有较强的专业能力再辅之以良好合作的个性品质,进而可以出色地完成目标与任务。

3.承诺

团队成员之间依靠对共同制度的遵守,对目标的无比坚信,以及彼此间的一种信任关系。在团队初期搭建的过程中,这种信任关系是天然的。如果不能信任彼此,那不可能让其进入这个团队。但是又必须看到,随着目标达成过程的启动,变化在所难免,成员间的关系也会出现一些起伏。要想克服这些起伏,依靠的就是团队初期成员彼此所做出的承诺。

4.解决冲突

团队的过程会出现冲突。高效团队之所以高效,在一定程度上是以为其团队内部存在冲突的化解机制。从社会学冲突理论上看,可以通过冲突呈现团队问题,当这一问题解决时,矛盾就会随之化解。所以高效的团队中一定要有化解冲突的机制。

通过化解冲突,让团队成员更加了解彼此,紧密地结合在一起。

5.出色的团队管理者

出色的团队管理者要能够敏锐地观察到团队的发展变化,能够了解每一名团队成员的优点和缺点。在这个过程中,团队管理者可以及时调整团队的步伐,及时化解团队矛盾,及时干预团队目标的达成。但根本目的是保证团队目标的高质量完成。出色的团队管理者要拥有公平正义的价值观,要有较强的协调能力和管理能力,是一个多面手。如果团队管理者本身先天不足,素质存在差距,那么这个团队就无法促成目标的达成,更谈不上高效[59]。

对于项目团队有效性的诊断,当前存在着各种方法,包括主管报告的调查问卷、团队过程观察评价技术,吉多和克莱门斯开发了包括目标、角色与职责、合作以及信任等指标的项目团队有效性检查表,建议项目团队成员在项目过程中定期以此评估方法汇总所有成员的分数予以评价,并对得分较低的内容进行集体讨论以做出改进[60]。

(二)团队组建的过程

团队组建的过程包括确定项目各岗位职责、确定选拔条件、挑选人选。

1.确定岗位职责

项目岗位职责应在项目任务分解的基础上,明确每一位项目成员承担的职责和负责的任务活动,而不是宽泛笼统地用"具备开展个案、小组活动的专业能力"进行描述,确保每一位项目成员都能明晰自己的职责所在,真正做到人尽其才。"四点钟学校"项目的项目团队一般由一名项目主管、一名项目副主管、一名定期督导的专业督导员及全职社会工作者成员组成,项目主管承担项目总体规划、工作部署、质量把控等工作,专业督导负责为全职社会工作者提供专业支持和心理支持,全职社会工作者成员提供具体的专业服务活动。

2.确定选拔条件:基于 ASK 和胜任力

以往的人员选拔条件更多考虑 ASK,即态度、技巧和知识。态度(attitude)包含了个人品德、职业操守、工作责任、学习态度、与人相处方式、为服务对象改善生活现状的理念等;技巧(skills)即具备工作所需的技能和解决问题的能力,如与服务对象建立关系的能力、活动策划能力等;知识(knowledge)即具备项目实施所需的理论与知识,如服务群体的基本知识、相关理论等。ASK 可用于识别应聘者是否适合某岗位。在这三者之间,态度是最重要的,一个态度良好、有意愿提升自己的应聘者,其知识和技巧定会逐步提升;相反,一个态度不良且不愿意付出的应聘者,很可能会影响到项目的成效。然而,ASK 作为人员选拔的标准有其不足之处,有些应聘者可能具备岗位所需的态度、技巧和知识,但工作时才发现并不能胜任岗位[61]。因而,在目前的人力资源管理中,胜任力成为关注点。

组织在人员选聘和甄选的过程中,传统的智力测验、学校的学术测验及等级分数等手段,不能预测其从事复杂工作和高层次职位工作的绩效,同时对某些特定人群还存在不公平性。著名的组织行为研究学家 David McClelland 因此提出了胜任力（competency）这一概念。所谓胜任力是指在特定工作岗位、组织环境和文化氛围中有优异成绩者所具备的任何可以客观衡量的个人特质，这些个人特质包括以下几个方面：

（1）知识，是指对某一岗位有用信息的组织和利用；

（2）技能，是指将事情做好的能力；

（3）社会角色，是指一个人在他人面前想表现出的形象；

（4）自我概念，是指对自己身份的认识或知觉；

（5）人格特质，是指一个人的身体特征及典型的行为方式；

（6）动机/需要，是指决定一个人外显行为的自然而稳定的思想。

上述胜任特征常用水中漂浮的一座冰山来描述（图 5.2）。知识、技能属于表层的胜任特征，漂浮在水上，很容易被发现；社会角色、自我概念、人格特质和动机/需要，属于深层的胜任特征，隐藏在水下，且越往水下，越难发现。而深层特征是决定人们的行为及表现的关键因素[62]。

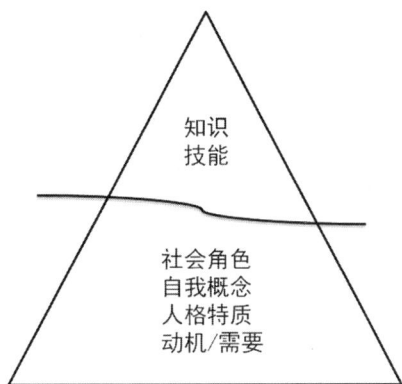

图 5.2 胜任力分层示意图

在以上五个类别的胜任力中，知识、技能最易培养，其次为自我概念，而个人特质和动机最难培养。一个高学历（知识）、熟练掌握专业技能、乐于团队合作（自我概念）和情绪稳定（个人特质）的应聘者，尽管具备了其他胜任能力，但如果其工作动机不明确，等到了实际工作场合中，很可能就无法把这些能力发挥出来[63]。

晋江市"四点钟学校"项目社会工作者招聘设定以下条件：热爱祖国，拥护党的领导，具有良好的政治和道德修养；热爱妇女儿童事务工作，服从安排，有奉献精神，具有一定的组织协调能力；具有全日制普通高校大专及以上学历；社会工作、社会学、心理学、教育学、社区服务与管理等相关专业毕业；持有国家社会工作师职业资格证书者优先考虑；有妇女儿童事务工作相关服务经验者优先考虑；闽南地区人士或懂闽南语者优先考虑。

从以上可以看出,项目不仅需要应聘者具备项目所需的专业知识和技能,即拥有社会工作、社会学、心理学等项目专业的学历,优先考虑具有国家社会工作师职业资格证,有妇女儿童事务工作相关服务经验的应聘者,而且,项目尤其重视应聘者的政治和道德修养,对项目理念和价值的认同度以及是否愿意进行团队合作。这就从应聘者的自我概念和动机层面对应聘者提出了要求。

3.挑选项目人选

根据已确定的选拔标准,比较常见的选拔人员的方式主要是以下三种[64]:

(1)面试。它常用来深入了解应聘者的信息,加深对其的认识,以对应聘者合格与否做出判断。面试考官可以借助评估表对应聘者的表现进行全面的评价。需要注意的是,由于面试评估表中所记录的内容涉及应聘者的隐私,在面试之后必须进行回收管理,做好相应的保密工作。

(2)笔试。即通过运用系统的、统一的标准及科学的、规范化的工具,对不同人员的各种素质加以公正而客观的评价。它是一个重要的辅助甄选工具,有助于对应聘者的实际技能、个性特征等其他手段难以检测的个人素质进行深入了解。最常用的检验包括知识测验、个性测验和兴趣测验等。

(3)实际工作情境模拟与测试。即通过向应聘者展示有关实际工作中通常遇到的工作情况,要求应聘者进行设身处地的思考与回应,从而判断其实际工作能力。常用的情境测试方法是无领袖的小组讨论,即将应聘者分为若干个无领袖的小组,各提供一个工作情境并据此提出一个问题,让小组进行讨论并在最后公布讨论的结果,考官则在小组讨论过程中观察应聘者的问题解决能力、人际关系技巧和领导才能。

三、团队建设和管理

(一)团队成员培训与能力提升

培训是为了增强团队成员的知识和技能以更好地完成项目中的各项任务活动。培训的流程一般包括评定培训需求、制定培训目标、拟定培训方案和评估培训效能。在"四点钟学校"项目中,每一位项目专职社会工作者都必须接受上岗培训,培训内容既包括业务技能、专业知识方面的培训,也包括团队凝聚力建设以及项目相关软件使用的培训。

(二)绩效管理

绩效考核是由项目管理者和项目工作人员共同参与,对项目目标或绩效标准达成共识及协议,采用专业方法,评定测量员工在岗位上的工作能力和效果,以决定培训需求、改进工作,形成客观公正的人事决策的过程。晋江市致和社工事务所依据《晋江市"儿童之家四点钟学校"项目社会工作者工作绩效考核制度及奖励方案标准》,与晋江市妇女联合会共同对专职社会工作者进行考核。考核内容包括工作服务目标、专业技巧理论、团队协作精神、自身定位建设等四个方面。

晋江市"四点钟学校"项目专职社会工作者的绩效考核[65]:

第一,考核方式。分为不定期考核和定期考核。不定期考核是由晋江市妇女联合会和晋江市致和社工事务所不定期派出人员通过电话访问、问卷调查、抽查社会工作者工作记录档案、走访服务对象和用人单位等方式对社会工作者实际工作进行核查及服务质量满意度调查;定期考核主要由致和社工事务所负责。通过定期对"四点钟学校"项目进行服务数据统计,以对社会工作者工作进行考核。根据制度要求,每月由项目各社会工作者将当月业绩情况统计上报给"四点钟学校"项目负责人,"四点钟学校"项目负责人汇总后上报机构,机构对各试点单位服务数据统计进行汇总并建档备案。晋江市致和社工事务所根据统计数据,机构服务部每月对社会工作者进行月度考核,针对存在问题向项目督导、项目负责人以及社会工作者本人提出改进意见,考核结果由业务部门备案并存入社会工作者本人档案。

第二,考核内容。包括服务指标的落实、服务过程和服务质量的评估、服务满意度调查、实务创新及专业探索等。服务指标考核。主要依据晋江市妇女联合会和致和社工事务所下达的指标数,对社会工作者的工作完成情况和进度进行检查,并对发现的问题及时修正,以保证服务指标在合同期满时的最终落实;服务过程的评估和服务质量评估。督导定期对每个社会工作者的工作过程,包括工作方法和工作记录,进行检查、指导、控制,用专业的手法和技巧指导做好个案工作、小组工作等,及时完成数据更新,安排评估组对相应的社会工作者进行专业评价,其评价结果将作为机构对社会工作者的考核依据;服务满意度调查。内容包括服务对象、试点单位、各个镇、街道等相关人员以及通过编制《利益相关方回访表》,收集对社会工作者所提供服务的评价及满意度、认可度,以对社会工作者进行综合评价;实务创新和专业探索评估。主要是对社会工作者在实务操作中积累的经验总结,以及专业方面的探索等进行评估,既了解社会工作者的创新能力,也鼓励社会工作者实践、发展和形成自身的专业优势,推进项目创新和机构发展专业优势等。

第三,考核结果评定。考核结果依据服务指标完成情况,分为优秀、良好、及格和不及格四个等级(表5.1)。考核内容中的"实务创新及专业探索"作为社会工作者考核加分项,以鼓励社会工作者进行开创性探索。对社会工作者服务满意度的综合评价纳入评优、晋级、续聘等环节。考核结果作为社会工作者奖励办法实施的重要依据,对勤勉认真负责、工作富有成效的社会工作者,通过每季度或月评分考核的方式予以奖励,以提高社会工作者待遇。同时,及时修正问题,以保证按时按质按量完成承接任务。

表 5.1 晋江市"四点钟学校"项目社会工作者考核内容评估表

一级考核内容	二级考核内容	优秀	良好	及格	不及格
服务指标	(1)按时完成服务指标。				
	(2)及时、规范进行档案的收集、整理、存档。				
	(3)定期向晋江市妇女联合会、机构、试点单位汇报服务数据。				
服务过程评估	(1)主动了解并自觉遵守机构、试点单位的各项规章制度,无迟到和早退现象。				
	(2)配合上级领导、试点单位的安排,合理安排时间,按时完成工作。				
	(3)工作热情勤奋,具有高度的工作责任感,并能够在较短时间内熟悉工作内容,步入工作轨道。				
	(4)能够主动、积极地与试点单位、镇、街道、村、社区保持良好互动。				
服务过程评估	(5)尊重服务对象权利,保护服务对象利益,接纳服务对象。				
	(6)积极参与"四点钟学校"项目的各项工作、活动,乐于学习新知识,参加各类提升培训。				
	(7)适应性强,能够在短时间内很好地理解并认同项目的目标。				
	(8)能对项目工作进行合理正向的宣传,体现项目成效,扩大项目正向影响。				
	(9)具有较强的团队意识,团队责任感。				

续表

一级考核内容	二级考核内容	优秀	良好	及格	不及格
服务质量评估	(1)督导定期对每个社会工作者及项目组的工作过程,包括工作方法和工作记录进行检查、指导、控制,用专业的手法和技巧辅导服务对象数据更新、个案工作、小组工作等。 (2)安排专家对相应的个人和小组进行专业评价。 (3)其评价结果作为机构对社会工作者和小组的考核依据。				
服务满意度调查	(1)定期收集服务对象、试点单位、各个镇、街道等相关人员的评介。 (2)通过编制调查表收集对社会工作者所提供服务的评价及满意度、认可度。				
实务创新及专业探索	(1)社会工作者在实务操作经验总结、专业方面的探索所形成的专业优势、实践创新等。 (2)机构的专业优势及创新发展。				

【链接 5.1】

晋江市致和社工事务所一线社会工作者工作考核办法

一、考核目的

为了确保晋江市致和社会工作事务所(下称"机构")一线社会工作者的服务目标与机构整体目标保持一致,发现和完善工作中存在的不足,提升服务能力,更好地履行各项岗位职责,特制定本办法。

二、考核主体与考核对象

(一)考核主体:直接上级、考评小组

考评小组成员:夏廷生(组长)、潘春珠、庄曼咏、林银花

(二)考核对象:在机构正式上岗的项目一线社会工作者(其他工作人员的考核办法另行规定)。

三、考核流程

社会工作者自评→直接上级评分→考评小组评分→考评小组计算总分并提供审

核意见→服务部发布考核结果及排名。

四、考核办法

(一)考核时间

服务部每月组织对一线社会工作者的考核,考核对象须在每个月的3日之前将上月已经自评完成的考核表以纸质版形式交到直接上级处,各项目5日前汇总到服务部,最终由考评小组评分、核算总分及排名并予以发布。

(二)考核依据

自评及直接上级的评分,依据考核指标、佐证材料以及实际工作情况进行客观打分,考评小组由组长夏廷生带队,每月随机走访试点单位,进行相关材料抽查,最后得出考评小组的综合评分。

(三)考核处理

1.考核等级:(1)合格(70分);(2)不合格(<70分)。

2.考核表格:各项目考核评估表根据项目实际情况设置,并由项目分管负责人确定后方可正式执行。表格可参考附件1:晋江市致和社会工作事务所一线社会工作者工作考核评估表。

3.考核处理:

(1)考核合格的一线社会工作者发放全额绩效工资;

(2)考核不合格的一线社会工作者,根据各项目的绩效工资进行惩罚处理;

(3)考核分数从高到低进行排名,对前十名的一线社会工作者进行积分制,第一名得10分,第二名得9分……以此类推。并每月在机构理事会、微信公众号等平台进行公开表扬。年底累积分数在前十名的一线社会工作者可直通机构年终评先评优,并优先享受外出交流培训、岗位晋升等福利制度。

(4)全年累计三次考核不合格的一线社会工作者,应当给予辞退。

五、其他

(一)各考核主体在考核中应坚持客观、公正、透明的原则。

(二)本办法从2018年9月1日起试行。

(三)本办法解释权归晋江市致和社会工作事务所。

(三)激励机制

激励分为外在激励和内在激励。外在激励是指对符合期望行为或工作表现标准的团队成员给予的物质奖励,是最基本的奖励措施;内在激励是非物质的激励,即通过改善员工工作情绪,激发员工的工作热情,满足员工被尊重、认可的心理需要。

在"四点钟学校"项目中,专职社会工作者除了享有基本的薪酬待遇,社会保障及福利,还通过改善工作条件和环境,加强组织与员工的沟通,公平公正对待员工,增进员工对组织的认同;综合员工的个人特长、个人兴趣及组织需要,合理安排社会工作者岗位,以满足社会工作者实现个人价值的需要。

【链接 5.2】

晋江市"儿童之家四点钟学校"社会工作者工作守则

第一条：社会工作者应以服务对象的需要为中心，基于专业理念、价值伦理，开展专业社会服务活动。

第二条：社会工作者应平等对待每一位服务对象，接纳、关怀和尊重服务对象，重视每一位服务对象的价值与尊严。

第三条：社会工作者应培育并尊重服务对象的自决权，保护服务对象的隐私，保守在专业过程中获得的当事人秘密。

第四条：社会工作者应熟练掌握社会工作业务相关的法律、法规、政策和行业管理规定，运用较丰富的社会工作专业经验进行工作，维护服务对象的合法权益。

第五条：社会工作者应致力于专业能力和专业自我的成长，精通专业知识，为服务对象提供适当的专业服务。

第六条：社会工作者应诚实面对自身的专业局限，善于总结，积极反思，不断更新专业知识，提高业务能力。

第七条：社会工作者应尊重、信任同事，与同事相互支持，共同成长。

第八条：社会工作者应维持专业正直，促进社区服务，发展专业知识，增进服务对象个人的成长和社会的福利。

【链接 5.3】

晋江市"儿童之家四点钟学校"志愿者管理办法

第一章 总 则

第一条：晋江市"四点钟学校"志愿者服务总队是在晋江市妇女联合会的监督下，由晋江市致和社会工作事务所的社会工作者直接管理和运用，是由热衷从事社会志愿服务的社会人士组成的服务性团体。

第二条：本志愿服务队伍奉行奉献、友爱、互助、进步的准则。遵守宪法、法律、法规和国家政策，遵守社会道德风尚，自觉维护志愿者的形象和声誉。

第二章 任务

第三条：积极开展、参与公益性活动，促进"四点钟学校"成员的健康成长，营造一个健康的社会生活环境。

第三章 团队架构

第四条：晋江市"四点钟学校"志愿者服务总队中包括小小志愿者服务队、青年志愿者服务队、巾帼志愿者服务队以及老年人志愿者服务队等小队。

第五条:根据实际志愿服务情况,各个小队由各个志愿者队内的队长及其干事分别负责。

第六条:志愿者服务总队的职责。

1.领导、管理各项志愿者活动。

2.负责处理审批入队及退队的志愿者申请。

3.志愿者的相关注册工作。

(三)有关志愿者章程的制定及修改工作。

(四)建立详细的志愿者档案。包括志愿者名单、志愿者活动日志、志愿活动资料的保存等。

6.维护负责人、志愿者在志愿服务过程中的合法权益。

7.及时收集有关志愿活动的信息,对志愿活动做阶段性的总结。

8.组织志愿者进行服务前期培训。

9.总体把握志愿者活动的方向及活动总规划。

10.在公平公正的原则下,对工作积极、考核优秀的志愿者给予相应奖励。

第四章　志愿者服务队队员的权利与义务

第七条:队员的权利。

1.参与志愿者活动,接受志愿服务前的培训的权利。

2.志愿加入及申请退出志愿者服务队的权利。

3.向管理人员提出建议和意见,请求协调在志愿服务中遇到的问题的权利。

4.提出维护志愿者合法权益的权利。

5.参与"优秀志愿者"评选的权利。

6.其他与志愿者相关的权利。

第八条:队员的义务。

1.自觉遵守国家法律法规、志愿者管理章程及活动中的相关规定。

2.准时参加报名的志愿者活动,不迟到、不早退,有事必须事先向活动负责人说明。

3.积极配合相关负责人协调解决工作与志愿服务中遇到的困难。

4.自愿接受相关负责人的合理调派、管理。

5.尊重服务对象,自觉做好服务中的保密工作,维护服务对象的合法权益。

第五章　附　则

第九条:优秀志愿者评选办法。

1.优秀志愿者的评选以年度为评选单位。

2.在季度志愿服务活动中获得 5 次及以上优秀的志愿者可以参加评选。

3.优秀志愿者可以获得志愿服务总队的相应奖励。

本管理办法的解释权归晋江市致和社工事务所所有。

第二节　项目的质量管理

保证项目质量是项目管理的主要目标之一。项目目标的设置是否与服务对象的需求相匹配,是否符合项目相关方的要求,项目实施过程中是否采取了切实有效的专业方法,如何促进项目成果的转化等,这些问题都涉及项目的质量管理。本节将介绍全面质量管理的理念,以及项目各阶段进行质量管理的内容。

一、全面质量管理

全面质量管理思维最早由美国通用电气公司质量经理阿曼德菲根鲍姆提出,他认为"全面质量管理是为了能够在最经济的水平上并考虑到充分满足用户要求的条件下进行市场研究、设计、生产和服务,把各部门的研制质量、维持质量和提高质量活动构成一体的有效体系"[66]。

具体而言,全面质量管理蕴含着以下含义:第一,它把质量管理覆盖到企业经营管理的每一阶段每一环节,把质量管理权赋予企业的每个部门每个员工,实现全面质量管理的全过程化及全员化,这种全覆盖式的质量管理更系统更严密,因此更容易发现问题改进问题;第二,它提出了动态质量管理思想,追求持续的改进,对产品质量有永无止境的追求;第三,它出现了管理态度的转变,全面质量管理通过正面激励来诱发持续的质量创新行为,从而推动质量的持续改进,在正面激励性员工对待质量的态度是主动的,而在主动参与的行为下,这种持续的质量改进可以达到一个惊人的高度[67]。由此可见,全面质量管理是在全员参与基础上的全过程、全方位的质量管理形式。

二、项目各阶段的质量管理

(一)项目策划阶段的质量管理

在项目策划阶段,对应完成项目质量计划的编制,这是项目质量管理的重要环节。项目质量计划主要是制订针对服务内容和过程的有关通用体系程序文件和作业指导书。质量计划应该是项目文档中的一部分,需要对质量实践、资源、活动等有明确的规定。组织或项目团队的质量系统需要根据项目特点进行一定的修正才能适用于具体项目。

质量计划内容一般包括以下四个方面的内容[68]:

1.定义质量问题。此部分包含在项目规划中,在确定项目使命和任务的前提下,分析和确定项目质量要求,包括服务对象要求、合同要求、标准要求、法规要求、社会要求、环境要求等。

2.理解和定义过程。根据青少年社会服务项目特点,确定项目管理过程中的关键环节和过程,明确这些关键过程的评价标准。项目团队需要将整个过程以及关键过程编写成相关程序文件和作业指导文档。比如,在"四点钟学校"项目中,由于项目涉及的试点单位范围广,服务人数多,如何能避免信息不对称导致的项目实施过程中出现的各种问题,实现上情下达,下情上达,并及时准确地应对各种突发情况,信息传达的畅通至关重要,因而,项目在信息报送这一关键环节必须制定了详细的制度,以保证项目信息报送工作的规范化、制度化和科学化。

【链接 5.4】

晋江市"儿童之家四点钟学校"信息报送制度

第一章　总则

第一条　为进一步加强信息报送工作,推动信息报送工作步入制度化、规范化、科学化轨道,充分发挥信息工作在上情下达、下情上达、正确决策、科学管理、宣传服务中的重要作用,保证"四点钟学校"项目有序、健康开展,结合本事务所实际情况,特制定本工作制度。

第二章　组织机构及其职责

第二条　该项目信息工作由项目负责人直接负责,项目信息管理员负责管理。主任、副主任、项目督导综合协调指导。

第三条　该项目信息工作的主要职责。

(一)按照上级要求,研究和制定信息工作的规章制度和工作计划,并组织实施。

(二)做好信息的采集、筛选、加工、传送、上报、反馈和存档等各项日常工作。

(三)结合本事务所工作,组织开展信息调研,提供有情况、有分析、有建议的专题综合信息。

(四)负责该项目各种信息的报送工作。

(五)及时、准确、全面向上级报送重要信息,同时将上级要求的信息报送给各"四点钟学校"社会工作者。

第四条　各"四点钟学校"社会工作者要承担各自负责试点的信息收集、整理、报送等工作。

第五条　各"四点钟学校"社会工作者工作职责。

(一)根据该项目信息工作要求,结合"四点钟学校"实际工作,完成信息的收集、编写、报送工作。

(二)负责在第一时间迅速收集上报"四点钟学校"重大突发性事件、重要动态、重要紧急情况,并随后续报送事态进展、处置措施、起因后果和吸取教训的情况。

第三章　信息采集范围

第六条　各"四点钟学校"社会工作者收集和报送信息的主要内容。

(一)每周工作记录、每月工作计划及每月工作总结;

(二)开展各种活动的方案、照片、消息稿等;

(三)重点工作的进展情况,以及工作推进过程中出现的问题;

(四)对机构重要工作部署及有关会议精神的落实情况;

(五)各级领导来"四点钟学校"指导、检查工作或参观、访问情况;

(六)其他需报知机构的重要信息。

第四章　信息报送程序及要求

第七条　"四点钟学校"社会工作者应按以下程序进行信息报送。

(一)将信息材料进行收集、整理,定期、不定期及时报送给项目负责人;

(二)每周六定期报送本周工作记录,每月最后一周的周六定期报送本月工作总结和下月工作计划;

(三)对于"四点钟学校"突发事件或其他重大紧迫事项,负责社会工作者应首先及时告知项目负责人,并在口头通报后及时补送相关文字材料;

(四)该项目信息统一归由项目负责人向机构和其他政府部门报送,未经批准,各"四点钟学校"社会工作者不得向外报送信息;

第八条　信息报送的基本要求。

(一)上报信息必须实事求是、准确无误,动态类信息要言简意赅、讲求时效,参考类、调研性信息应力求创新、分析透彻、具有借鉴意义;

(二)重大突发性事件的报送必须注意时效性,重大事故、突发事件在发生后立即电话通报,并快速整理成文字信息报送项目信息管理员和项目负责人,新闻性信息应尽可能缩短报送时间;

(三)上报信息的记录格式有统一模板的,要采用模板格式(参考《晋江市"四点钟学校"专业社会工作服务试点项目统一资料条目》),文件备注要清楚完整(如××四点钟学校××),一般采用电子邮件的方式报送;经项目负责人核定不宜公开的信息,应以纸质文稿加附 U 盘的形式报送;凡属涉密信息,做好保密工作;

(四)各"四点钟学校"报送信息材料作为试点单位资料存档保管。

第五章　通报和考核制度

第九条　项目负责人定期对各"四点钟学校"社会工作者报送信息的情况进行统计,并在机构范围内通报。

第十条　各"四点钟学校"社会工作者报送信息的数量、质量和信息工作总体情况,纳入机构年内工作考核。

第六章　附　则

第十一条　本办法由晋江市致和社会工作事务所负责解释,并根据施行情况适时修订。

第十二条　本办法自公布之日起施行。

3.根据项目目标、实施要求、可支配资源状况,制订资源配置计划、质量进度安排计划等。

4.根据项目资助方和政府机构的要求以及受助对象特点,制定项目范围、检验标准以及最后的服务或成果。

（二）项目实施阶段的质量管理

项目实施过程实际上是实施质量计划的过程,计划无论多完美,如不能落到实处则只能是一纸空文。因而,项目过程中的质量控制至关重要。

质量控制是根据过程工作结果（包括实施结果和服务结果）,对照质量管理计划和操作规范,将项目质量的发展控制在计划之中。过程质量控制主要是监督过程的实施结果,将实施结果与事先制定的过程质量标准进行比较,找出其存在的差距,并分析造成这一差距的原因,采取纠正预防措施。

在项目实施过程中,通常采用实时控制和系统控制两种模式。实时控制就是用恰当的工作方法,使工作过程得到适时监督,确保偏差在最短时间内消除。而系统控制则是建立质量体系,用系统工程的方法进行质量控制[69]。

在晋江市"四点钟学校"项目中,建立健全了政府购买服务的审计监督和统计公告制度,对承接"四点钟学校"项目的社会工作者组织和试点单位的资金使用和服务效果进行跟踪、检查、监督;建立社会、消费者、专业机构参与的多元监督评估机制;向社会公布社会福利服务预算、政府购买服务的价格、数量、与服务相关的各项质量指标;及时组织对已完成的社会服务项目进行结项验收。

同时,晋江市致和社工事务所还聘请了专业督导或培育本机构督导人才,对派驻试点单位的社会工作者进行定期（至少一个月一次）专业督导和管理。定期对每个社会工作者的工作过程,包括工作方法和工作记录,进行检查、指导、控制,用专业的手法和技巧指导做好个案工作、小组工作等,及时完成数据更新,安排评估组对相应的社会工作者进行专业评价,以保证服务质量。

（三）项目推广阶段的质量管理

项目推广阶段是从项目结项到项目成果和模式被推广应用的过程,为了提高项目推广工作的质量,必须设法促使项目成果的转化。具体来说:

1.加大成果宣传力度。一方面,项目应借助政府社会提供的宣传平台,积极宣传项目成果和模式;另一方面,要主动邀请媒体参与项目活动过程,扩大项目影响力。

晋江市"四点钟学校"项目为积极有效宣传项目成果和模式,扩大项目影响力,制定了晋江市"儿童之家四点钟学校"媒体接待办法,以健全项目新闻宣传工作机制,从而保证了项目推广的质量。

【链接5.5】

晋江市"儿童之家四点钟学校"
媒体接待办法

为进一步规范对新闻单位采访接待的管理,建立健全新闻宣传工作机制,结合晋江市致和社会工作事务所及试点单位实际,特制定本办法。

第一条 高度重视新闻媒体的采访接待工作,充分尊重记者的合法采访权利,积极主动地提供服务,切实做到热情、礼貌、周到。

第二条 机构对新闻采访接待工作实行统一管理。新闻单位对"四点钟学校"的采访由机构和试点单位负责人统一安排,各职能部门和各试点社会工作者要积极配合与协助。

第三条 新闻媒体工作人员来采访,应持记者证或单位介绍信到晋江市致和社会工作事务所找相关负责人申请采访许可,并说明采访目的和内容,做好新闻采访的登记备案手续,做好接待采访相关事宜。

第四条 各"四点钟学校"遇有新闻媒体的主动采访,负责社会工作者应及时将采访媒体、采访意图等情况报告机构,并做好接待工作。

第五条 社会工作者个人邀请新闻媒体到"四点钟学校"进行采访,应事先报告机构负责人,并向机构申请批准;申请者要明确告知采访意图,邀请的媒体及嘉宾等内容,由机构在综合评估的基础上做出相应决定。

第六条 接受采访的有关人员应明确要求记者在发稿前必须将稿件返回给本人并送机构审阅。

第七条 如遇突发性危急事件,记者已到达事发现场,现场负责社会工作者要礼貌接待,并确认身份、采访的目的和内容,及时与机构联系。机构负责核实情况,及时掌握事件真相,把握信息发布主动权。

(本办法由晋江市致和社工事务所负责解释;本办法自通过之日起执行。)

2.建立宣传信息网络。畅通的信息交流渠道是项目成果转化工作高效进行的必要条件,为了更好地利用互联网促进成果转化,项目应建立健全自身信息网络,及时更新内容,确保信息的有效性。

晋江市"四点钟学校项目"建立了项目信息资源库,并对资源库信息管理、账号管理、保密工作做出了规定,保障了资源库信息的规范性、及时性和准确性,促进了项目成果的转化。

【链接5.6】

晋江市"儿童之家四点钟学校"
资源库管理制度

1.上传的内容应符合法律法规、积极正面。

2.账号由项目主管统一申请、管理,每月进行更新、备份,如岗位变动,应移交给下一位管理人员。

3.方案统一由项目主管审核后上传,社会工作者不得任意修改、删除或传播资源库里的数据。

4.严格执行安全保密制度,未经批准社会工作者不得将资源库的内容泄露给非"四点钟学校"项目的人员,社会工作者离职后不得把资源库的内容用于其他用途,否则追究相应的责任。

5.知识产权归晋江市致和社工事务所所有。

第三节　项目的财务管理[70]*

项目经费使用是否规范,是否具有成效是影响项目目标能否实现的关键因素。因而,做好项目财务管理至关重要。项目财务管理包含项目预算管理、项目实施管理和财务会计核算。在项目策划阶段,要合理编制项目预算,保证资金使用的规范有效;在项目实施阶段,要健全资金管理制度,建立资金使用审批制度,确保资金使用合理合规;项目会计核算应依据《民间非营利组织会计制度》,做好收入核算、支出核算和固定资产核算。

一、项目预算管理

（一）项目预算的编制

立项单位应当在做好调查研究、科学设计的基础上,合理编制项目资金来源和使用预算以保证资金使用的规范和有效,在确定投入的配套资金金额时应量力而行。

编制预算时,立项单位应在"项目简介"和"项目预算"中列明项目主要内容、实施区域、服务类型、受益群体、受益人数和次数、费用种类和标准,编制项目资金使用预算,并按"社会服务支出""固定资产购置支出"和"项目执行费用"分类别进行明细列报。具体编制要求如下:

＊　本节内容引自《中央财政支持社会组织参与社会服务项目2018年财务管理指引》。

1.社会服务支出

社会服务支出是指直接用于受益对象和开展社会服务活动的支出,包括开展服务支出和发放款物支出。

开展服务支出应按提供服务种类、受益对象种类或预计发生的费用类型填列,发放款物支出按发放款物的种类填列,并列明单位、数量和费用标准。立项单位应减少开展服务活动的项数或种类,集中资金用于急需开展的服务活动,避免资金过于分散。项目不资助基建、研究、宣传、讲课、图书赠送、投资、户外活动、考察旅游、软件系统开发等活动,应控制"发放款物支出"在中央财政资金中列支的比例。

编制预算时,国家有规定标准的费用按相关规定执行;国家无相关规定的,费用标准应符合项目实际情况,并遵循经济节约的原则。编制预算时应遵循以下要求和标准:

(1)培训费

培训费是项目执行中对受助对象开展培训所必须发生的各项费用,包括住宿费、伙食费、培训场地费、师资费、培训资料费、交通费,以及其他费用。

编制培训费预算时,应列明培训对象的种类或培训名称、次(期)数、每次(期)的天数和人数,并按次(期)列明培训所需费用的金额。需单独列明师资费的标准、次(人、人次、天)数等。

培训费执行《中央和国家机关培训费管理办法》(财行〔2016〕540 号)的规定,且不得超出规定标准。具体如下:

①综合培训费用

除师资费以外,开展培训的其他费用总额(包括住宿费、伙食费、培训场地费、培训资料费、交通费,以及其他费用。)不得超过《中央和国家机关培训费管理办法》(财行〔2016〕540 号)规定的标准,对于不安排住宿的培训,应相应扣减住宿费用。

住宿费是指参训人员及工作人员培训期间发生的租住房间的费用;伙食费是指参训人员及工作人员培训期间发生的用餐费用;培训场地费是指用于培训的会议室或教室租金;培训资料费是指培训期间必要的资料及办公用品费;交通费是指用于培训所需的人员接送以及与培训有关的考察、调研等发生的交通支出;其他费用是指现场教学费、设备租赁费、文体活动费、医药费等与培训有关的其他支出。

交通费不包括执行单位人员及培训对象的城际间交通费,上述人员参加培训往返及异地教学发生的城市间交通费,按照有关规定回单位报销。

②师资费

有培训内容的项目,可以在预算中单独申报师资费。师资费是指聘请师资授课发生的费用,包括授课老师讲课费、住宿费、伙食费、城市间交通费等。

讲课费的支付不得超过《中央和国家机关培训费管理办法》规定的标准。项目中不得列支执行项目的社会组织或项目管理部门人员的讲课费。

（2）劳务费

劳务费是项目执行中发生的支付给在本组织无工资性收入的临时聘用人员的劳务性费用，包括专家咨询费、临时聘用人员劳务费和志愿者补贴等，不包括因对受益对象进行救助而发放给受益对象的救助款和补贴，不得向本组织工作人员及参与中央财政支持社会组织参与社会服务项目管理的民政部门的工作人员支付劳务费。

编制预算时，专家咨询费、临时聘用人员劳务费和志愿者补贴应在开展服务支出中单独申报，并列明劳务的种类、服务内容、工作次数及时间、标准等。具体标准如下：

①专家咨询费的标准：高级专业技术职称人员 500～800 元/（人·天）、其他专业技术一般人员 300～500 元/（人·天）；超过两天的，第三天及以后的费用标准，高级专业技术职称人员每人每天 300～400 元，其他专业技术人员每人每天 200～300 元。

②临时聘用人员劳务费标准不得超过项目立项单位所在地（或项目执行地）的上年社会平均日工资，一般不超过每天 200 元。

③志愿者补贴包括餐费、市内交通费等补贴，每天不超过 100 元，发放志愿者补贴的不得再以报销形式列支餐费和交通费等支出。

（3）专业社工服务人员

开展专业社会工作者服务活动的项目可列支本组织专门从事社会工作者服务人员的工资性支出，费用按工作次数及时间计算，每天的费用标准应不高于当地社会平均工资。外聘专业社会工作者的服务费参照临时聘用人员劳务费的相关规定执行。

专业社会工作者服务是指专业社会工作服务人员运用个案工作、小组工作、社区工作等方法为服务对象提供的专业服务。专业社会工作者服务人员是指具有社会工作职业水平证书（或大学相关专业教师，或社会工作相关专业毕业证书，或取得社会工作相关六个月以上专业培训并具有五年以上社会工作经验），并在本项目中专门从事专业社会工作者服务的人员。

编制预算时，立项单位应列明专业社会工作者服务的人数、工作次数及时间、费用标准，并将本组织社会工作者服务人员工资与外聘社会工作者服务人员的劳务费分别单独列示。

中央财政资金中列支的本组织专门从事社会工作者服务人员的工资性支出不得超过中央财政资金社会工作者服务活动资金预算总额的 30%。除开展专业社会工作者服务活动的项目外，其他项目不得在中央财政资金中列支本组织工作人员的工资性支出。

（4）交通费

开展服务支出中的交通费是指项目执行过程中必须发生的专家、志愿者和受益对象的差旅费和市内交通费，列支的交通费应与开展项目相关直接相关，并符合经济节约原则。

全国性组织的差旅费应参照《财政部关于印发〈中央和国家机关差旅费管理办

法〉的通知》(财行〔2013〕531号)、《关于调整中央和国家机关差旅住宿费标准等有关问题的通知》(财行〔2015〕497号)执行,地方组织可参照地方相关规定执行。

(5)发放款物支出

拟发放的款物应是开展项目所必需的,包括发放给受益对象的救助款、补贴和物资,不包括开展活动的资料费等。项目执行单位购买的、符合预算并且直接交付受益对象或捐赠给为受益对象开展服务的社会组织的、单项金额较大的资产,在明确产权归属并办理财产移交手续后,可作为发放款物支出。

编制预算时,立项单位应本着节约、适用、满足基本需求的原则,列明预计发放款物的具体种类、数量、标准和金额,并减少在中央财政资金中列支的金额和比例。

2.固定资产购置支出

固定资产购置支出包括购置的办公设备支出和开展社会服务活动必需的服务设施支出。

发展示范项目(A类项目)可以在中央财政资金中列报购置电脑、打印机、传真机、复印机等必要的办公设备和为受益对象开展服务所必需的服务设施支出,不得列支房屋购置及装修支出、车辆购置支出和无形资产开发购置支出等。其他类型的项目不得在中央财政资金中列支固定资产购置支出。

除人员培训示范项目外,其他项目可以在配套资金中列出开展服务所必需的、纳入执行单位统一核算和管理的、本年发生并达到使用状态且已办理验收手续的专用服务设施支出,但不允许用于购置电脑、打印机、照相机、扫描仪等办公设备和办公场所装修费用。

编制预算时,立项单位应本着节约、适用、满足基本功能的原则,并列明预计购置固定资产的具体种类、数量、标准和金额。

3.项目执行费用

项目执行费用包括执行项目所必需的交通、会议、印刷宣传等费用,在配套资金中允许列支开展项目所必需的其他费用。项目执行费用预算应按费用类型填报,具体要求如下:

(1)交通费

交通费是项目执行过程中必须发生的、与执行项目直接相关的立项单位项目执行人员的差旅费和市内交通费,不得列至与项目无关的交通费用。

编制预算应列明预计发生交通费的金额,差旅费应按照国家有关规定执行,市内交通费应符合经济节约原则。

(2)会议费

为开展项目的会议包括项目启动会、项目实施期间的会议和项目总结会等。会议费是执行项目必须发生的会议费用,包括会议住宿费、伙食费、会议室租金、交通费、文件印刷费、医药费等。会议费中不得列出相关的礼品、鲜花、茶歇等费用。

立项单位应严格控制会议的数量和规模,编制预算时应列明会议的用途、次数、规模、金额,会议费不得超过《中央和国家机关会议费管理办法》规定的标准。

（3）印刷、宣传费

印刷、宣传费是项目执行中必须发生的费用,编制预算应本着节约的原则,列明费用的种类、标准和金额。

（4）其他费用

除执行项目所必需的、与开展项目直接相关的上述费用外,配套资金中的其他费用可以列支项目评估费、审计费和执行项目的本组织人员的工资性支出等,但不得列支项目执行单位的房租、水电费、折旧等机构运行费用。

如果列支本组织人员工资,需在配套资金的其他费用预算下列明人员工资的数量、标准和金额。

（二）项目预算的调整

项目执行单位应按照申报的预算支出范围和标准使用项目资金,对预算支出内容不符合项目管理规定、方案不合理、使用范围发生变化或支出标准发生较大变化的项目可进行预算调整,未经批准,不得擅自调整资金使用范围。对于因项目内容、服务类型、受益人群等发生变化而导致项目不能按所申报的预算执行的,或实施区域、预算支出标准发生较大变化的项目,应向会计师事务所提出预算调整申请,事务所审核确定是否允许进行预算调整,事务所在审核中发现存在难以确定事项时,向民政部门确认。

二、项目财务实施管理

（一）健全内部管理制度

项目执行单位应加强对项目的管理,制定切实可行的实施方案,建立项目管理制度,明确项目执行的程序、进度、责任,对项目执行中的重大事项应履行集体决策程序并做好记录。

在项目资金使用方面,应健全项目资金使用管理制度,明确资金的来源、受益对象和社会服务活动的确定原则和程序、项目财务管理原则和会计核算、资金的使用与监督等,将项目资金和配套资金全部纳入项目单位统一核算和管理。

（二）规范项目执行

项目执行单位应加强自身项目执行能力的建设,规范项目的执行,不得将项目转包、分包给其他组织实施,更不得将项目委托给社会组织负责人、分支机构负责人、与员工有直接利益关系的组织或个人合作开展。

1.加强受益对象的选择

受益对象的选择应当遵循公开、公正、公平和诚实信用的原则,建立受益对象选择的制度,根据申报书确定的受益对象的种类,进一步明确受益对象的标准和选择程序。

项目执行单位应按规定的标准和程序确定受益对象,妥善保管受益对象选择及相关证明材料,必要时在一定范围内履行公示程序,以确保所选择的受益对象符合项目申报书的要求。

2.规范物资或服务的购买及使用

项目执行单位应建立有效的内部控制程序,购买物资或服务应履行必要的询价或比价程序以保证购买价格的公允,项目执行单位应保存询价(或比价)的过程资料,这些资料包括但不限于:服务(供应)商的基本资料、服务内容或物资的品质要求、报价资料、决策过程资料等。

购买服务或物资应签订合同,所签订的合同中必须明确约定双方的权利和义务,做到经济、合理、高效;加强款物发放的管理和监督,确保款物用于规定的受益对象或社会服务活动。

项目执行单位不得向与社会组织负责人、分支机构负责人、员工有直接利益关系的组织或个人购买服务或物资。

3.禁止将项目转包、分包给其他组织实施

项目执行单位应直接将受助款物拨付受益对象或购买服务和物资的单位,不得将项目转包、分包给其他组织实施,或将项目资金统一拨付中间人并由中间人转付。

转包是指申请项目的社会组织不履行预算约定的责任和义务,将项目的全部内容转给其他单位或个人,或者将项目分解以后分别转让给其他单位或个人实施的行为。转包即项目单位仅使用其资质申请了项目,实际项目的管理和执行是由其他单位或个人实施的。

分包是指申请项目的社会组织有资质和能力实施,但仍将项目的一部分内容转给其他单位或个人实施的行为。

界定分包、转包行为的关键是项目申报单位有无对项目实施监督管理,受益对象的选择是否由项目单位组织实施,项目申报书中是否明确合作单位,项目资金是否直接拨付受益对象或购买服务和物资的单位,是否将项目资金统一纳入项目单位等。

要正确区分分包转包行为与购买服务的区别,如:体检或医疗救治项目,项目执行单位委托具有相应资质的体检机构、医院为受益对象服务的行为,属于购买服务;而将款项拨付中间人(包括合作执行方),并通过中间人(无相应资质)委托给体检机构或医院进行服务,则属于分包或转包行为。

4.履行受益对象确认

为保证项目实施的有效性,无论资金来源是中央财政资金还是配套资金,项目执行单位均须对社会服务支出履行受益对象确认程序,由受益对象填写《受益对象确认书》以确认接受服务的内容和金额。受益对象确认的要求如下:

(1)内容完整

项目执行单位应当根据自身提供服务的特点,参考《受益对象确认书》格式文本及本规定的要求,印制格式化的《受益对象确认书》。

项目单位印制《受益对象确认书》可对受助方式、受助名称(种类)、规格等内容做适当修改,其他内容必须保留,并做到受益金额为印刷或打印。

若同一受益对象多次受益(接受多种服务种类或多次接受服务),应在《受益对象确认书》中列明总金额,另附受益对象签字确认的证明材料或明细清单。

(2)程序规范

受益对象确认书必须由受益对象或受益对象的监护人签字确认,对于无法由受益对象或受益对象的监护人确认签字的,应由两个以上证明人签字,同时注明证明人身份证号和联系方式。不得出现受益对象确认书无签名的现象,也不得出现由单位(村、镇)代签或使用汇总表格式替代的现象。

(3)真实有效

进行受益对象确认时,项目执行单位应确保《受益对象确认书》的真实性,不得弄虚作假。

(4)妥善保管

项目执行单位应将受益对象确认书装订成册,并编制受益对象汇总表,妥善保管,以备查阅。

(5)特殊事项的处理

①因受益对象为特殊人群(如癌症、艾滋病患者)而不便实施受益对象确认程序的,可不履行受益对象确认程序。

②人员培训类示范项目不需填列受益对象确认书,依据培训人员签到表,结合培训工作质量评估情况和培训意见反馈情况判断受益对象是否属实。签到表必须体现项目名称、项目执行单位、受益对象姓名、身份证号、联系方式等基本信息,并由本人签字认可。对于采用电子信息系统进行报名和签到管理的项目,应保留履行报到手续的相关信息和记录。

③属于项目执行费用的支出(如:纳入预算的宣传资料或单次发放金额不超过10元的纪念品)不需要填列受益对象确认书,但对于发放纪念品的应保留纪念品发放表。纪念品发放表应包括领取人姓名、身份证号、联系电话并由领取人签字。

④对于受益对象为五保老人的项目,受益对象确认书可由负责供养的村、养老院、福利院等作为监护人签字确认,联系方式填写负责供养的机构联系方式。其他类似情况如山区贫困居民等无联系方式的受益人,可通过拍照等方式佐证。

⑤项目执行单位将资金拨付社会福利院,由社会福利院聘请护工对老人进行照料的,由福利院对每个受益对象填写受益对象确认书,并将老人的照料记录作为受益对象确认书的附件。

5.开展受益对象回访

项目执行单位应加强对受益对象确认的管理工作,建立和完善对社会服务活动进行管理和监督的机制,由执行单位的其他人员抽取一部分受益对象进行回访,回访的内容包括是否接受服务、服务质量和受益金额等,以确保社会服务工作质量。

（三）项目资金管理

1.严格资金使用

（1）规范资金拨付和使用程序

项目执行单位应严格资金使用的管理，按项目进度使用和拨付，减少不必要的中间环节，将项目资金直接拨付受益对象，或服务、商品的提供方，不得通过中间人转付，更不得将资金转移到其他组织留存。

项目资金使用应遵守国家有关现金和银行结算的管理规定，不得出现大额支付现金、超范围支付现金、公款私存等行为，劳务费及救助款的发放，以及单笔在 2000元以上的其他支出应采用银行转账方式支付。

（2）严格资金使用的审批

项目执行单位应建立项目支出审批制度，明确支出的审批的权限、程序、责任和相关控制措施，明确经办人、项目负责人、授权批准人、审核（复核）人员的职责和工作要求。项目执行中应严格遵守所建立的审批制度，经办人、项目负责人、授权批准人、财务人员应按规定履行职责。

项目资金应据实列支，支出报销时应标明为本项目支出，列明支出事由或用途，使用合规合法的票据，不得使用不合法票据或虚假票据作为支出凭据，不得出现"以拨代支"、无发票列支费用的现象。

（3）按规定的范围和标准使用资金

项目执行单位应严格资金使用管理，统筹项目资金使用进度，保证用好管好项目资金。项目执行单位应本着经济、节约、合理的原则，以项目预算为依据，严格按照预算所明确的受益对象或服务活动的范围、数量、标准据实列支，将中央财政资金和配套资金全部用于申报书所规定的受益对象或社会服务活动，留存与支出相关的原始资料。

具体要求如下：

①培训费

项目执行单位应本着节约原则，在《2018 年中央财政支持社会组织参与社会服务项目实施方案》规定的标准范围内，依据预算据实列支，并按照《中央和国家机关培训费管理办法》的规定进行管理。

项目执行单位应当保留培训通知，培训方案及日程，师资简介及资质证明，教材讲义，会场照片，参加人员（包括姓名、单位、职务、身份证号、联系电话），质量评估表及汇总表，培训意见反馈，培训总结，讲课费签收单，会议场所消费的原始明细单据，电子结算单等凭证。

讲课费签收单应列明领取人姓名、性别、身份证号码、联系电话、职务或职称情况、工作内容和时间、讲课费金额、领取人员签字等内容。讲课费应当保留能证明教师身份及职称、能力的资料。

讲课费应以转账方式直接支付给授课老师，不得现金支付，更不得通过其他单位或个人转付。

②劳务费

劳务费应根据实际工作时间及标准,在预算范围内据实列支。项目执行单位应当保留工作内容工时记录,并填制劳务费支付表(签收单),劳务费支付表应列明领取人姓名、性别、身份证号码、联系电话、职务或职称情况、工作内容和时间、劳务费金额、领取人员签字等内容。专家咨询费应当保留能证明专家身份及职称、能力的资料。

劳务费应以转账方式直接支付给提供劳务的志愿者、专家等,不得现金支付,更不得通过其他单位或个人转付。

③专业社工服务人员工资

对于提供专业社会工作者服务项目列支的本组织专门从事社会工作者服务人员的工资性支出,费用按工作次数及工作时间计费,并按专业社会工作者在本项目的实际工作时间进行分摊,费用标准应符合预算的要求并不高于当地社会平均工资。

项目执行单位应保留社会工作者服务人员的工作时间记录(有服务对象或相关人员签字确认)、费用分摊表等资料。外聘专业社会工作者的劳务费参照劳务费的相关规定执行。

领取专业社会工作者服务人员工资的项目,应当保留专业社会工作者服务人相关资质证书或其他能证明其是社会工作者的相关材料。

工资应以转账方式直接支付给本组织社会工作者服务人员,不得现金支付,更不得通过其他单位或个人转付。

④交通费

交通费是指项目执行过程中必须发生的差旅费和市内交通费。项目执行单位应本着节约原则,依据预算据实列支。

差旅费应参照国家有关规定执行;报销时,除票据外,报销单据中应注明出差人员姓名、出差时间、事由、起止地、费用类型等。

市内交通费报销时,除票据外,报销单据中应注明报销人员姓名、外出事由、起止地、费用类型等。

⑤会议费

项目执行单位应遵守节约原则,在规定的标准范围内,依据预算据实列支,并参照《中央和国家机关会议费管理办法》的规定执行。

项目执行单位应当保留会议通知、会议日程、会议材料、会场照片、相关合同(场地使用、印刷会议资料、购买会议用品等)、实际参会人员签到表(包括姓名、单位、职务、联系电话、通讯地址)、会议总结或成果、会议服务单位提供的费用原始明细单据、电子结算单等凭证。

⑥印刷、宣传费

项目执行单位应本着节约的原则,依据预算据实列支印刷、宣传费。除发票和付款记录外,项目执行单位应保留相关合同(印刷、广告等)、印刷清单、印刷样品、刊登广告的媒介资料(样刊或录像)等相关资料。

⑦发放款物支出

项目执行单位应在预算规定的范围内,按照预算列明的种类、数量、标准、金额进行发放,保留有接收人签字的款物发放清单或接收记录、款项拨付记录,同时必须填写受益对象确认书。

发放款项应以转账方式直接支付给受益对象,不得现金支付,更不得通过其他单位或个人转付。

⑧固定资产购置支出

项目执行单位应在预算规定的范围内,本着经济、节约、满足基本功能的原则,所购置的固定资产不得超过预算规定的种类、数量标准和金额。项目执行单位应保存固定资产购置或接受捐赠的原始单据、交接或完工验收及投入使用记录。

⑨开展服务的其他支出

开展社会服务所必需的其他支出,应本着经济、节约、合理的原则,在预算规定的范围内,据实列支。项目执行单位应保存购买物资或服务的资料、签收资料、开展服务活动的过程资料,同时必须保存受益对象签字确认的《受益对象确认书》等。

(4)按规定缴纳各项税费

属于应税收入的应按规定缴纳税费,对发放的劳务费应按规定代扣代缴个人所得税。

2.配套资金使用管理

配套资金应按立项申报书载明的金额及时足额投入,按申报书列明的支出类型、标准和金额使用,并由项目执行单位统一核算与管理。确认配套资金时遵循以下原则:

(1)一般情况下,配套资金应以项目执行单位实际收到并使用的金额予以确认,未纳入项目执行单位核算与管理的收支不确认为配套资金。

(2)对于立项资金与申报资金有缩减的项目,配套资金的金额可与立项资金同比例缩减。

(3)对于无法足额取得申报书载明的配套资金的,可以通过增加其他类型的资金作为配套资金。

(4)对于配套的其他财政资金,应取得其他政府部门的批准文件(或协议),明确该资金用于本项目、批准文件中资金的性质和用途需与中央财政资金相同。如批准文件中未明确用于本项目,则不得作为其他财政资金的配套来源,不得用于本项目。

对于无法按行政隶属关系将配套财政资金(如:全国性社会组织无法接受地方财政拨款、省级社会组织无法接受省级以下政府部门拨款、跨地区执行项目的社会组织无法接受所在地以外的政府部门的拨款等)拨入项目执行单位,而是将配套的财政资金拨入项目合作执行单位,如果该合作执行单位是申报书申报的,且其他政府部门批准文件中明确该资金性质、用途与中央财政资金的用途相同,在审核项目合作执行单位提供的资料(如:批准文件、拨款记录、合作执行单位的相关会计记录、付款记录、发票、受益对象确认书、项目资料等)的基础上,就可以将项目合作执行单位实际收到并使用的财政资金作为配套资金。

(5)对于以接受捐赠的资产作为配套资金的,应与捐赠方签订协议约定捐赠资产的性质与用途,明确该资产作为项目配套资金。

对于以非货币资产捐赠作为配套资金的,项目执行单位应履行必要的验收和接受程序,并对接受资产的价值是否公允进行验证(包括索要公允价值证明文件、了解市场价格并进行判断等)。项目执行单位不得以接受捐赠的劳务和房租作为配套资金。

(6)对于使用自有资金配套的,应以实际发生且符合规定的支出金额确认。

(7)项目实施不得挪用其他项目资金作为配套资金,不得将限定用途的社会募集资金和专项财政资金用作本项目配套资金。

3.自身服务的确认

项目应以项目执行过程中实际发生的开展服务支出、发放款物支出、固定资产购置支出及项目执行费用等作为项目支出,因客观原因无法完整核算项目支出而导致账面支出远低于项目成本(或应收取的服务费)的情况,对此类项目支出可采用以下方法处理:

(1)对于收费标准是政府定价(或政政府指导价、向政府有关部门备案)的服务,如医院开展的诊疗服务,在有完整的服务记录及受益对象确认书的情况下,经审核无误后,可将免收(不含减收)的服务费确认为中央财政资金的支出,受益对象确认书所载明的受助方式为服务。

(2)对于服务收费标准不是政府定价(或政府指导价、向政府有关部门备案)的服务,不能将免收的服务费确认为中央财政资金的支出,项目执行单位可以采用向受益对象发放资助款的方式处理。受益对象确认书所载明的受助方式为现金,但应提供后续提供服务的相关资料。

适用上述情形的项目应在申报书中明确服务方式为免收服务费(不包括减收)和服务标准。

三、项目会计核算

(一)核算基本要求

项目执行单位应按照《民间非营利组织会计制度》的要求,依据真实、合法的支出凭证进行核算,将开展社会服务活动所取得的全部资金纳入本组织合法账簿进行核算和管理,不得将开展活动所取得的收入收到其他单位,并做到核算清晰,能够区分中央财政资金和配套资金的来源和使用情况。

项目执行单位应按项目进行明细核算或费用归集,保证支出与项目的相关性的,避免因核算不清而导致支出无法确认的情况发生。

（二）收入的核算

对于收到的中央财政补助资金,项目执行单位按"政府补助收入——限定性收入——项目名称—中央财政补助收入"设置明细科目进行核算。

对于收到的地方财政补助资金,项目执行单位按"政府补助收入——限定性收入——项目名称—其他财政补助收入(或来源单位名称)"设置明细科目进行核算。

对于收到的捐赠收入,项目执行单位按"捐赠收入——限定性收入——项目名称"设置明细科目进行核算。

对于使用自有资金作为配套的资金的,账面不进行收入的核算。

对于收到的其他类型的配套资金,项目执行单位应参照上述方法,根据具体情况进行明细核算。

（三）支出的核算

对于使用中央财政补助资金的支出,项目执行单位按"业务活动成本—政府补助成本——项目名称——中央财政资金——子项目名称"设置明细科目进行核算。

对于使用其他财政补助资金的支出,项目执行单位按"业务活动成本—政府补助成本——项目名称——其他财政资金——子项目名称"设置明细科目进行核算。

对于使用收到的捐赠收入的支出,项目执行单位按"业务活动成本——捐赠业务成本——项目名称——子项目名称"设置明细科目进行核算。

对于使用自有资金作为配套资金的,按"业务活动成本—提供服务成本——项目名称——子项目名称"设置明细科目进行核算。

对于使用收到的其他类型的配套资金,项目执行单位应参照上述方法,根据具体情况进行明细核算。

前文所述"子项目"是指项目预算表中列示的开展服务的具体项目或费用类型,会计核算时应与预算表保持一致。各项目执行单位根据自身的需要可以在子项目名称下设置费用明细进行核算。

（四）固定资产的核算

项目执行单位购置的、列入项目预算的办公设备和服务设施可以计入项目支出,但应作为固定资产进行核算和管理。

对于购置的固定资产,除发票和付款记录外,项目执行单位应保留购买合同、验收记录、保修单、付款记录、盘点表、固定资产台账等相关资料。

项目执行单位购买的、符合项目预算的、直接交付受益对象的固定资产,不作为固定资产核算与管理,应直接作为"发放款物支出"。

晋江市"四点钟学校"项目根据《民间非营利组织会计制度》,结合晋江市致和社工事务所实际情况,制定了完善的财务管理制度;同时,创新项目执行规范,比如用《"四点钟学校"学员筛选条件及管理办法》和考勤制度替代《受益对象确认书》,更加符合项目特点。

【链接 5.7】

晋江市致和社工事务所财务管理制度

第一章　总则

为规范晋江市致和社工事务所(以下简称"事务所")的财务工作,更好地发挥财务在事务所经营管理中的作用,根据《民间非营利组织会计制度》,结合本事务所实际情况,制定本制度。本制度由财务人员制定,综合其他相关人员意见,最终通过理事会审核,由财务人员具体负责执行。

1.事务所实行主任负责制的财务管理体制。

2.会计核算以人民币为记账本位币。

3.会计核算以权责发生制为记账原则,以实际成本为计价基础,采用借贷记账法。

4.按《民间非营利组织会计制度》规定,事务所会计年度从公历 1 月 1 日至 12 月 31 日止。

5.财务管理的基本任务和方法:

(1)厉行节约,合理支配资金。维护资金安全,努力提高事务所经济效益。

(2)做好财务管理基础工作,建立健全财务管理、会计核算、内部控制、会计档案等管理制度,督促各项制度的实施和执行。

(3)加强财务核算的管理,以提高会计资讯的及时性和准确性。按期编制各类会计报表和财务说明书,做好分析、考核工作。

(4)监督事务所财产的购建、保管和使用,配合综合管理部定期进行财产清查。

(5)做好会计监督工作,对不真实、不合法的原始凭证,不予受理;对记载不准确、不完整的原始凭证,予以退回,要求更正、补充。

第二章　财务岗位设置及职责

为了保障财务工作在日常工作中顺利进行,事务所根据当前实际情况设立财务岗位两个:会计、出纳各一名,两人互相监督。

一、出纳职责

1.掌握财经政策,熟悉财务制度,搞好现金及银行存款管理。

2.严格按照国家有关现金管理和银行结算制度的规定,办理现金收支和银行结算业务,库存现金不得超过银行核定的限额,严格控制签发空白支票。

3.严格现金收付手续,收入现金必须及时出具合法的收据、发票,并当天解交银行,不得坐交,付出现金要有合法的支出凭证为依据,支出凭证必须有经手人、审核人、审批人签章。

4.根据收付款凭证,逐笔顺序登记现金和银行存款日记账,每日结出余额,账面现金余额必须和库存现金相符。要定期与银行核对存款余额,月终根据银行提供的对账单编制银行存款余额调节表。

5.现金日记账,银行日记账每月结报一次,并填报结报单连同原始凭证报会计。

6.保管库存现金和各种有价证券,保管一枚印签章和空白支票,认真办理领用和注销手续。领用支票必须填写支票申请表并经事务所负责人审批。

二、会计职责

1.按照国家财政制度规定,认真编制并严格执行预算。

2.按照会计制度规定对本单位各项业务收支进行记账、算账、报账工作,做到手续完备、内容真实、数字准确、账目清楚、日清月结,按期提出会计报表。

3.对本单位各项业务收支实行会计监督,监督、检查本单位有关部门的财务收支、资金使用和财产保管,收发计量、检验等工作。

4.严格执行国家各项财经制度,遵守费用开支标准,对违反财经纪律和财会制度的行为,有权拒绝付款、报销和拒绝执行,并向本单位领导人或上级机关报告。

5.定期检查和分析财务计划、预算的执行情况,挖掘增收节支的潜力,考核资金使用效果,及时向领导提出建议。

6.按照国家会计制度规定,妥善保管会计凭证、账簿、报表等档案资料。

三、财务人员交接制度

1.财务人员工作调动或因故调离财务岗位,必须将本人所经管的财务工作全部移交给接替人员,没有办清交接手续的不得调动或离职。

2.接替的财务人员应当认真接管移交工作,并继续办理移交未了事项。

3.财务人员办理交接手续,必须有监交人员监交;一般财务人员交接,由行政部部长监交。

4.编制财务移交清册,列明应当移交的财务凭证、财务账簿、财务报表、现金、支票、其他财务资金。

5.移交人员在办理移交时,要按移交清册逐项移交,接替人员要逐项核对清点。

6.交接完毕,交接双方和监交人要在财务移交清册上签名。

第三章　货币资金管理

为了规范事务所对货币资金的内部控制,保证货币资金的安全,提高货币资金的使用效益,制定本规范。本制度所称货币资金,是指事务所所拥有或控制的现金、银行存款和其他货币资金。

一、现金管理

1.根据事务所目前的现金使用量及从银行提取现金的频率,规定现金库存余额不得超过20000元。超过库存限额的现金应当及时存入开户银行。

2.为加强对资金支取管控,出纳在支取备用金前需提交《取款授权单》,经审批后方可支取。

3.事务所取得的现金收入必须在三个工作日内入账。

4.事务所借出款项必须执行严格的审核批准程序,严禁擅自挪用,借出货币资金。

5.出纳于每月末对现金进行盘点,确保现金账面余额与实际库存相符。发现不符,及时查明原因,做出处理,并提交事务所负责人审核。

二、银行存款管理

1.出纳于每月末对银行账户存款进行盘点,发现不符,及时查明原因,做出处理,提交事务所负责人审核。

2.事务所支付业务应尽量通过银行柜台或者网上银行办理转账结算。

三、票据管理

1.事务所每笔货币资金收支,均需有相应票据,便于事后核查。票据包括:发票、收据、银行业务凭证单以及其他有效凭证。

2.采用网上银行付款方式的,经办人密码由出纳保管,授权人密码由事务所负责人或其授权人保管。

第四章　收入管理

为了规范事务所对收入的内部控制,保证收入及时、准确、完整的入账,制定本规范。

一、收入类型

事务所的收入主要包括:捐赠收入、提供服务收入、投资收益、商品销售收入等。根据付款方对资金使用上的限制,收入被划分为限定性收入和非限定性收入。

二、收入确认

收入的确认遵循"权责发生制"原则。为核算简便,如果项目是在一个财政年度内的,那对应的收款则一次性全部确认为收入;如果项目是跨财政年度的,那对应的收款则根据项目的进度分期确认收入。

三、收款流程

1.无论是通过银行还是现金方式,事务所在收到款项后,出纳应及时开具收据给付款人。

2.收据一式三联,包括付款人联、记账联、存根联。

3.收据连续编号,按顺序使用。写错的收据,应注明"作废",不得撕下。

4.收据包括以下重要信息:是否限定收入性质、金额、付款人信息、收款人签字、加盖公章。收据信息应当填写准确、完整。

5.事务所负责人于每月末审核收据的使用情况。

第五章　支出管理

为了规范事务所对支出的内部控制,保证支出的有效、及时、准确,制定本规范。

一、固定资产及办公用品采购

1.固定资产及办公用品

1.1 固定资产分为电器和家具 2 种;原则上其价值应在 500 元以上、使用期限超过一年;

1.2 办公用品分为耐用办公用品和易耗办公用品;耐用办公用品包括:电话、计算器、订书机、文件栏、文件夹、笔筒、打孔机、剪刀、戒纸刀、直尺、起钉器等。

易耗办公用品包括:①易耗办公用品分为两部分:部门所需用品和个人所需用品。②部门所需用品包括:传真纸、复印(写)纸、打印纸、墨盒、碳粉、硒鼓、光盘、墨水、装订夹、白板笔。③个人所需用品包括:签字笔(芯)、圆珠笔(芯)、铅笔、笔记本、双面胶、透明胶、胶水、订书针、回形针、橡皮擦、涂改液、信笺纸。④电脑耗材品(鼠标、墨盒、打印墨水碳粉、硒鼓等)。

2.采购人员

设置采购员 1 名,专门负责事务所固定资产的采购和建立办公用品供应长期合作关系;特殊情况下可由采购员委托其他人经办;

3.采购方式

初次采购,应"货比三家"后,挑选出最佳供应商。与最佳供应商建立长期的合作关系之后,可省去"货比三家"的程序。采购流程根据商品类型和价格不同而遵循下条规则;

3.1 单件商品金额超过 500 元:应提前 3 个工作日填写支出申请单,报事务所负责人审批后进行购置。

3.2 单件商品金额超过 100 元而小于 500 元:应事先以书面、电子邮件或手机短信方式告知财务人员,并且在采购之后 1 个工作日内完成支出申请单。

3.3 单件商品金额小于 100 元:经主管或项目负责人批准,采购员可直接购买。

3.4 多件办公用品:应提前 3 个工作日制作所购物品预算表,500 元及以上报事务所负责人审批,500 元以下报行政部负责人审批。原则上单次采购金额不得超过 500 元。

4.采购记录

各项采购必须由出纳按照采购制度和相关预算进行把关,并每月做出采购记录提交财务人员和事务所负责人审核。

二、工资及办公室固定支出

1.工资及福利:事务所工资标准由事务所理事会制定,员工福利根据国家规定福利政策执行。

2.办公室固定支出

2.1 定额固定支出:指座机费、网费等。每月由出纳负责支付,并按月做出记录上报财务人员和事务所负责人。

2.2 非定额固定支出:指电话费、办公用品等。此类支出应有一定范围,若有明显超出,出纳在每月总结时应注明原因,上报财务人员和事务所负责人。

三、工作人员补助

机构根据实际情况给员工发放补助类型包括:交通费、通信费、餐费等。为符合环保理念,尽量乘坐公共交通,餐费从简。

员工参与有补贴的服务活动应按照补贴标准:工作日 100 元/(人·天),非工作日 200 元/(人·天),若服务开展时间为半天,则相应补贴减半。

四、临时聘用人员、实习生、志愿者补贴

临时聘用人员劳务标准不得超过泉州市的上年社会平均日工资,一般不超过每天 200 元。

实习生补贴包括实习补贴、交通费用(因工作产生的交通费可单独报销)、餐费等补贴,一般不超过 1000 元/月。原则上实习达到 2 个月及以上者可享受实习补贴,其他特殊情况需经理事会审批同意;

志愿者补贴包括餐费、市内交通费等补贴,每天不超过 100 元,发放志愿者补贴的不得再以报销形式列支餐费和交通费等支出。

五、差旅费用

1.差旅费是指工作人员临时到常驻地以外地区公务出差所发生的城市间交通费、住宿费、伙食补助费和市内交通费。

2.事务所应当建立健全公务出差审批制度。出差必须按规定报经事务所负责人批准,从严控制出差人数和天数;严格差旅费预算管理,控制差旅费支出规模;严禁无实质内容、无明确公务目的的差旅活动,严禁以任何名义和方式变相旅游,严禁无实质内容的学习交流和考察调研。

3.城市间交通费标准制定

3.1 城市间交通费是指工作人员因公到常驻地以外地区出差乘坐火车、轮船、飞机等交通工具所发生的费用。

3.2 出差人员乘坐交通工具的等级见下表:

3.3 到出差目的地有多种交通工具可选择时,出差人员在不影响公务、确保安全的前提下,应当选乘经济便捷的交通工具。

3.4 乘坐飞机的,民航发展基金、燃油附加费可以凭据报销。

3.5 乘坐飞机、火车、轮船等交通工具的,每人次可以购买交通意外保险一份。所在单位统一购买交通意外保险的,不再重复购买。

3.6 日常出差业务办理或服务开展租用汽车时的公务用车标准制定如下:

级别	交通工具			
	火车	轮船(不包括旅游船)	飞机	其他交通工具
全体员工	火车硬席(硬座、硬卧),高铁/动车二等座、全列软席列车二等软座	三等舱	经济舱	凭据报销

		5座委托			7座委托		
		短租	半日租	全日租	短租	半日租	全日租
方案一	时长(小时)	2小时	4小时	10小时	2小时	4小时	10小时
	里程(千米)	≤40	≤100	≤300	≤40	≤100	≤300
	费用	120元	200元	450元	150元	300元	580元
方案二	时长费	0.4元/分钟			0.4元/分钟		
	里程费	2元/千米			4元/千米		
	总费用＝时长费＋里程费						
其他费用	高速费、路桥费、停车费、驾驶员住宿费等其他费用,按实际支付报销。						

4.住宿费标准制定

4.1 住宿费是指工作人员因公出差期间入住宾馆(包括酒店、招待所,下同)发生的房租费用。

4.2 出差住宿费限额:省内200元/(间·天),省外300元/(间·天)。

4.4 出差人员应当在住宿费标准限额内,选择安全、经济、便捷的宾馆住宿。执行紧急公务,没有办法预订到符合标准限额内房间的,事先经事务所负责人批准,特殊情况下第一个晚上可以超出标准限额住宿,但最高不得超出限额标准的50%。

5.伙食补助费标准制定

5.1 伙食补助费是指对工作人员在因公出差期间给予的伙食补助费用。

5.2 出差到远郊乡镇,每人每天30元;出差到事务所城区的,不予补贴。

5.3 出差到省内其他设区市的,每人每天50元。

5.4 出差到省外其他设区市的,每人每天80元。

6.差旅费报销管理制定

6.1 工作人员出差结束后应当及时办理报销手续。差旅费报销时应当提供出差审批单、机票、车票、住宿费发票等凭证。

6.2财务部门应当严格按规定审核差旅费开支,对未经批准出差以及超范围、超标准开支的费用不予以报销。

六、餐费及其他项目支出标准制定

1.业务招待餐费

员工在日常工作对外接触中,招待外部人员包括政府人员、捐赠人、志愿者、合作方等,应本着必须、从简、合理的原则,招待标准最高为50元/(人·次)。单次招待金额超过100元/人,需提前请示事务所负责人批准方可支付。如因特殊情况超额,请在票后注明"原因"。

2.工作餐费

工作餐包括:员工加班工作餐、培训工作餐、会议工作餐等,员工工作餐经事务所负责人批准通过后,可按最高标准为30元/(人·次)申请加班工作餐。超出部分由个人自理。

3.其他项目支出

因项目不同,除上述常规支出外,还有一些其他的项目支出,例如服务费、制作费等等。支出需参照"项目预算"进行审批。

七、费用申请

(一)预算审核

1.流程规定

①费用单笔金额在1000元以下:经办人(提报采购申请单、包含预算的活动方案)→项目负责人(审核)→机构执行主任(审批)→经办人(执行);

②费用单笔金额在1000元以上(含1000元):经办人(提报采购申请单、包含预算的活动方案)→项目负责人(审核)→机构执行主任(审核)→授权代表(审批)→经办人(执行)。

(二)费用预支

1.流程规定

①费用单笔金额在5000元以下:经办人(预支单、经审批后的采购申请单、活动方案)→项目负责人(审核)→机构执行主任(审批)→出纳(预支费用);

②费用单笔金额在5000元以上(含5000元):经办人(预支单、经审批后的采购申请单、活动方案)→项目负责人(审核)→机构执行主任(审核)→授权代表(审批)→出纳(预支费用);

2.注意事项

经办人至少应提前2个工作日向行政部提出费用预支申请,以便有足够的备用金可预支。

八、费用报销

1.经办人(整理好所有报销材料)→出纳(审核票据、金额是否正确)→行政负责人(审核报销票据的合法性)→机构执行主任(审核报销费用的真实性)→授权代表

(审批同意)→出纳(发放报销费用)。其中,需注意以下几个事项:

①单笔发生费用为1000元以下,经机构执行主任审核后可在报销期间内直接向出纳领取费用;

②单笔发生费用为1000元以上(含1000元),需经授权代表审批后,方可在报销期间内向出纳领取费用。

每月月末,由相关人员根据下月日常用品的需求,填制物资请购单,报请事务所负责人审批,一次性购买并取得正规发票。尽量避免零星购买办公用品。

上述流程为本事务所各项费用报销的既定程序,以后各项事务的报销均需要遵照上述流程进行操作,否则财务人员有权拒绝付款。每月10—20日出纳审核票据是否规范,每月20—25日社会工作者领取报销费用。社会工作者若有特殊原因无法及时报销最迟不超过次月,否则不予报销。

事务所工作人员在接到上级负责人购买物资通知,购买时应做到为单位节省开支考虑,尽量购买物美价廉的商品。若因工作需要购买物资或打车,应口头或电话取得部门负责人或以上负责人的同意后(情况紧急时,事后要向负责人说明),再进行购买和打车。事后按要求开具正规发票,抬头均写"晋江市致和社工事务所",并填写正确税号。实在是取不到正规发票时,一定要索取收据。购买物品须写出明细,情况不允许时写大类别,如办公用品。在发票背面靠左靠上方(因为左边要留出装订区、下边要领导签字)写清购买物资用途、详细购买物品种类、数量、单价、总价(东西较多时可另附纸说明所购物资并签字),在超市购买物资时,小票是报销的明细,需要妥当保管。经办人签字后进入费用报销流程。

2.费用单据要求

为了强化事务所的财务纪律,规避财务风险,原则上本事务所一切事项报销的单据均必须取得合法的凭证。合法性的认定以国家财务、税务等方面的规定为准,具体操作由财务人员负责把控落实,以可操作性为前提。事务所员工任何不符合报销规定的单据财务部门有权拒绝,各级确认、审核、审批人员也不应予签字。各级签字人在不能确定的情况下不能随意签字。

3.单据整理要求

报销人在报销前必须事先整理好各类单据,首先对单据的类别、时间、批次、项目等进行分类,然后按照一定的标准清晰准确地粘贴在报销单据的后面,并在附件中写明所附单据的张数。单据数量比较繁杂的要写出报销明细清单附在后面。单据不清晰,粘贴不规范的财务部门可要求对方改正,不改正的有权予以拒绝受理。

4.报销或单据传递时效要求

财务人员根据财务记账的及时性配比性要求掌握好各项报销的时间,原则上各项单据或费用必须在发生结束后按照正常规定的流程操作。当月发生当月取得并当月报销,相关人员有及时催收票据的义务。

5.费用报销的其他规定

单位费用报销必须真实合法,严禁使用白条或其他不合法的凭证,一些特殊情况需要使用替代凭证的,也必须由部门负责人和事务所负责人的共同认可,同时做到财务操作的安全合法。另外替代凭证要求做到时间合理、摘要明确、金额确定,不能真假混杂,给事务所带来财务风险。

事务所各阶层人员,在上述规范中操作失当,给事务所带来损失风险的,根据情节大小由相关负责人进行责任追究,讨论决定。

备注:所有支出均应有对应票据,此票据包括与业务相符的发票、收据以及其他凭证。

第六章　项目核算

为了辅助事务所的项目管理,为其提供财务数据方面的支持,财务按照项目进行辅助核算。为了规范事务所对项目核算的内部控制,制定本规范。

一、项目及费用科目的制定

财务人员应当在与事务所管理层充分沟通之后,制定《货币资金收支表》中报表科目项下的二级项目子科目及三级费用子科目。科目的制定应考虑到以下因素:

1.事务所自身的业务发展

2.管理层对财务数据的要求

3.捐赠方对财务数据的要求

4.与预算的衔接

二、项目核算的方法

1.直接项目费用是指费用因某一个项目而产生。例如,一次出差就是为了某一个项目。

2.间接项目费用是指费用因多个项目而产生,例如,工资、房租等等。在这种情况下,费用就需要按照合理的比例分摊到项目中,例如工资可以按照从事各项目的工时、房租可以按照各项目的占地面积。分摊的方法和比例应当由财务人员与管理层协商确定。

三、项目核算的具体操作

项目核算通过《报支凭证》和《间接费用分摊表》来实现。

第七章　预算管理

预算管理包括前期预算的编制、中期预算的控制及调整、后期预算与实际的差异分析并为下一次预算的制定提供宝贵经验。为了规范事务所对预算管理的内部控制,制定本规范。

一、前期预算的编制

1.年度预算的编制

事务所于每年1月20日之前编制完成事务所整体当年的《年度预算》。《年度预算》的编制分为两部分,一部分是固定支出,例如全体人员的工资、房租等日常必需的支出,由出纳人员提供;另一部分是直接项目支出和其他弹性支出,这部分由各项目负责人和各部门负责人提供。

此外,预计的收款金额和进度,由相关筹款人提供。会计与出纳汇总并最终编制完成《年度预算》。

2.项目预算的编制

《项目预算》的编制分为两部分,一部分是直接项目支出,由项目负责人提供;另一部分为间接项目支出,例如工资、房租等,由出纳提供。预计的收款金额和进度,由相关筹款人提供。经会计与出纳汇总并最终编制完成《项目预算》。

二、中期预算的控制及调整

预算的控制有两层,一层是报表层面控制,包括《货币资金收支表》与《年度预算》对比,《项目核算表》与《项目预算》对比;另一层是报销层面的控制,通过《支出申请单》实现。会计应针对预算实施过程中发生的大额偏差与理事会及项目负责人及时地沟通,进行项目上或者财务上的调整。

三、后期的实际与预算差异分析

1.年度决算与预算差异分析

会计于每年2月之前完成上年的年度决算与预算差异分析,并为今后年度预算的制定提出建设性的建议。

2.项目决算与预算差异分析

会计于项目结束后5个工作日之内完成项目决算与预算差异分析,并为今后项目预算的制定提出了富有建设性的建议。项目决算报告及差异分析的完成时间可配合捐赠方的要求进行调整。

第八章　财务报告编制

为了规范事务所的财务报告编制,保证事务所的经营状况能够通过财务报告及时、准确、完整地反映,制定本规范。本规范所指的财务报告指固定资产登记表、货币资金收支表及报告附注。

一、财年

事务所的财务年度为公历每年1月1日至12月31日。

二、结账日

财务的结账日为每月最后1天。

三、报告提交日

1.事务所整体财务报告

1.1出纳于每月第3个工作日之前提交上月《固定资产登记表》与《货币资金收支表》给会计;每年1月第3个工作日之前提交上年《固定资产登记表》与《货币资金收支表》给会计;

1.2 会计于每月第 6 个工作日之前提交上月《财务报告》给理事会；于每年第 10 个工作日之前提交上年事务所整体和各项目《财务报告》以及决预算对比分析给理事会；

1.3 财务人员于每月第 8 个工作日之前提交上月《财务报告》给理事会、负责人；于每年 1 月份的第 12 个工作日之前提交上年事务所整体和各项目《财务报告》以及决预算对比分析给理事会、负责人。

2.项目财务报告

财务部于项目结束后 5 天之前完成项目财务报告。项目财务报告的提交时间可适捐赠方的要求进行调整。

第九章　项目财务管理办法

为保证事务所的可持续和健康发展，更好的运营事务所项目，现制定本管理办法，包括项目预算、项目支出和项目总结 3 部分。

一、项目预算

事务所所有项目必须编制项目预算（以下简称预算），由项目负责人或者项目财务人员（会计）完成。

预算完成之后，首先提交会计审核，会计应在 3 个工作日内提出审核意见（花费科目的合理性等方面），最终由负责人确定通过，之后不可随意更改。

预算应考虑到项目运行中所有可能的资金支出，根据可使用资金的额度，并结合实际情况，合理编制。

预算应包含具体支出科目，做到详细明确、实事求是（可根据资助方的要求对某些科目适当更改）。

有关项目中的不可预计费用，在预算中应占总额的 5%～10%。

二、项目支出

事务所所有项目支出应该由项目负责人或项目财务人员（出纳）负责控制，需秉着诚信、节俭的原则，严格按照预算执行。

如因发生人为不可抗力因素，出现意外支出的情况，经项目负责人的同意后从不可预计费用中支出。

如有超出预算的额外支出，需向事务所相关财务人员提出申请，由负责人批准后方可开销。

项目参与人员发生项目支出后，应索要正式发票、车票等。

三、财务总结

项目负责人应当将所有票据及项目相关资料收集完整，提交会计进行账目核对。

项目负责人需要提交项目花费的明细表格，所提交账目必须真实、准确、详细。

对于不可预计费用和超出预算的额外支出，在账目明细中需详细说明原因。

本制度最终解释权归晋江市致和社工事务所行政部，自 2018 年 11 月 1 日修订后生效。

第四节 项目档案管理

项目应根据《中华人民共和国档案法》的规定,规范项目资料的管理,建立健全项目档案的立卷、归档、保管、查阅和销毁等管理制度,及时将项目立项、执行、财务、受益对象确认、监督、评估等资料汇集整理,保证项目资料的妥善保管、有序地存放、方便查阅、严防毁损、散失和泄密。

一、项目过程中的资料保存[71]

根据《中央财政支持社会组织参与社会服务项目 2018 年财务管理指引》,项目在各个阶段都应注意资料的保存。具体而言,项目立项过程中应保存的资料包括项目方案、内部立项批准文件、项目申报书、项目资金使用管理办法等。

项目资金用于受益对象和社会服务活动的,应保存开展服务的相关资料,包括但不限于:选择并确定受益对象的资料、受益对象汇总表、购买物资或服务的资料、款物发放及签收资料、开展服务活动的过程资料、受益对象签字确认的《受益对象确认书》。具体内容举例说明如下:

专业社会工作服务项目:应保留服务人员名单、工作和工时记录,费用分摊表或费用支付表(支付表应包括姓名、性别、身份证号码、联系电话、工作时间、费用金额、领取人员签字等内容),受益对象确认书等。

项目执行完毕后,应按要求及时编制并报送项目总结报告,具体包括:项目评估报告、项目实施情况、资金使用管理情况、宣传推广情况、项目收支明细表。项目执行单位应及时将项目资料整理并归档。

二、晋江市"四点钟学校"项目档案管理工作

社会服务项目档案资料完整详细地记录了社会工作者专业服务的全过程,是服务成果展示、服务经验推广的基础性资料,项目服务成效评估的重要凭证以及社会工作者自我保护的重要手段。晋江市"四点钟学校"项目十分重视项目档案管理工作,以保证项目档案管理有序规范[72]。

(一)前期档案管理

"四点钟学校"开班前,需要整理档案包括社会工作者与新成员家长签订的服务协议、告家长书、成员基本信息采集表、家长联系簿、成员花名册、成员管理制度等内容。

(二)常规档案管理

1.值班档案。每天的学员签到表、值班人员签到表、志愿者签到表等。

2.社会工作者档案。社会工作者简介、社会工作者个人成长记录、社会工作者考勤表等。

3.工作计划档案。即每月工作计划表。

4.工作总结档案。即每月工作总结报告、年中工作总结汇报、年终总结汇报、服务数据统计表等。

5.志愿者档案。志愿者报名表、花名册、签到表、活动剪影。

6.会议、督导记录。利益相关方沟通反馈表、会议记录表、督导表。

7.社区工作材料。方案、通知、报名表、签到表、活动记录表、新闻稿、总结、照片精选等。

8.小组工作材料。表格模板、服务表格、专业表格、小组表格等

9.个案工作材料。表格模板、服务表格、专业表格、个案表格等。

10.家访记录材料。表格模板、服务表格、专业表格、个案表格、家访记录表或者走访报告等。

11.媒体报道材料。收集媒体纸质版报道、网址链接及电子版材料等。

12.每月工作简报,见表5.2。

表5.2 每月工作简报模板

序号	板　块	要　求
1	领导关怀	各级领导下点走访、检查指导工作新闻稿、照片
2	动态传递	本月所开展的所有活动新闻稿、精选照片
3	媒体关注	本月开展活动的媒体报道(包括报纸、保存链接电子档)
4	社会工作者分享	收集学员语录或者社会工作者自身的总结
5	服务掠影	本月活动照片精选集
6	服务数据	最直观的体现社会工作者的服务数据统计表
7	活动预告	下个月的活动预告

13.档案盒材料的归类。"四点钟学校"按照考核指标建立有14类档案盒,包括:上级文件、工作计划、工作总结、媒体报道、规章制度、值班管理、服务对象档案、社会工作者档案、小组工作、社区工作、个案工作、服务表格、志愿者档案、会议/督导记录(详见表5.3)。此外,部分试点还专门设立了暑期夏令营档案盒和专门的相册。

表 5.3　晋江市儿童之家四点钟学校项目建档要求

序号	档案名称	要　　求
1	上级文件	
2	工作计划	每月一份
3	值班管理	考勤表、值班人员记录表、四点钟学校大事记、服务人员登记表
4	志愿者档案	报名表、花名册、签到表、服务情况登记表、志愿者培训计划等
5	工作总结	每月一份（工作简报、服务数据统计表）
6	规章制度	上墙制度、社会工作者工作守则、服务协议、安全避险办法、媒体接待办法、信息报送制度、学员管理办法、志愿者管理办法、场地配置设施清单、学员证模板、接送证模板、项目统一资料条目
7	表格模板	服务表格（专业表格、家长联系簿、学员花名册、学员签到表、学员基本信息采集表） 行政表格（月工作计划、月工作总结、社会工作者个人成长记录表、服务人员登记表、考勤表、值班人员记录表、四点钟学校大事记记录表、会议记录表）
8	服务对象档案	成员花名册、成员基本信息采集表、成员签到表、服务协议
9	个案	个案记录（个案专业表格要求）
10	小组工作	小组活动记录（小组活动专业表格要求）、新闻稿（含照片）等
11	社区工作	活动记录（策划、参与活动人员信息、活动总结）、新闻稿（含照片）、宣传资料及活动过程资料等
12	社会工作者档案	社会工作者个人简介、社会工作者个人成长记录表、专业培训活动、团队建设活动等
13	媒体报道	报纸、保存链接电了档
14	会议/督导记录	项目/机构会议记录、督导记录表

第六章

项目评估与晋江市"四点钟学校"项目

第一节　社会服务项目评估

　　随着社会服务项目化运作的不断探索与发展,项目评估在国内逐渐兴起。在政府购买社会工作服务项目中,项目评估是提升服务项目质量、提高社会工作服务专业化水平的客观要求。

一、评估的含义

　　评估是一个综合的概念,要把握评估的内涵,需从多个角度进行理解。Carol Weiss 将评估定义为:评估是根据一组显性或隐含的标准(Standards),有系统地衡量一项政策、方案或计划的执行过程或成果,其目的是经过对此项工具的使用来改善政策或方案的质量[73]。这个定义强调在任何评估的过程中,用来衡量或判断一项政策、组织或介入的所谓标准,其实是我们的核心关注点所在。Patton.M 认为,评估是依靠对项目的活动、项目的特质、项目的结果等方面的信息资料,进行全面搜集、系统分析,从而判断、评价项目的施行状况,以促成增强项目效果,为项目的有关后续决策提供服务的活动[74]。比尔·巴比认为:评估研究是一种应用性研究,它研究的是社会干预的效果。如果从评估的过程角度进行界定,那评估就是对于事物的实际情况进行测量并将测量结果与指标相比较的过程,这一过程无疑是一种价值判断的过程,从而判断评估对象的价值或适当性[75]。比格斯塔夫认为,评估直接影响着机构的目的和运作,其执行主要是为了公共责任。

　　综上所述,"评估"是对某一现象进行测量、评价的过程,包含了事前预估、事中监测和事后评估多种含义。测量是要清楚该现象的具体状况,评价则涉及对该现象的判断,即说明该现象在多大程度上与人们的期望相一致。科学的评估也是一种研究,所以评估也可称为评估研究。

所谓社会服务项目评估,是针对社会工作或社会服务而进行的评估,是指运用科学的方法和技术,多维度、多阶段、综合性的对社会服务项目的设计、策划、实施、效果等方面进行的测量、诊断和评价的活动。社会服务项目评估通过对整个服务过程的审视和梳理,来系统地评价社会工作服务工作的进程、结果、目标达成情况等,考察服务工作是否有效,是否达到了预期目标。通过评估活动,社会工作者可以进一步反思目标群体需求界定是否合理、服务计划是否可行、服务方法是否得当等。

二、社会服务项目评估与社会交代

社会交代,是社会服务机构在承接项目后对项目利益相关方就服务内容、项目实施流程、项目结果等进行的说明和解释,也称为社会问责(Social Accountability)。社会交代和社会问责两者的区别在于从社会对机构要求的角度可称之为社会问责,从机构的角度来说主要是进行社会交代,它是项目承接方机构按照项目购买方要求对工作完成情况和进展过程的解释和回应。

社会服务机构在获得政府、基金会、企业、社会公众等项目资助方的资源支持之后,需向项目资助方报告在上述资源支持下开展的服务和服务效果,以供社会各方监督和评价,从而获得社会声誉和树立专业形象,这是一种良性互动的实践。

香港学者徐明心和张超雄提出社会福利服务的多元化交代,包括以下五个方面:

一是财政交代。主要是向提供或赞助机构服务经费的政府、基金会、捐款人提供财政报告,证明资金使用的适当性和效益;

二是政治交代。主要是向立法机构、压力团体以及社会媒介交代机构履行社会责任和义务的情况;

三是专业交代。由于社会服务机构的主要人力资源是社会工作者,因此机构要证明其聘用的社会工作者在服务中遵守社会工作守则、坚守专业操守并提供了具有良好专业水平的服务;

四是服务交代。社会服务机构不仅要向服务对象提供服务,而且要提供令其满意的服务,而服务对象满意度的评估不但要反映问题的解决程度,也要证明服务是在机构内部的严谨的行政监督、专业督导下提供的;

五是行政交代。主要是指机构内部管理制度和程序的正常运作,包括管理人员和前线工作人员以及与董事会之间的行政交代。

三、社会服务项目评估的类型

按照项目评估的不同分类标准,社会服务项目评估可划分为不同的评估类型,具体如下:

(一)依照评估资料收集的方法划分

依照评估资料收集的方法划分,社会服务项目评估可分为定量评估、定性评估和综合评估。

定量评估依托于定量研究方法。定量研究较多地运用数理统计方法,侧重于对事物的测量和计算,实证主义方法论是定量研究的理论依据。我国学者方巍等认为,定量研究就是通过统计调查法或实验法,像自然科学那样建立研究假设,收集精确的数据资料,然后进行统计分析和检验的研究过程[76]。定量评估是通过将观察到的现象转化为数字,并以图形、频数分布及其他统计值加以描述的评估研究[77]。

定性评估采用定性研究方法,定性研究是一种采用比较、归纳、分类等方法,对某个、某类现象的性质和特征作出说明的研究方法[78],定性研究则侧重于对事物的含义、特征、隐喻、象征的描述和理解[79]。定性评估则是指评估者运用访谈、观察等定性研究方法,根据已有经验和相关标准,对项目做出评价的方法,评估结果只是一种价值判断。定性评估的优点在于简单易行,实施性较强,需要的数据资料少,评估过程中评估者可以充分利用自己的经验和相关资料。定性评估的缺点在于评估结果受评估者的主观因素、理论水平和实践经验影响很大,不同评估者的研究视角不同、工作岗位不同、掌握的信息不同、理论水平和实践经验存在差异,以及对问题的主观看法不同,会造成评估结果差异性较大。

综合评估方法,是指在一个项目的评估过程中,根据评估需要,综合使用定性研究和定量研究的方法、技术、手段等,收集项目相关的定性和定量资料,并依此对项目执行的过程、项目内容、项目效果等进行评价的方法。

(二)依据社会服务项目发展的不同阶段划分

依据社会服务项目发展的不同阶段和社会服务项目评估的不同性质,学者欧文和罗杰斯把社会服务项目评估归纳成以下几个类别:前涉类(proactive)评估、澄清类(clarificative)评估、互动类(interactive)评估、监测类(monitoring)评估、影响类(impact)评估[80]。前涉性评估适用的评估模式主要有需求评估和品牌建立,需求评估就是这个项目需要什么,品牌建立主要指的是同类行业或产业中,谁做得最好。澄清性评估主要通过程序逻辑模式来考察项目的环节与进展的逻辑关系,从而判断项目是否按预期的方向发展。互动性评估是指通过对项目实施过程和信息的反馈,发现项目中的问题,总结经验,提出改进意见。互动性评估是一种动态的评估模式,它需要多次循环,直至项目完善或改变。行动评估和充权评估是互动评估的两种模式,行动评估是评估人员将评估建议运用于项目改进,在评估的基础上,使项目得到优化。充权评估是让被评估人员参与到项目评估之中。监测性评估主要有表现评估和过程评估两种模式,这一阶段主要解决的问题是项目服务的匹配程度、项目执行程度及项目的改进。影响性评估以成果评估为主要模式,主要是看项目目标的完成程度、项目的效益以及服务对象的需求是否得到满足。

(三)依据社会服务项目的来源划分

服务项目都有项目来源,有的来源于服务机构外界的服务资助者,有的则来源于服务机构。按照服务项目来源,项目评估可以分成外部评估与内部评估。其中,外部评估的进行,通常都会借助第三方专业评估机构对项目开展的服务项目进行评估,以验收服务项目取得的效果；内部评估则大多局限于项目服务机构，针对项目开展过程、运作机制、理念方法、项目产出、项目效果等进行评估，以为改进后续项目方案设计、提升工作人员专业能力、推进服务机构发展等。

（四）依据社会服务项目运作的流程划分

依据社会服务项目运作的流程，服务项目评估可分为需求评估（服务前评估）、过程评估（服务中评估）、结果评估（服务后评估）。

需求评估（服务前评估）是社会工作者或社会服务机构对潜在的或实际的服务对象的需求进行分析、判断。通过需求评估，可以了解不同的服务对象存在的各种问题和需求，明确问题产生的根源，确定哪些服务对象应获得服务，判别潜在服务对象是否需要获得干预和服务，澄清服务对象取得服务的可能障碍。

过程评估（服务中评估）又称形成性评估，是在服务进行中或者项目执行过程中开展的评估活动。过程评估通常是服务机构内部进行，它通过对服务活动过程或项目实施过程及形式的评估，了解服务提供或项目实施是如何进行的，服务方法、项目执行方式对目标完成是否具有效用、项目执行过程存在哪些问题、项目如何调整等。过程评估的主要目的有以下 3 个：项目描述：记录项目的运作过程，以便于项目以后的推广和传播；项目监控：考察项目是否按原定目标和计划进行，以保证项目服务于目标群体；质量保证：检查服务对象获得的服务的质量，看这些服务是否符合服务对象需求及相关标准。

结果评估（服务后评估）是服务项目结束之后对服务结果的评估，目的在于判断项目结果是否达成了项目预设的目标，了解服务对象在项目结束之后所发生的改变，说明服务对象在接受了服务之后改变的程度和性质，项目的长期效果和社会影响如何，也即项目是否发挥了效果。结果评估可以分为成果评估、影响评估及成本一效益评估。其中，成果评估，通过对比服务项目标的完成情况，来评价服务项目目标的达成程度，通常借助满意度调查问卷以及服务前后服务对象的对比等来评价；影响评估，则是通过服务项目在服务前后的需求程度比较，对服务项目产生的社会影响、组织影响来完成评价；成本效益评估，则是对服务结果的效益进行评估，衡量服务项目的投入与服务产出间的关系。

五、项目评估的模型

项目评估的模型，一般包括 CIPP 评估模型、程序逻辑（PLM）评估模型、项目生命周期评估模型、质量管理模型、"三 E"模型、"三 D"模型、宏观"APC 评估"理论模型。

（一）CIPP 评估模型

美国学者 Stufflebeam 将评估分为背景评估（context evaluation）、输入评估（inputevaluation）、过程评估（process evaluation）及产出评估（product evaluation）组成的 CIPP 评估模型[81]。CIPP 模式也被称为决策导向型评估模式，主张评估是一种系统工具,最重要的目的在于改进而非证明。其中,背景评估,是要把握评估对象的内外部环境、了解评估对象的问题、需求及机会,并对项目目标的合理性进行判断和评价;输入评估,是要把握评估对象可运用的各类资源(人力、物力及财力)及如何运用资源完成预定目标,包括对方案的计划、财务等进行评价,评估程序的可行性和合理性;过程评估是要发现计划执行过程中存在的问题,以便及时进行修正;成果评估是要测量目标的实现度。

综合以上,可以看出,CIPP 评估模型是通过背景评估进行目标的遴选、通过输入评估整合优化资源,通过过程评估指导程序的实施,通过产出评估为绩效考核提供依据。CIPP 模式最突出的特点是从目标确定、方案设计、具体实施到结果考核,将评估活动贯穿整个项目过程,是一种较为全面的评估模式。

(二)程序逻辑(PLM)评估模型

程序逻辑模式(Program Logic Model,简称 PLM),是从"程序"和"逻辑"的角度来评估项目状况的一种具有可操作性的模式。其理论假设是项目的发展必然依据一定的程序,而程序之间的联系必然具有逻辑性,不依据程序或不具有逻辑性说明的项目存在问题[82]。因此,程序逻辑模式是对项目进行审视的重要工具。

程序逻辑模式的逻辑关系从项目的处境分析和基本理论假设开始,经过制定成效目标、提供服务标准以及需要耗费的资源(人力、物力和财力),最后是活动的进行、服务的开展,具体如下:

处境分析(Situations):指对目标对象人群的问题或需要进行分析,这是项目活动开展的依据所在;

假设/理论基础(Assumptions):指进行各项活动和计划项目时对目标群体所持有的信念或理论假设;

投入(Inputs):指投放在活动中的人力、物力、财力等各类资源;

活动(Activities):指为项目目标群体所开展的活动、工作任务或计划的事项;

产出(Outputs):指项目活动推行后所产生的成品或具体服务;

成效(Outcomes):指活动推行后对项目目标群体所产生的正面改变(Positive Changes)或成就(Accomplishment);

外在因素(External Factors):指影响活动、产出及成效的处境和外在因素,这些因素是不能控制的。

程序逻辑模式涉及以下具体内容:在项目实施前的处境分析、在项目制定计划时对资源投放的预估和计划、项目实施过程中开展的具体活动、服务活动针对的具体的服务对象。

(三)项目生命周期评估模型

项目生命周期评估模型是依据项目在生命周期各阶段的特点,设计项目评估的评估指标和评估内容,对项目各个运作阶段进行评估。项目生命周期评估模型能够更全面、更深入地观测项目动态,及时纠正项目在运作过程中出现的各种问题。将项目生命周期的策划、立项、计划、启动、实施、收尾等 6 个方面进行归纳合并,项目生命周期评估可以简化为启动阶段、规划阶段、实施阶段和收尾阶段等四个阶段,每个阶段的项目运作、执行的重点和特点不同,所对应的评估指标也各有差异。

虽然不同类型项目的复杂性和规模不同,但不论其大小繁简,所有项目都呈现项目启动阶段、组织与准备阶段、执行项目工作以及结束项目等 4 个阶段。对于社会服务项目而言,一般可分为项目需求分析、项目方案设计、项目实施、项目跟进、项目结束等阶段,这些分阶段是相对独立又完整地分布在项目的生命线上。各个分阶段又是相互关联的,构成了项目生命周期的有机联系。同时,各个分阶段也可看作一个单独的项目,都有经历生命周期。也就是说,每个阶段也有着自己的生命周期[83]。

项目启动阶段。在项目启动阶段,确定了项目工作范围以及必要的资源。因此,项目启动阶段的评估主要是考察项目是否结合目标群体的实际需求来设计,项目目标制定是否合理,项目要解决目标群体的哪些问题,项目的可行性和执行性程度如何,项目执行方是否具有执行项目的必要资源,项目开展是否具有实际意义和潜在价值等。

项目规划阶段。在项目规划阶段,项目执行主体需要识别确定与项目相关的重要的组织成员或关系人,并制定详细的项目规范、进度计划以及其他计划。因此,项目规划阶段的评估,重点在于考察项目需求调查结果是否在项目计划书中体现,项目管理的各种规章制度是否和完善,项目任务范围是否明确、项目执行人员的专业能力和对项目的认识如何等。

项目的实施阶段。项目的实施阶段是项目具体运作的阶段,项目开始开发系统、生产产品、提供服务等,项目的主体工作正是在这个阶段完成的。因此,这一阶段的项目评估主要是考察项目的实际执行情况如何、与项目计划是否有偏离,以及项目任务的变更情况、已有的项目产出有哪些、项目团队能力和素质评估等。

项目的收尾阶段。项目的收尾阶段发生在项目移交到"客户"手中后,资源进行重新配置,项目正式收尾。这一阶段项目评估主要是对于项目成果的评估,如项目产出的数量、质量,项目成果的表现形式,项目成果的可推广性,项目目标的达成程度,目标群体满意度,项目所对应的实际需求满足程度、社会问题的解决情况和社会矛盾的缓解情况等。

（四）质量管理模型

质量管理模型,又称 PDCA 循环或质量环,最早是由美国的休哈特博士提出,也称休哈特循环,后来美国质量管理专家戴明博士在 1905 年再度将其挖掘,并广泛宣传和运用到持续改善产品质量的过程当中,又称为戴明环。

PDCA 是英语单词 Plan(计划)、Do(执行)、Check(检查)、Adjust(调整)四个单词首字母的组合,而 PDCA 循环就是按照这样的顺序进行质量管理、并且循环不止地进行下去的科学程序。P(Plan),即计划,该环节包括选择课题、设定目标、提出最佳方案、制定具体措施计划;D(Do),即执行,该环节是对计划的具体运作和执行;C

(Check),即检查,该环节包括了检查计划的执行结果,总结成功的经验,以及制定标准;A(Adjust),即调整,即把未能解决的问题或新出现的问题转入到下一个 PDCA 循环当中。

质量管理模型主张以需求为导向,注重过程控制,强调以服务对象的满意度为质量评价标准。因此,质量管理体系导向的评价标准既可以完整覆盖社会服务的范围,也能够保障服务效果在评估过程中的主导地位。这种评估模型的特点是:评价体系完整、覆盖全面、思路清晰,具有一定的引导作用[84]。

(五)"三 E"模型

"三 E",指经济(economy)、效率(efficiency)与效果(effectiveness),"三 E"评估主要是对项目的成本、产出和目标的达成度等进行评估。经济方面强调的是在保证服务品质的前提下,投入最低的成本,它的侧重点在于成本的数量,对于产出和服务的效果并不注重;效率关心的是投入和产出之间的比例关系,它的指标一般包含服务的水平、实施的进度、各项活动的成本组成等方面;效果一般是指服务的目标的实现程度,注重目标和结果。按照"三 E"理论,项目的评价依据主要表现在项目运行的经济、效率和效果三个层面。

(六)"三 D"模型

"三 D",指诊断(diagnosis)、设计(design)与发展(development),"三 D"模型强调在项目实施过程中的管理和监控,以及外界环境变化对项目的影响,因此比较适用于中期评估。诊断是指对于项目出现的新问题,项目管理者可以准确理解,可以顾及利益相关者的利益和需求;设计是指当面对这些问题的时候,管理者能够采取恰当的方式去解决,能够构思出合理的策略来处理这些问题;发展是指对于项目运作过程中碰到的问题的处理,以及在这过程中对于管理的转变或创新。

(七)宏观"APC 评估"理论模型

清华大学 NGO 研究所针对我国部分志愿组织实施的志愿项目公信度不高、创新度不够、绩效不理想等问题提出"APC 评估"理论模型,对志愿项目的问责性(accountability)、项目的绩效(performance)、项目实施的组织能力(capacity)进行评估,具体主要针对项目的恰当性、效率、实施效果、客户的满意度、社会影响效果、项目的可持续发展等方面进行科学评价。

项目的适当性包括:开展的项目与组织使命是否一致;开展的项目与利益相关者的需要与认知是否对应;开展的项目对目标群体的需要是否能够做到及时回应。

项目的效率包括:项目的成本与效益的关系;在知识技能扩散方面产生的影响;是否节约了时间。

项目的实施效果:是指项目最终实施的情况或和计划目标的完成程度,其中主要指绝对量与相对比例这两个因素。

项目的满意度:是指目标群体对体会到的服务质量与事前期望值之间的对应关系。

项目的社会影响：是指项目实施过程中所获得的直接和间接效益以及项目的实施对公众生活与社会经济所带来的深远影响。

项目的持续性：是指项目结果的可重复性、可持续性，也就是项目结束后，其积极结果的持续性，包括动态持续性与静态持续性两个方面。

六、社会服务项目评估的基本架构

服务项目评估作为社会工作实务的一大领域，其评估基本架构的重要要素包括：评估主体、评估对象、评估目标、评估方法、评估内容。

（一）评估主体

1.社会工作者或社会服务机构

社会工作者或社会服务机构是服务的提供者，其成为评估主体主要体现在以下情况：第一，需求评估；第二，服务方案评估；第三，服务过程评估；第四，结果评估。

2.相关政府部门评估和第三方评估

相关政府部门评估主要是指对社会服务机构有管理权、监督权的政府部门对机构运作的社会服务项目进行的评估。第三方评估是由与社会服务机构及其资助者无关的机构对社会服务机构运作的服务项目进行的评估，这种评估一般由专门评估机构或专门组成的专家组实施，具有相对独立、科学和客观的观点。

3.社会服务对象

社会工作强调以服务对象为本。因此社会服务项目评估常采用参与式评估的形式，尤其在某些行动型、发展型的社会服务中，服务对象处于主体地位，评估必须要有服务对象的参与。

（二）评估对象

社会服务的评估对象主要为社会服务机构、社会服务项目和社会工作者。

社会服务机构。社会服务机构是社会服务项目的承担者，社会服务机构接受政府和社会的资助开展专业服务活动，必须接受评估，评估内容包括机构管理评估、专业评估、服务评估等。

服务项目。服务项目是最主要的评估对象，因为社会服务常常是以项目形式出现的，对项目的评估包括服务对象的需求评估、方案评估、过程评估、效果评估、项目服务团队的评估、项目管理评估等诸多要素。

社会工作者。社会服务主要由社会工作者通过各种形式提供，对社会工作者的评估可以从服务资质和服务能力两个方面进行。服务资质的评估是要对作为社会工作者的基本条件或某一等级的评估。服务能力评估是对社会工作者服务的理念、方法、过程及效果的评估。

（三）评估目标

通常情况下，社会服务项目评估的主要目标有：考查服务对象进步情况及服务目标的实现程度，以总结项目运作经验、改善项目服务技巧、提升服务水平；验证社会工作方法的有效性,在评估验证的基础上修改和完善社会工作的介入方法;进行社会工作研究,通过评估过程系统地汇集资料,积累实践的知识和经验是促使本土社会工作理论和方法发展的有效途径。

评估目标是由组织者和执行者共同确立的。在整个评估过程中,评估大致上分成两种:一种旨在提升项目的服务,另一种基于对项目的总结。此外,评估还可丰富项目服务评估相关知识和对政府以及社会进行交代。

(四)评估方法

评估中常用的方法主要有基线测量法、任务完成情况的测量方法、目标实现程度的测量方法、介入影响的测量方法等。

1.基线测量方法

基线是行为研究的一个术语,主要用来测量行为的频度、强度和持续时间,它在评估中起着非常重要的作用。基线评估在介入开始时对服务对象的状况进行测量,建立一个基线作为对介入行动效果进行衡量的标准基线,以评估介入前后的变化,并以此判断介入目标达成的程度,从而了解服务工作的有效性程度。基线测量法可以应用于对个人、家庭、小组或者社区的工作介入评估,通过对服务对象介入前、介入中和介入后的观察和研究、比较服务提供前后发生的变化。

基线测量的操作程序如下:

建立基线。一是确定服务目标,最好能够量化;二是选择测量方式,如直接观察、间接观察、问卷法、访谈法等;三是对目标行为进行测量并记录目标行为(或者思想、感觉、社会关系或社会环境)的情况。这个过程建立起基线数据,此过程也称为基线期。

进行介入期测量。建立基线后就开始对服务对象实施介入,并对基线调查中所测量的各项目标行为和指标进行再测量,以为数据比较之用。这个过程称为介入期。

分析和比较。将基线期和介入期的数据按测量时间和顺序制成图表,将每个时期的数据资料进行连接,呈现数据的变化轨迹和变化趋势,并将基线期和介入期的数据进行对比。如果两个数据不同,那么一般可以认为是介入本身作用的结果。

2.任务完成情况的测量方法。在实际工作中,服务对象的目标是被分解成许多具体的行动和任务,通过探究服务对象和工作者完成哪些既定的介入任务也能确定介入的影响。具体方法可以运用等级尺度来测量任务的完成程度:没有进展、很少实现、部分实现、大体上实现、全部实现,将每项任务的最后得分加到一起,然后除以可能获得的最高分数,就能确定完成或者介入行动成功的百分比。

3.目标实现程度的测量方法。目标实现程度的测量是评估进步情况的一种方法,主要用于评估是否已经达到了预设目标以及达到的程度如何。这种方法适用于不同层次的系统(如个人、家庭、组织和社区),是对介入目标的评估。具体包括:(1)目标核对表。服务者和服务对象共同协商,选择一些目标作为指示介入的方向,并把它们罗列出来。在介入过程中和介入结束时,都用一些等级尺度来衡量介入后的行为,并记录下它们,将介入后的行为与介入前的行为进行比较,从而发现介入后出现的新情况。(2)个人目标尺度测量。由于服务对象千差万别,工作者和服务对象可以制定个人化的测量尺度来评估他们的改变情况。具体做法:按照服务对象的具体情况,分出轻重缓急,确定几个目标,然后按照等级,测量和计算服务对象实现个人化目标的情况。

4.介入影响的测量方法。包括服务对象满意度测量和差别影响评分法,服务对象满意度测量的具体做法是由服务对象用口头或书面形式,包括填写问卷来表达对介入的看法。这是一种评估介入影响的方法,特点是操作简单且不需要花费太多时间和资源。但这种方法的局限在于,测量比较粗糙,有时服务对象会倾向于对介入给予积极的评价,因此评估有可能不准确。差别影响评分法是一种更为结构性的评估方法,首先由服务对象对介入影响进行自我陈述,报告自己有哪些变化,然后区分出哪些是介入本身带来的变化,哪些是其他因素带来的变化。与满意度测量一样,社会工作者也应该注意这种方法可能带有服务对象的主观色彩。

(五)评估内容

在整个项目的评估过程中,评估主要涉及项目执行情况、财务情况、服务效果、满意度情况等内容。民政部 2015 年发布的《社会服务项目绩效评估指南》叙述了有关社会工作评估的内容,具体如下:

1.项目方案

项目方案的评估应包括:

社会服务项目的策划是否专业、规范;

服务计划是否具有逻辑性和可操作性,是否有效回应服务对象需求和项目目标要求;

服务对象界定是否符合项目基本要求;

对需求的调查分析是否准确,需求分析报告结构是否完整,是否能根据需求合理界定项目服务的覆盖范围和目标指向;

预算方案是否体现目标相关性、政策相符性、经济合理性、公益导向性的原则。

2. 项目实施

(1)专业人员配备与使用

在项目实施中,是否能够按照项目方案中的计划配备相应的社会工作者及相关专业人员,并在项目实施中发挥相应作用。在人员使用过程中,是否能够做到分工明确、优势互补、团队协作。

(2)物资配置

在项目实施中,使用的场地、设备、服务设施及相关物资是否能够满足项目运行需求。

(3)专业服务价值理念运用

在项目实施中,能否真正体现社会工作者"以人为本、助人自助"的价值观和"平等、尊重、接纳、保密"等专业原则。

（4）专业服务理论运用

在项目实施中，是否正确依据社会工作专业相关理论。

（5）专业服务方法运用

在项目实施中，是否恰当运用社会工作专业方法和技巧。

3.项目管理

（1）项目行政管理

是否制定和执行了项目人事管理制度、财务管理制度、物资管理制度及保密制度。

（2）专业规范性管理

是否制定和执行了完善的社会工作专业服务规范和程序；是否全面、原始、真实保存项目服务档案；是否制定了相应的服务对象权益保障制度。

（3）项目进度管理

项目团队是否根据服务方案制定了总体工作计划和阶段性工作安排；是否制定了服务进度管理制度，并合理安排工作进度。

（4）服务质量体系与督导

是否建立了服务质量评估指标体系；是否建立专业督导和培训机制；是否建立意见反馈与投诉处理机制；是否提出持续改进机制。

（5）风险管理与应急预案

项目执行机构是否对其项目实施过程中存在的风险进行预估，是否制定了项目应急预案。

（6）项目资金管理

项目资金使用是否符合预算执行方案和财务管理制度。

4.项目成效

（1）目标实现程度

评估内容包括：

合同规定的服务目标达成情况；

合同规定的服务数量完成情况；

合同规定的服务对象改善情况；

合同规定的服务组织及其专业团队从项目实施中得到成长发展的情况。

（2）满意度

评估服务对象、购买方、项目执行方对社会工作服务过程与成效的满意度。

（3）社会效益

对项目的影响力、可持续性、可推广性进行评估。评估内容包括：

社会反响：奖惩情况、宣传报道、研究成果；

决策影响：对项目可持续发展的思考与建议被相关部门采纳；

资源整合:组织参与、社会捐赠、志愿者参与。[85]

第二节　晋江市"四点钟学校"项目评估

一、晋江市"四点钟学校"项目评估构成

（一）评估主体

截至 2018 年,晋江市"四点钟学校"项目的评估主体主要为:晋江市妇女联合会、财政局、文明办、科协、关工委、民政局、教育局领导或相关科室负责人,各镇(街)妇女联合会(妇工委)、各试点单位负责人、机构负责人等。

（二）评估形式

项目购买方评估与项目执行方自评相结合,季度性评估与年度评估相结合,需求评估与结果评估相结合、项目满意度评估与项目效果评估相结合。

（三）评估方法

1.确定资料收集对象。项目评估资料包括"四点钟学校"项目的整体概况,实施情况,相关的实施记录,统计资料,会议记录,工作记录与反思等等。

2.评估资料的收集方法。在资料收集过程中为了全面的把握项目进展和服务成效,运用了文献法、访谈法、问卷调查法、观察法等方法。

3.评估资料的分析方法。主要使用定性和定量资料分析法对所收集来的资料进行分析,确保项目评估资料的科学性及准确性。

（四）评估内容

为了全面有效的评估此次项目,评估内容包括项目的产出、项目的成效、项目的社会影响等几个方面。

1.项目的产出评估

项目产出评估主要包括项目合同签约的服务量指标,如合同中签订的个案、小组、服务活动等服务指标完成情况。

2.项目的效果评估

项目的效果评估的主要内容包括:服务对象及家长对项目的满意度;服务对象家长对项目的认可度;服务对象对服务的总体评价,社会工作者自身工作态度的满意度,社区领导及工作人员对项目服务的认可度等。

3.项目的影响评估

项目的影响评估内容主要涉及社会媒体对于社会服务中提供的专业服务的报道与评价,项目与相关部门合作情况以及社会资源的链接利用情况。

二、"四点钟学校"项目产出情况

"四点钟学校"项目产出,包括项目成员档案的建立更新、项目服务内容和服务方

法的运用、项目各阶段项目报告、项目场地维护、项目案例等,以每年的最低产出量进行核算,具体服务产出见表 2.1:

表 2.1　晋江市"四点钟学校"项目服务产出表

晋江市"儿童之家四点钟学校"服务产出

(以 2018 年"儿童之家四点钟学校"项目 15 个试点的最低产出量核算)

类　别	全年指标	服务人次	备　注
学员建档	375 人	/	每名社会工作者对应 25 名成员,在保证安全的前提下根据试点单位需求进行适当调整。
课业辅导	7200 小时	72000 人次	周一至周五 16:00—18:00。
家访	400 次	400 人次	每月定期走访成员家庭,了解成员家庭信息。
个案工作	40 个	40 人	含咨询性个案和深度治疗个案,包括个人个案和家庭个案。
小组工作	20 个	800 人次	按每个小组工作 5 节次,每节小组 8～12 人计算。
大型活动	20 场	2000 人次	即"童心大本营"周末工作坊,大型活动按每场 100 人以上计算,中型活动按每场 50～100 人计算,小型活动按每场 20～25 人计算。(服务时间每周六 8:30—11:30、14:30—17:30,各试点可根据需求进行适当调整。)
中型活动	50 场	2500 人次	
小型活动	600 场	12000 人次	
安全教育活动	80 场	1600 人次	每季度每个试点至少开展一次以"安全教育"为主题的活动,按每场 20～25 人计算。
社工培训	4 场	80 人次	每季度面向社工开展至少一次的行政、专业培训。
实务、行政督导	20 次	60 人次	每季度至少一次行政督导,每月至少一次实务督导。
满意度调查报告	2 份	/	每半年向试点街镇、试点单位、成员和家长发放满意度调查问卷,撰写满意度调查报告。
场地装饰	/	/	对每所"四点钟学校"的硬件环境进行统一的布置、装饰。
宣传工作	/	/	持续性的对项目工作进行宣传,宣传方式包括媒体报道、微信、网站、论坛等平台。
案例撰写或论文	2 篇	/	对项目服务工作成效突出的案例进行案例描写。
项目宣传品	/	/	根据需要将服务内容、服务成效、优秀案例等编制成项目宣传画册或折页,并进行推广宣传。
项目中期报告	1 份	/	汇报项目投入产出及评估半年运作情况。

续表

类　别	全年指标	服务人次	备　注
项目终期报告	1 份	/	项目总结及成果汇报。
项目汇报专题片	1 份	/	通过 PPT 或视频的形式对项目进行总结和汇报。

三、"四点钟学校"项目效果的满意度评估

2018 年,"四点钟学校"项目进行了项目满意度调查,主要通过针对直接服务对象(儿童)和间接服务对象(儿童家长)的调查问卷来进行。在问卷评估维度上,主要从参与主动性、对社会工作者的认同度、服务有效性等几个维度设计相关问题指标,其每一维度的内容是服务对象或服务对象的家长对社会服务项目的评价,是社会服务项目评估的重要构成部分。通过问卷调查、访谈等形式,对参与四点钟课堂的儿童及其家长的调查,具体如下:

1.晋江市"四点钟学校"项目的成员满意度评价

调查问卷对晋江市四点钟学校的成员发放,一共回收到了 220 份问卷,其中 210 份为有效问卷,10 份为无效问卷,问卷有效率为 95％。此次问卷调查的儿童当中,大部分儿童的年龄分布在 7 岁、8 岁、9 岁、11 岁和 12 岁当中,其中 8 岁儿童所占比重最大,占 18％,其次是 11 岁儿童。主要围绕以下四个问题来进行评估:"你是否愿意参加'四点钟学校'?""你会继续参加'四点钟学校'吗?""你觉得加入'四点钟学校'后有哪些改变?""你喜欢'四点钟学校'的活动吗?"

在服务对象参与"四点钟学校"项目的主动性方面,被调查儿童中,有 93.5％的儿童是愿意来四点钟学校参加活动,可见绝大多数成员们参与"四点钟学校"的积极性非常高,见表 2.2。

表 2.2．　你是否愿意参加"四点钟学校"

		频率	百分比	有效百分比	累积百分比
有效	不愿意	10	5.0	5.0	5.0
	愿意	187	93.5	93.5	98.5
	其他	3	1.5	1.5	100.0
	合计	200	100.0	100.0	

在服务对象参与"四点钟学校"项目的持续性方面,83％的被调查儿童表示还是会继续参加"四点钟学校"的活动,15％的儿童态度中立表达不一定,2％的儿童表示不会参加"四点钟学校"活动。从整体上而言,儿童对"四点钟学校"的服务是较为满意的,愿意继续参加,认可"四点钟学校"的价值和作用,但还有表示中立态度和否定

态度的儿童,也说明社会工作者在"四点钟学校"服务中还需要继续改进和完善。

考察"四点钟学校"对于服务对象产生哪些影响,参加问卷调查的儿童有49%认为自己加入"四点钟学校"后,学到了知识,26.6%的儿童认为自己长了技能,17.3%的儿童认为自己扩大了社交(见表2.3),由此可以看出成员们在参加了"四点钟学校"活动之后还是有所改变的,也说明"四点钟学校"对于促进成员成长和能力提升发挥以积极作用。

表2.3 你觉得加入"四点钟学校"后有哪些改变

		响应		个案百分比
		N	百分比	
你觉得加入"四点钟学校"后有哪些改变	学了知识	153	49.0%	78.1%
	长了技能	83	26.6%	42.3%
	扩大社交	54	17.3%	27.6%
	没什么改变	16	5.1%	8.2%
	其他	6	1.9%	3.1%
总计		312	100.0%	159.2%

考察服务对象对"四点钟学校"的参与积极性,有87.5%的儿童是喜欢"四点钟学校"的活动的,不喜欢的只有1%(见表2.4),由此可见大家还是非常喜欢"四点钟学校"的活动,参加"四点钟学校"的活动比较积极。

表2.4 你喜欢"四点钟学校"的活动吗

		频率	百分比	有效百分比	累积百分比
有效	喜欢	175	87.5	87.5	87.5
	还行	22	11.0	11.0	98.5
	不喜欢	2	1.0	1.0	99.5
	其他	1	0.5	0.5	100.0
	合计	200	100.0	100.0	

2.晋江市"四点钟学校"项目成员家长对项目的满意度评价

针对晋江市"四点钟学校"项目成员的家长进行的问卷调查,一共回收到了155份问卷,其中150份为有效问卷,5份为无效问卷,问卷有效率为97%。针对成员家长,主要围绕对"四点钟学校"的满意度、改善家里小孩儿无人照看的程度、项目实施对孩子的影响及影响程度等指标进行评估。

家长对"四点钟学校"的满意度方面,98%的家长对"四点钟学校"的服务是比较满意的,只有2%的家长对"四点钟学校"有点儿不满意,见表2.5。

表2.5 您对"四点钟学校"目前的服务满意吗

		频率	百分比	有效百分比	累积百分比
有效	很满意	89	59.3	59.3	59.3
	比较满意	58	38.7	38.7	98.0
	有点不满意	3	2.0	2.0	100.0
	合计	150	100.0	100.0	

围绕"'四点钟学校'在多大程度上改善了您的小孩儿无人照看的问题?",66%的家长认为"四点钟学校"在很大程度上改善了小孩儿无人照看的问题,只有2%的家长认为"四点钟学校"对小孩儿无人照顾问题上是可有可无的,见表2.6。

表2.6 "四点钟学校"在多大程度上改善了您的小孩儿无人照看的问题

		频率	百分比	有效百分比	累积百分比
有效	很大	99	66.0	66.0	66.0
	还行	48	32.0	32.0	98.0
	可有可无	3	2.0	2.0	100.0
	合计	150	100.0	100.0	

围绕"四点钟学校"对您的小孩儿影响大吗"这一问题,大部分的家长认为"四点钟学校"对小孩儿的影响是比较大的,只有12.7%的家长认为"四点钟学校"对小孩儿没什么影响。

表2.7 "四点钟学校"对您的小孩儿影响大吗

		频率	百分比	有效百分比	累积百分比
有效	其他	4	2.7	2.7	2.7
	很大	76	50.7	50.7	53.3
	还行	51	34.0	34.0	87.3
	没什么影响	19	12.7	12.7	100.0
	合计	150	100.0	100.0	

考察"四点钟学校"项目对儿童良好行为形塑方面,32.4%的家长认为进入"四点

钟学校"后,小孩儿的习惯变化较好,30.9%的家长发现小孩儿的自理能力有所提高,29.8%的家长发现孩子变得较有礼貌,只有2.9%的家长认为小孩儿没什么变化,见表2.8。

表2.8　与进入"四点钟学校"之前相比您的小孩儿有什么变化

| | | 响　应 | | 个案百分比 |
		N	百分比	
与进入"四点钟学校"之前相比您的孩子有什么变化	习惯较好	89	32.4%	61.4%
	自理能力提高	85	30.9%	58.6%
	较有礼貌	82	29.8%	56.6%
	没什么变化	8	2.9%	5.5%
	其他	11	4.0%	7.6%
总计		275	100.0%	189.7%

考察家长们对"四点钟学校"项目的管理规范的认可程度,82.7%的家长认为"四点钟学校"管理比较规范,整体上对"四点钟学校"项目的管理是比较认可的,见表2.9。

表2.9　"四点钟学校"给您的印象是什么样的

		频率	百分比	有效百分比	累积百分比
有效	管理规范	124	82.7	82.7	82.7
	管理较随意	11	7.3	7.3	90.0
	不知道	13	8.7	8.7	98.7
	其他	2	1.3	1.3	100.0
	合计	150	100.0	100.0	

通过考察"四点钟学校"成员的家长能否持续支持此项目的实施,86.7%的家长对"四点钟学校"开展的活动是比较支持的,支持活动能够继续开展。从家长们对项目活动的认可度来看,大部分成员家长比较认可此项目,见表2.10。

表 2.10　您支持"四点钟学校"开展的活动吗

		频率	百分比	有效百分比	累积百分比
有效	支持	130	86.7	86.7	86.7
	看情况	20	13.3	13.3	100.0
	合计	150	100.0	100.0	

　　同时,被调查的所有的家长都十分愿意让小孩儿继续接受"四点钟学校"的服务,肯定"四点钟学校"的价值和作用,表达了该活动的支持态度,见表 2.11。

表 2.11　您是否愿意让您的小孩儿继续接受"四点钟学校"的服务

		频率	百分比	有效百分比	累积百分比
有效	愿意	150	100.0	100.0	100.0

　　综合以上对"四点钟学校"项目直接服务对象(成员)和间接服务对象(成员家长)的调查来看,大部分服务对象对项目开展的内容、有效性、参与的持续性和积极性、认可度等几个方面,表现出较高的满意度,认可服务开展对于儿童成长的积极作用。

四、"四点钟学校"项目的季度评估与年度评估

　　"四点钟学校"项目运作的季度评估与年度评估考评组由项目采购人相关机构组成。采购人将协助考评小组定期对项目开展情况进行考核评估,主要考核评估内容为项目实务、团队管理、行政工作等三个方面,并依据考评情况拨付项目经费。具体如下:

　　1.合同履行期间及期满后,考评组将根据现场情况对晋江市"四点钟学校"项目社会工作者服务岗位采购项目实行考评。

　　2.实行"季度考评＋年终考评"的考核机制,每季度晋江市妇女联合会依据季度考评情况拨付社会工作者机构绩效奖惩。季度考评 70 分及以上,无奖惩;60～70 分(含 60 分),扣除履约保证金 1 万元;60 以下,扣除履约保证金 2 万元。若发生扣除履约保证金的,中标人应在采购人扣款后 2 个工作日内补足履约保证金。年终考评分数 85～95 分,奖励 5000 元;95 分以上奖励 1 万元。季度考评具体指标如表 2.12 所示:

表 2.12　晋江市"四点钟学校"项目社会工作者服务岗位采购项目季度考评表

考核内容	分项目	服务要求	评分办法	得分
项目实务（50分）	成员建档（5分）	每所"四点钟学校"需要完成：①成员建档率100%；②每周课业辅导≥5次；③安全教育课≥1次/每半个月；④家庭走访≥10个/每季度；⑤个案工作开展个数≥1个/每季度；⑥周末工作坊开展场次≥3场/每月；⑦项目试点特色服务成效总结报告≥1份/每季度；	①建档指标≥100%得5分，≥70%得3分，≥40%得1分，<40%不得分；②课业辅导指标完成100%得10分，≥70%得8分，≥40%得6分，<40%不得分；③安全教育指标≥100%得5分，≥70%得3分，≥40%得1分，<40%不得分；④家庭走访指标≥100%得5分，≥70%得3分，≥40%得1分，<40%不得分；⑤个案工作开展指标≥100%得5分，≥70%得3分，≥40%得1分，<40%不得分；⑥周末工作坊开展场次≥100%得10分，≥70%得8分，≥40%得6分，<40%不得分；⑦试点特色服务成效总结报告≥1份且成效显著得10分，≥70%得8分，≥40%得6分，<40%不得分。	
	课业辅导（10分）			
	安全教育（5分）			
	家访（5分）			
	个案工作（5分）			
	周末工作坊（10分）			
	试点特色（10分）			
团队管理（20分）	社会工作者培训（5分）	①举办社会工作者行政培训或专业培训≥1次/每季度；②开展社会工作者专业督导≥20人次/每季度；③召开项目例会≥3次/每季度；④社会工作者岗位配备完善；	①培训场次指标≥100%得5分，无举办培训得0分；②专业督导指标≥100%得5分，每少1人次扣除0.5分；③项目例会指标≥100%得5分，每少一次扣除1.5分；④项目岗位人员完善、无空岗得5分，累计空岗7个工作日得3分，累计空岗7个工作日以上得0分；	
	专业督导（5分）			
	项目例会（5分）			
	人员配备（5分）			

续表

考核内容	分项目	服务要求	评分办法	得分
行政工作（20分）	试点走访（10分）	①联合市妇联进行试点走访≥20个/每季度；②定期向市妇联汇报近期工作≥3次/每个季度；	①试点走访指标≥100%得10分，每少一个试点扣除1分；②工作汇报指标≥100%得10分，每少一次扣除5分；	
	工作汇报（10分）			
满意度等级（10分）	满意度等级（10分）	①市妇联四点钟项目负责人对服务情况进行满意度等级评定。	①优秀为10分，良好7～9分，合格6分，不合格0～5分。	
合计分数：				

　　"四点钟学校"项目年度评估,每年初以汇报会的形式,邀请晋江市妇女联合会、财政局、文明办、科协、关工委、民政局、教育局领导或相关科室负责人,各镇(街)妇联(妇工委)、各试点单位负责人、晋江市致和社工事务所负责人参加对项目的年度评估。具体评估流程如下:各相关部门分管领导作为考察嘉宾,在试点社会工作者的带领下对"四点钟学校"场地进行实地考察,对正在开展的冬令营服务通过观察,与服务对象、社区居民访谈,以及对往期服务材料进行对比。同时,还进行满意度调查,参与汇报会的相关部门分管领导、各镇(街)妇联(妇工委)、各试点单位负责人匿名填写满意度调查表,满意度评价表总分30分,采取0～2级分数评价,非常满意得2分,满意得1分,非常不满意得0分。满意度调查表主要围绕项目管理情况、项目汇报情况、社会工作者服务情况、服务成效等四个方面,具体如下:

　　1.项目管理情况。包括项目管理制度、项目存档情况、项目资金的收支、试点走访情况等。

　　2.项目总结情况。包括项目末期总结、汇报表现等。

　　3.社会工作者服务情况。包括试点氛围布置、社会工作者服务内容丰富、社会工作者服务手法创新、关注服务对象需求并及时应对、积极配合试点单位相关工作等。

　　4.项目成效情况。包括项目评价、社会反响、资源链接情况等。

　　考评实行实地考察与现场汇报相结合,评价具体指标和评分标准见表2.13。

表 2.13　评价指标和评分标准

评估内容	具体评估指标	评分标准			备注
		非常满意	满意	非常不满意	
项目管理情况	项目管理制度规范				
	项目存档规范				
	项目资金的收支合理				
	项目末期的总结				
	项目汇报的表现				
项目汇报情况	汇报条理清晰				
	项目成果展示情况				
	试点街镇的支持情况				
社会工作者服务情况	试点氛围布置				
	社会工作者服务内容丰富				
	社会工作者服务手法创新				
	关注服务对象需求并及时应对				
	积极配合试点单位相关工作				
项目成效情况	项目过程中媒体报道情况				
	项目实施过程中资源链接情况				
建议评价		总分：			

五、晋江市"四点钟学校"项目的成效评估和影响评估

(一)"四点钟学校"项目的成效

1.通过开展活动让社区儿童学习了更多的知识和技能,提升了社区儿童的学习能力、自我管理和自我保护能力。

2.掌握了项目实施区域儿童情况,尤其是困境儿童,为项目持续开展提供了可信的材料;

3.同当地政府、学校、社区等相关单位建立了良好的合作关系,推进了学校、社区社会工作服务的发展,为"四点钟学校"项目的持续性开展开拓了新领域。

4.为社区居民提供了一个了解社会服务、接受社会服务,进而参与社会服务的机会与平台,极大丰富了社区居民的文化及志愿生活。

5.通过在社区、学校等试点单位开展"四点钟学校"各项活动,增强了社会对于社

会工作者服务的认识与了解,扩大了社会工作者服务的影响。社会工作作为新兴发展的行业,群众对它的认知度并不高。"四点钟学校"项目的实施使得社会工作者及社会工作服务融入社区,为社区儿童提供专业的社会工作者服务,让社会对社会工作者、社会工作者服务有了初步认识。

（二）"四点钟学校"项目的影响

"四点钟学校"项目在实施过程中,通过一系列的活动,调动了项目合作单位的积极参与,晋江市各项目试点街道等有关政府部门也积极关注该项目的发展,并给予极大的鼓励和支持。同时,"四点钟学校"项目通过媒体和网络对项目进行积极宣传,并将项目中创建的经验借助于网络、报刊等多种媒体进行推广普及,形成一套可复制、可推广、可借鉴的现代儿童社会工作中的"晋江模式",成为社区发展特色品牌。项目至2017年,得到各大媒体的关注与支持,其中包括《中国妇女报》、"中国网"等国家级媒体报道5篇,《福建日报》等省级媒体报道9篇,《泉州晚报》等市级媒体报道11篇,晋江电视台等县（区）级媒体报道85篇。"中国妇女网"以《福建晋江:"儿童之家四点钟学校"创建形成"晋江模式"》为题,从"四点钟学校"项目资源的链接整合和特色性应用、项目化运作过程中以点带点的孵化运营、服务中的"反哺"教育等几个方面进行了报道。

在"四点钟学校"项目的运作中,2013年,晋江市致和社工事务所获得晋江市民政局、晋江市团委、晋江市妇女联合会联合颁发的"晋江市青少年儿童暑期夏令营优秀组织奖";2014年,晋江市儿童之家"四点钟学校"项目获得中共泉州市委组织部颁发的"泉州市非公有制企业党建特色范例优秀奖",晋江市"儿童之家四点钟学校"项目服务案例《阳光心灵,快乐成长》在"晋江市优秀社会工作服务案例评选活动"中被评为"优秀"案例;2017年,晋江市"四点钟学校"项目被纳入中国专业学位教学案例中心案例库;2019年初,晋江市"四点钟学校"项目发布了项目专题片《脚印》。

参考文献

[1]习近平.决胜全面建成小康社会 夺取新时代中国特色社会主义伟大胜利[N].《人民日报》,2017-10-28(1).

[2]向春玲.十九大关于加强和创新社会治理的新理念和新举措[EB/OL].http://news.cnr.cn/native/gd/20171205/t20171205_524051101.shtml.

[3]2015年晋江市政府工作报告.泉州市人民政府公众信息网 http://www.quanzhou. gov. cn/zfb/xxgk/zfxxgkzl/bgzj/xsqgzbg/201504/t20150428_168785.htm

[4]2016年晋江市人民政府工作报告.晋江市人民政府网 http://www.jinjiang.gov.cn/htm/2016-12-16/94156.html.

[5]中共中央关于加强和改进党的群团工作的意见[N].人民日报,2015-07-10(004).

[6]胡献忠.政党主导下的共青团与工会、妇联关系研究[J].中国青年研究,2016(3):10.

[7]容冰.坚持党的领导,分类推进改革[EB/OL].广东共青团网,http://www.gdcyl.org/Article/ShowArticle.asp? ArticleID=217285.

[8]新华社.中共中央办公厅印发《全国妇联改革方案》[EB/OL].新华网,http://news.xinhuanet.com/politics/2016-09/21/c_1119.

[9]新华社.习近平对群团改革工作作出重要指示[EB/OL].新华网,http://www.gov.cn/xinwen/2017-08/26/content_5220663.htm♯1.

[10]福建省妇女联合会办公室.以习近平新时代中国特色社会主义思想为指引 奋力谱写福建妇联工作新篇章[EB/OL].福建省妇女联合会,http://www.fjwomen.org.cn/showNews.aspx? id=237391.

[11]人民网.晋江市妇联这一年的成绩单,请您查收![EB/OL].http://fj.people.com.cn/n2/2018/0106/c181466-31112554.html.

[12]东南网.钟文玲:六大举措助力晋江市妇联创新发展[EB/OL].http://qz.fjsen.com/2018-01/08/content_20581462.htm.

[13]陈莲凤.儿童社会工作本土化实践 晋江"四点钟学校"经验与反思[M].厦门:厦

门大学出版社,2015.

[14]福建晋江."儿童之家四点钟学校"创建形成"晋江模式".http://www.clady.cn/wf/2017-10/11/content_178782.htm.

[15]向春玲.十九大关于加强和创新社会治理的新理念和新举措[EB/OL].http://news.cnr.cn/native/gd/20171205/t20171205_524051101.shtml.

[16]项目臭皮匠著.项目百子柜:一本社工写给同行者的工具书[M].北京:中国社会出版社,2017.

[17]赵海林主编.社会服务项目运作实务[M].北京:中国人民大学出版社,2018.

[18]赵海林主编.社会服务项目运作实务[M].北京:中国人民大学出版社,2018.

[19]项目臭皮匠著.项目百子柜:一本社工写给同行者的工具书[M].北京:中国社会出版社,2017.

[20]赵海林主编.社会服务项目运作实务[M].北京:中国人民大学出版社,2018.

[21]赵海林主编.社会服务项目运作实务[M].北京:中国人民大学出版社,2018.

[22]赵海林主编.社会服务项目运作实务[M].北京:中国人民大学出版社,2018.

[23]项目臭皮匠著.项目百子柜:一本社工写给同行者的工具书[M],北京:中国社会出版社,2017.

[24]赵海林主编.社会服务项目运作实务[M].北京:中国人民大学出版社,2018.

[25]赵海林主编.社会服务项目运作实务[M].北京:中国人民大学出版社,2018.

[26]王思斌.社会工作之真善美[M].北京:北京大学出版社,2018.

[27]民发〔2012〕196号文件:民政部、财政部关于《政府购买社会工作服务的指导意见》[EB/OL].http://www.gov.cn/zwgk/2012-11/28/content_2276803.htm

[28]赵海林主编.社会服务项目运作实务[M].北京:中国人民大学出版社,2018.

[29]项目臭皮匠著.项目百子柜:一本社工写给同行者的工具书[M].北京:中国社会出版社,2017.

[30]关信平.社会政策概论[M].北京:高等教育出版社,2004:27.

[31]全国社会工作者职业水平考试教材组编写.社会工作综合能力(中级)[M].北京:中国社会出版社,2018.

[32]全国社会工作者职业水平考试教材组编写.社会工作综合能力(中级)[M].北京:中国社会出版社,2018.

[33]项目臭皮匠著.项目百子柜:一本社工写给同行者的工具书[M].北京:中国社会出版社,2017.

[34]全国社会工作者职业水平考试教材组编写.社会工作综合能力(中级)[M].北京:中国社会出版社,2018.

[35]王思斌.社会行政[M],北京:高等教育出版社,2006.

[36]新公民计划.中国流动儿童数据报告——2014[EB/OL].百度文库 http://wenku.baidu.com/view/b6ca1d55bb68a98271fefa93.html

［37］陈莲凤编著.儿童社会工作本土化实践:晋江"四点钟学校"经验与反思［M］.福建:厦门大学出版社,2015.

［38］吴琪.社会工作项目管理模式研究综述［J］.东方企业文化.2015(15).

［39］民政部 财政部关于政府购买社会工作服务的指导意见民发〔2012〕196 号［EB/OL］.http://www.gov.cn/zwgk/2012－11/28/content_2276803.htm.

［40］国务院办公厅《关于政府向社会力量购买服务的指导意见》［EB/OL］.http://www.gov.cn/xxgk/pub/govpublic/mrlm/201309/t20130930_66438.html.

［41］宋丽玉,曾华源,施教裕,郑丽珍.社会工作理论——处遇模式与案例分析［M］.台北:洪叶文化事业有限公司,2002.

［42］宋丽玉,曾华源,施教裕.郑丽珍.社会工作理论——处遇模式与案例分析［M］.台北:洪叶文化事业有限公司,2002.

［43］迈克尔·道布斯.项目管理中的三重约束［M］.北京:机械工业出版社,2006.

［44］施国良.项目管理成功的 12 个关键原则［J］.浙江工商.2001(3).

［45］Mary E.Richmond.What is social case work New York:Russell Sage Foundation.1922 .Grodon Hamilton.Theory and Practice of social casework.New York:Columbia University Press.1951,p.34.

［46］王思斌.社会工作概论(第三版)［M］.北京:高等教育出版社,2014.

［47］李迎生.社会工作概论［M］.北京:中国人民大学出版社,2010.

［48］项目臭皮匠著《项目百子柜——一本社工写给同行者的工具书》中国社会出版社 2017 年第 140 页.

［49］陆士桢等.儿童社会工作［M］.北京:社会科学文献出版社,2003:234.

［50］香港社会服务发展研究中心.学校社会工作实务手册［M］.广州:中山大学出版社,2013:55.

［51］陆士桢等.儿童社会工作［M］.北京:社会科学文献出版社,2003:289

［52］陆士桢等.儿童社会工作［M］.北京:社会科学文献出版社,2003:289.

［53］美国项目管理协会.项目管理知识体系指南(第 5 版)［M］.北京:电子工业出版社,2013.

［54］董克用,叶向峰.人力资源管理概论［M］.北京:中国人民大学出版社,2003.

［55］方巍,张晖,何铨.社会福利项目管理与评估［M］.北京:中国社会出版社,2010.

［56］周东兵,任玉荣.项目管理中的人力资源管理［J］.航天工业管理,2010(10).

［57］方巍,张晖,何铨.社会福利项目管理与评估［M］.北京:中国社会出版社,2010.

［58］王瑞文.项目人力资源管理在科技管理中的应用［J］.科技管理研究,2006(5).

［59］赵学慧.社会服务组织管理［M］.北京:中国社会出版社,2013.

［60］杰克吉多、詹姆斯克莱门斯.成功的项目管理［M］.北京:电子工业出版社,2007.

［61］项目臭皮匠.项目百子柜［M］.北京:中国社会出版社,2017.

［62］杨东涛,朱武生.基于胜任力的人力资源管理研究［J］.中国人力资源开发,2002(9).

[63]项目臭皮匠. 项目百子柜[M].北京:中国社会出版社,2017.

[64]赵学慧主编.社会服务组织管理[M]. 北京:中国社会出版社,2013.

[65]陈莲凤. 儿童社会工作本土化实践——晋江四点钟学校经验与反思[M]. 厦门:厦门大学出版社,2015.

[66]沈云交. 质量理论体系的一个模式——费根堡姆全面质量管理理论研究[J]. 世界标准化与质量管理,2007(9):38—40.

[67]焦叔斌. 全面质量管理与卓越绩效[J]. 中国质量,2009(3):20—22.

[68]方巍,张晖,何铨.社会福利项目管理与评估[M]. 北京:中国社会出版社,2010.

[69]参照《中央财政支持社会组织参与社会服务项目 2018 年财务管理指引》.

[70]陈莲凤. 儿童社会工作本土化实践——晋江四点钟学校经验与反思[M]. 厦门:厦门大学出版社,2015.

[71]官有垣,陈锦棠,陆宛苹主编.第三部门评估与责信[M].北京:北京大学出版社,2008.

[72]Patton,M(1997).Utilization—Focused Evaluation:The New Century Text. Thousand Oaks,CA:Sage

[73]艾尔·巴比.社会研究方法(第 10 版)[M].邱泽奇等译.北京:华夏出版社,2005 .

[74]方巍,祝建华,何铨.社会项目评估[M].上海:格致出版社.2012 .

[75]顾东辉.社会工作评估[M].北京:高等教育出版社,2009 .

[76]彼得·罗西,霍华德·弗里曼,马克·李普希,邱泽奇译.项目评估方法与技术(第六版)[M]. 北京:华夏出版社,2002.

[77]Owen,J.M&Rogers P.J.(1999),Program Evaluation—Forms and Approaches, London:Sage Publications .

[78]Stufflebeam,D.L.& Shinkfield, A. G(1985).Systematic Evaluation[M].Boston:Kluwernijhoff.

[79]陈锦棠等,香港社会服务评估与审核[M].北京:北京大学出版社,2008.am.

[80]崔丽萍.广西"研究生科研创新项目"管理模式优化研究——基于项目生命周期的视角[D].广西:广西大学.2011.

[81]陈天红,李绥州.基于质量管理的老年人社会工作服务成效评价指标体系研究[J].行政与法,2016(7).

[82]社会服务项目绩效评估指南[EB/OL]http://sw.mca.gov.cn/article/yw/shg-zyzyfw/fgwj/201507/20150700850334.shtml.2019—01—11.

[83]福建晋江.儿童之家四点钟学校创建形成"晋江模式"[EB/OL].中国妇女网,ht-tp://www.clady.cn/wf/2017—10/11/Content_178782.htm.2019—02—13.